迷途的苍穹

汪诘○著

科　幻　世　界　漫　游　指　南

北京时代华文书局

图书在版编目（CIP）数据

迷途的苍穹 ： 科幻世界漫游指南 / 汪诘著 . -- 北京 ： 北京时代华文书局， 2019.7
（2024.9 重印）
ISBN 978-7-5699-3029-0

Ⅰ. ①迷… Ⅱ. ①汪… Ⅲ. ①科学知识－普及读物 Ⅳ. ① Z228

中国版本图书馆 CIP 数据核字（2019）第 076194 号

迷途的苍穹 ：科幻世界漫游指南

Mitu de Cangqiong Kehuan Shijie Manyou Zhinan

编　　著 | 汪　诘

出 版 人 | 陈　涛
策划编辑 | 高　磊
责任编辑 | 周海燕
装帧设计 | 程　慧　段文辉
插画创意 | 未来有趣
责任印制 | 刘　银

出版发行 | 北京时代华文书局 http://www.bjsdsj.com.cn
北京市东城区安定门外大街 138 号皇城国际大厦 A 座 8 楼
邮编：100011　电话：010－64267955　64267677
印　　刷 | 河北京平诚乾印刷有限公司　　010-60247905
（如发现印装质量问题，请与印刷厂联系调换）
开　　本 | 710mm×1000mm　1/16　　印　　张 | 17　　字　　数 | 245 千字
版　　次 | 2019 年 12 月第 1 版　　印　　次 | 2024 年 9 月第 2 次印刷
书　　号 | ISBN 978-7-5699-3029-0
定　　价 | 68.00 元

前　言

最近这一两年，科幻在中国突然热了起来，先是刘慈欣先生的科幻小说《三体》，其实在 2006 年《三体》的第一部就完成了，第三部也是在2010年就完成了，但一直到2015年才真正地在全国火了起来，这中间差不多就隔了八年。这几年好莱坞拍出的一系列的科幻电影在全国也是大受欢迎，既叫好又叫座，比如说《地心引力》《星际穿越》《火星救援》等等。而到了 2019 年，国产科幻电影《流浪地球》火爆了中国的电影市场，很多人把这一年称为中国科幻电影的元年。现在中国人对科幻的热情就好像20世纪六七十年代的美国，大有走进黄金时代的势头。

作为一个资深的科幻迷，同时也是作为一个科普作家，看到这样的景象，我当然也是非常高兴的。在高兴之余，我也很想为这股科幻的热潮推波助澜一下，我想你有可能是一个刚刚开始喜欢上科幻的读者或者电影的观众，你或许很想了解科幻作品背后的科学知识，你或许很想知道那些经典的科幻作品到底经典在哪儿，你可能想知道哪些科幻作品是值得一看的硬科幻，哪些作品又是披着科幻外衣的伪科幻。我写本书的目的就是要带你在科幻世界来一次漫游。

科幻小说和科幻电影浩如烟海，那么我的选取标准又是什么呢？第一，我选取的小说和电影都是真正的科幻，而不是奇幻、魔幻，每一部作品都必须要有科学性，都不能明显违反已知的物理法则，至少不违反创作者所生活的那个年代的已知的科学定律和观测事实。第二，要好看！有很多经典的科幻作品虽然意义非凡，但是它们已经达不到现代人的审美要求了。第三，当我给你讲完这部作品涉及的科学知识后，你会觉得它更好看！总之，我努力想做到的是我介绍的每一部科幻作品，如果你没有看过，那么你看完我的文字，就可以在朋友聚会的时候大谈特谈这部科幻作品，人人都以为你看过了。如果你已经看过这部作品，你就会有冲动再去看一遍。如果能达到这个效果，那么我就觉得自己成功了。

你可能会问看这本书有什么用。现在的人似乎功利心都比较重，有人建议，你可以说这本书可以在社交中增加谈资，是父母必听、培养孩子学习物理的兴趣等这些功利性的理由。但我没有同意，我说这本书只需要卖给识货的人。我只想找到一群纯粹为了满足好奇心和吸收知识的人。

科学的诞生和发展并非都是因为有什么用，它恰恰就是建立在对各种看似无用问题的探究上，当然这个“无用”其实是要打引号的。然而这些看似无用的学问，却深刻地改变了我们人类文明的面貌，构建出了我们的现在，也必将继续影响我们的未来。而科幻则是基于科学土壤生长出来的一朵奇异之花，它兼具科学的养分和大胆的想象，正是普通人感受科学力量的一个绝佳的途径，更重要的是它可以让普通人用更宏大的视野来看待我们的世界和宇宙，来理解科学技术与人的关系，这是别的文学题材难以做到的，从这个意义上来说，科幻的作用无可替代。

所以我要说：我的这本书可以满足你对科幻的好奇，锻炼你的理性思维；不一定马上就能有用，但一定很有趣，很有启发性。我承诺给大家的就是四个字——全是干货！

这本书还有一个音频版本，全部由我亲自播讲的，除了本书的正文，还有很多期本书没有包含的听众问答节目。你如果嫌看文字累的话，也可以扫码收听，伴你入眠最是合适。

我自己的第一本科幻小说选集《精卫9号》也已经由北京时代华文书局出版发行，我本人的创作风格比较接近科幻原教旨主义，必须是硬核的，欢迎各位读者走进我营造的科幻世界。

汪诘

2019年6月

目录

CONTENTS

古典时代的巅峰

《世界大战》从小说到广播剧到电影的传奇（上）

普遍认为，1818年是世界科幻元年，因为第一部真正意义上的科幻小说《弗兰肯斯坦》发表了，它的作者是英国大诗人雪莱的妻子玛丽·雪莱。此处不仔细讲这篇小说，因为毕竟是200年前的作品，就好像人类发明的第一支雪糕，尽管意义很重大，但让今天吃过了哈根达斯的人再去吃几十年前的冰棍，真正觉得好吃的人恐怕也没几个。但毕竟是开山鼻祖，我有义务介绍一下小说的情节，全书采用当时非常流行的书信体，说有一个叫弗兰肯斯坦的科学家，是一个生物学狂人，他从停尸房弄来了一堆人体的尸块，组装成一个新全尸，然后再通过电击把它给弄活，于是两个人展开了一场恩怨，最后在北极同归于尽。这个故事让我想到了《哪吒闹海》，大家还记得哪吒是怎么复活的吗？也是用了一些人体的残肢加上点莲藕之类的植物，然后太乙真人仙法一施，哪吒就活了。二者的差别就在于是用仙法还是用电击。可以说《封神演义》与科幻小说仅有一步之遥。最终因为这部小说，“弗兰肯斯坦”这个名字在西方成了怪兽的代名词。但比较冤枉的是，弗兰肯斯坦其实是那个科学家，而不是那个人造人。那个人造人在小说中没有名字，通篇只是用the monster（也就是“怪物”）来指代。之所以把这部小说当作是西方科幻小说的鼻祖，是因为现代科幻小说几乎所有重要的特点都能在这部小说中找到根源。在科幻小说中有一个重要的流派叫作“科学怪人”派，往往都是讲述一些疯狂科学家与他们的疯狂发明的故事，《弗兰肯斯坦》就是这类科幻小说的开篇之作。

玛丽·雪莱之后，终于在法国诞生了一位被后世称作“科幻之父”的科幻小说大师——儒勒·凡尔纳，称他为科幻之父是一点也不为过的。一说起外国的科幻小说，恐怕绝大多数中国人脑子里出现的名字就是《气球上的五星期》《八十天环游地球》《海底两万里》《从地球到月球》《地心游记》等，这些小说全是凡尔纳的作品。想想也真是悲哀，凡尔纳的这些作品距今都已经有120～150年了，但依然是当今中国知名度最高的科幻小说作品之一，要不是出了《三体》，可能就是唯一了。我在25岁以前，说起科幻小说，除了凡尔纳的还真说不出其他，而且我还无知地认为，科幻小说的顶峰大概也就是凡尔纳的那些小说了，我根本不知道还有“科幻三巨头”，还有科幻小说的黄金时代。

我的开篇第一集本来也是计划讲凡尔纳的小说，但是似乎他的小说更适合青少年的阅读口味；而且从科学性上来说，可以讲的东西不多，他在小说中描写的东西，当时看来是科幻，但是今天看来是很普通的，比如汽车、潜水艇、火箭之类的。一方面这是凡尔纳超级厉害的体现，他能准确地预言未来的科技发明；但另一方面，从我们现在来看，汽车、潜水艇、火箭都太不科幻了。所以，虽然我知道凡尔纳对于科幻小说的重要性，但我不打算讲凡尔纳了。

按照科幻小说的时代来分，大致可以分为古典时代、黄金时代、新浪潮时代和现代，而整个古典时代的科幻小说都有我前面说到的凡尔纳小说的特点，虽然很重要，但推荐给现代人去完整阅读的价值不大，但如果跳过古典时代，直接进入黄金时代，作为一本谈科幻的图书，似乎也说不过去，所以我决定介绍一篇古典时代的科幻作品——威尔斯的《世界大战》，虽然它无法完全代表古典时代的优秀作品，但他的确创造了古典时代科幻作品的一个小高潮，这部小说以及由小说改编成的广播剧、音乐剧、电影在整个西方的知名度非常高，围绕这部小说也有许多有趣的事情值得说。

它的作者威尔斯是英国人，1866年出生，比凡尔纳小38岁，很多书上把他和凡尔纳并称为“世界科幻之父”，他们两人代表了科幻小说古典时代的最高峰。他在1895年，也就是29岁那年发表了世界上第一部穿越小说《时间机器》，一举成名。同名的科幻电影也被翻拍不止一次了，最近这一次翻拍的导演是他的曾孙。此后，他基本上就以一年一部科幻小说的节奏稳步创作，每一部作品都畅销，而且都受电影编剧的青睐。比如《隐身人》这部小说也是被翻拍了多次，最近的一次翻拍就是好莱坞大片《透明人》。我要重点和大家聊的是他在1898发表的小说《世界大战》，请大家记住1898这个年份，时代背景非常重要。

我们去读一部科幻小说的时候，如果对这部小说的创作背景有一个了解，会极大地帮助我们去体会当年第一时间看到小说的人的感受。从1898年往前再推21年，也就是1877年，天文界发生了一件大事。当时意大利天文台台长夏帕雷利宣布了一个惊人的发现，他说他在火星上发现了水道，后来又以讹传讹成了运河。因为夏帕雷利在当时天文学界的威望很高，所以社会上都很信他说的话。夏帕雷利当时确实观测到了火星表面有一些细线，连接着火星的亮区和暗区。到了1892年，法国最著名的天文学家、法国天文学会的首任会长弗拉马里翁出版了一本学术专著《火星》。在这本书中，他绘声绘色地描述了火星世界的种种奇观。弗翁饱含深情地写道：“火星上的亮区是一望无际的沙漠，在沙漠的中间是一个一个的绿洲，这就是火星上的暗区。英勇不屈的火星人为了和干旱做斗争，修建了庞大的运河系统，从火星的两极引水灌溉他们的绿洲，这些运河就是在望远镜中若隐若现的细线。火星文明是一个比地球还要古老的文明，他们勤劳、善良，他们创造了辉煌的科技和文明，总有一天，我们会和火星人携手共建美好的明天。”然后到了1895年，美国天文学家帕西瓦尔·洛威尔也出版了一本名为《火星》的专著，这本书通俗易懂，引人入胜。在书中，洛威尔展示了一系列他绘制的火星详图，图中被他标示出来的火星“运河”有500条之多。不但有运河，在运河的交汇处还有巨大的绿洲，绿洲上“农作物”的颜色会随着季节的变化而变化。美国人洛威尔的《火星》一出版，风头立即盖过法国人的那本，一时间洛阳纸贵，引来粉丝无数，从民间到学界都把他奉为“火星研究第一人”。

我们今天都知道火星上其实并没有运河，他们所观测到的细线也都是各种视觉幻象导致的，但是在当时有这么三个大咖做背书，火星上生活着火星人几乎就成了从民间到学界的共识。

而当时正在英国写科幻小说的威尔斯，正是看到洛威尔的《火星》之后灵感大发，提笔创作了《世界大战》。这是威尔斯的第三部长篇科幻小说，也是他影响最大的一部科幻小说。“世界大战”这个中文名其实翻译得不对，威尔斯的书英文名是《*the war of the worlds*》，注意最后用的是复数worlds而不是world，因此正确的译法应该是《两个世界的战争》，这就和书的主题扣上了，这是地球世界和火星世界的战争，而不是发生在地球上的第三次世界大战，地球上只有一个世界，两个世界的战争就很科幻了，除了地球世界，就只能是外星世界了。

我先给大家介绍威尔斯的原著小说。

故事发生的年代就是威尔斯生活的年代，19世纪末，当时正是大英帝国号称“日不落帝国”，称霸天下的时候。小说里面出现的全都是真实的地名，写作手法是用一个劫后余生的目击者回忆的方式，这种方式有很强的代入感，就好像一个老朋友九死一生以后跟你讲他的历险经历，惊心动魄，绘声绘色。

整篇小说的开篇有点像是一篇科普文章，用了几千字介绍火星以及地球以外智慧文明存在的可能性。我给大家截取一小段，一定要记住，这是在100多年前。

> 火星距离太阳平均1.4亿英里远，围绕太阳旋转，它从太阳获得的光和热不到地球所获得的一半。如果太阳系由星云形成的假说是正确的话，那么，火星一定比我们这个星球古老，而且早在地球岩石化之前，火星表面就一定开始了生命的进程。火星的体积不到地球的七分之一，这就意味着它的冷却速度会比地球快得多。另外，火星拥有空气、水以及其他维持生命所必须的一切。

以上这段文字是标准的科普文字，非常简短准确地描述了当时的天文学家对火星的研究成果。接下来，威尔斯这颗科幻作家的脑袋开始运作了，他继续写道：

> 既然火星比我们地球古老，它的面积又不到地球表面的四分之一，而且比地球离太阳更遥远，那么，火星这颗星球已经到了它的晚年。总有一天，我们地球也会步火星的后尘。我们已经知道，即使在火星的赤道地区，中午的气温也才接近我们地球寒冬的气温。火星上的空气比地球稀薄得多，它的海洋已经收缩到仅仅覆盖其表面的三分之一，它的季节交替缓慢，南北两极附近的冰盖周期性冰冻和融化，定期淹没它的温带地区。资源耗尽的最后阶段对我们来说遥遥无期，但已经成了火星居民的现实困扰。紧迫的生存压力磨砺了他们的智慧，增强了他们的力量，同时也使他们变成了铁石心肠。他们借助于仪器，凭借着我们连做梦也难以想象的智慧，透过浩渺的天空，在离火星最近的地方，也就是朝太阳方向仅仅3500万英里远

处，看见了一颗希望的辰星，上面绿色的是植物，灰色的是水域，云雾弥漫的大气层显示出肥沃，他们还透过朵朵浮云瞥见大片大片人口稠密的土地以及狭长的海域里船只来往如梭。

这段描写以当时的眼光来看，绝对是非常科幻的。当然从我们现在的眼光来看，漏洞很多，就算火星人有了我们现在的哈勃太空望远镜，也不可能看到地球上的船只。威尔斯甚至都无法知道，从太空中看过来，地球是蓝色的。不过我们不能对威尔斯苛求，在那个年代，能做出这样大胆的科学幻想，绝对是了不起的。

然后，威尔斯又写了一段话，我个人感觉刘慈欣应该会很有共鸣。威尔斯这么写道：

正如猴子与猿对我们来说是低级的异类，我们人类，居住在这个地球上的生物对火星人来说也是低级的异类。地球人的智慧承认生命就是无休止的生存斗争，似乎这也是火星人的信条。他们那个星球已经走过了漫长的冷却进程，而我们这个星球却仍然挤满了生命，但在他们眼中，我们只不过是低级动物。看来，火星人要逃过毁灭的宿命，唯一的出路只能是往太阳方向燃起战争烽火。

接下去，威尔斯就开始以第一人称视角讲故事。他用一种新闻报道似的笔法描写了火星人用超级大炮向地球发射他们的飞船，这个创意很明显是受到了凡尔纳小说《从地球到月球》的影响，凡尔纳早在威尔斯写《世界大战》30多年前就设想了利用大炮把人送上月球。火星人的战舰到达地球后，就好像现代的坦克大炮开到了冷兵器时代的战场，地球人的所有武器在火星战舰面前就好像原始人的木头棍棒，丝毫不起作用。

在小说中，威尔斯对火星人的科技有着非常细致的描述。比如说，火星人的武器是一种热光和黑烟，威尔斯的时代离激光发明还差得很远，但威尔斯已经设想到了激光武器。热光所到之处，人类所有武器都灰飞烟灭。另一种武器是黑烟，火星人用黑色的粗管子发射弹筒，从弹筒中冒出烟团慢慢扩散到四周，黑烟进入血液后，会和血液中的某种元素结合，从而致命，这和后来的化学武器非常相似。而火星人的战争机器是一种三足步行机。

更令人印象深刻的是，威尔斯对火星人的描述细致到解剖级别。小说中的火星人被描述成一个直径4英尺的大脑袋（大约200～300千克重），没有身体，嘴的周围有长长两排像手一样的触须，通过它们来行动。如果把威尔斯笔下的火星人画出来的话，就是一个硕大无比的脑袋下面长着无数的触须。火星人的头颅中大部分是大脑，说明他们的智力非常发达。火星人只有一个类似肺的结构，没有消化器官。火星人的食物是人类和其他动物的鲜血，他们把血液直接注射到自己的血管里。他们不睡觉，不疲劳，没有性别，生殖是通过出芽，寿命估计有150～200岁。实际上，现代生物学中有一个分支就是外星生物学，这是一门严肃的学问，研究在与地球不同的重力、大气等环境下，生物为了适应环境，可能会长成什么样子，进化出什么样的器官和生存本领，等等。威尔斯称得上是外星生物学的祖师爷，在他的这部小说中，如果把所有关于火星人生理特征、结构的文字全部摘录出来的话，可以编成一本火星人的生物学手册。而且威尔斯还不是瞎想的，他描述的火星人的生理特点都是有根有据的。

火星人的战舰很快就摧毁了地球人的抵抗，全世界所有的大城市都一一陷落，当然威尔斯主要描写的还是伦敦的陷落，他花了非常多的笔墨来描写人类的军队怎么在火星人的进攻下不堪一击，土崩瓦解。他还描写了难民潮的宏大场面，无数难民逃离伦敦，以及人们在危机面前表现出来的种种人性丑恶。

故事的结尾有点儿冷幽默的感觉，情节也是突然来了个大反转。在人类束手无策之际，故事的主人公“我”躲在一个地窖中避难，过了很多天，他偷偷跑到地面上，发现一片死寂，当他以为全世界就剩下他一个幸存者的时候，突然发现到处都是火星人的尸体，火星人突然都死绝了。火星人被地球上的微生物杀死了，因为他们的生理机制对地球上的病菌毫无抵抗力。威尔斯带着点冷幽默的口气写道：

> 人类对火星人黔驴技穷，无可奈何，但火星人却栽在了上帝英明地赐予地球的最卑微的生物手里。自从混沌初开以来，这种病菌不知道夺走了多少人的生命，然而，在人类的自然选择过程中，我们逐渐获得了免疫力，没有哪种细菌能轻而易举地打败我们。而火星上却没有细菌，因此侵略者一到达地球，我们的微生物联军就大举进攻，置他们于死地。人类数十亿年生命的代价买到了在地球上生存的特权，即使火星人再强大十倍，生存权仍然只属于人类。

威尔斯写下这段话不到20年前，人类刚证实某些疾病是由于微生物导致的，5年前细菌学家科赫提出了著名的“科赫法则”。当时的信息传播方式和速度与今天不可同日而语，可见威尔斯时刻关注科学技术的最新进展。

威尔斯的这段幻想在我看来是很了不起的，微生物确实是地球上不可忽视的一股力量，甚至可以说地球的主人是微生物，而不是包括人类在内的大型生物。现代科学研究表明，如果把地球上所有生命统统算上，微生物占到了总量的80%。如果把地表下面的微生物统统都挖出来堆到地面上，可以在地球表面覆盖一层相当于4层楼高的微生物层。任何一个生态系统经过长期的进化，一般都会达到一种稳定的平衡状态，一旦有来自系统之外的生物入侵，很可能会对原有的生态系统造成毁灭性的破坏。这种生物入侵彻底改变某一个地方生态环境的例子不胜枚举。如果我们把地球看成一个完整的生态系统，这个系统内部再怎么折腾，也不会破坏整个地球的生态圈。可是一旦有地球生态圈以外的生物入侵地球，造成的后果是无法预料的。假设在其他行星上也存在生物，那么地球上的生物对他们而言就是外星生物，地球生物的入侵一样也有可能对外星球生态圈造成灾难性的后果。因此，早在1967年联合国的绝大多数成员国都签署了《外层空间条约》，该条约明确规定，各国在从事空间探索活动过程中，必须严格防范两种污染：一种称为向内污染，也就是把外层空间的生物体不受控制地带入地球；另一种称为向外污染，也就是把地球上的微生物不受控制地带入外层空间。全世界所有的航空航天器和宇航员在上天之前，以及返回地球之后，都要经过极为严格的灭菌程序。宇航员返回后甚至还要隔离至少一周以上，以观察是否有可能被外层空间的微生物感染。微生物的生存能力超乎人类的想象，在历史上曾经发生过一次著名的月球细菌事件。1969年11月24日，阿波罗12号从月球返回地球，带回了2年多前发射到月球上的一个无人探测器上的相机，当科学家们打开照相机镜头后，惊讶地发现了竟然活着的细菌。人们刚开始还以为这是月球细菌，后来才发现这是从地球带到月球上的一种链球菌。它们在经过火箭发射，太空真空，2年多暴露于月面辐射环境，以及月面−253℃的超低温环境考验之后仍然生存了下来，这期间它们没有任何食物、水或其他能量来源。

在威尔斯的小说中，火星人入侵地球非常可怕，但在现实中，恐怕更可怕的是地球微生物入侵火星。人类到目前为止依然没有证实火星上是否有微生物，我们决不能不受控制地把地球上的微生物带到火星，这一点是极为重要的。

在科幻研究的学术圈中，威尔斯一般被认为是软科幻的代表人物，他不像硬科幻的代表人物凡尔纳会大段大段地描述技术细节，但是威尔斯普遍被认为是非常有内涵和思想的作家，他的作品往往都含有一定的现实讽喻，最典型的就是《时间机器》，实际上就是披着科幻外衣的批判现实主义小说。《世界大战》这部小说虽然没有这么明显的批判倾向，但是我们也可以从这段原文中看出他写这部小说的目的：

> 在将火星人视为洪水猛兽之前，我们必须记住：我们自身不仅无情地毁灭了已经绝迹的欧洲野牛、渡渡鸟等动物，而且还无情地灭绝了比我们低级的种族。塔斯马尼亚人在欧洲移民发动的种族灭绝战争中，短短50年间就遭到了灭顶之灾。（塔斯马尼亚人就是澳大利亚的东南部塔斯马尼亚岛的土著人。）

威尔斯的这部小说一经问世，就获得了巨大成功，他对当时的人在思想上造成的震撼是无与伦比的。威尔斯也开创了外星人入侵地球题材的一个流派，这个流派从此成为科幻小说中最为重要的一个流派，《三体》也是这个流派。

说到这里，《世界大战》的传奇只是刚刚开始，威尔斯自己肯定不会想到，他的这部小说将给49年后的美国带去一场巨大的恐慌和骚乱，这又是怎么一回事呢？

古典时代的巅峰

《世界大战》从小说到广播剧到电影的传奇（下）

人类历史进入到20世纪后，世界局势风云变幻，整个地球世界进入到了战火纷飞的年代。首先是第一次世界大战打了4年，从1914年一直打到1918年。一战结束后，这个世界也没有消停下来，更大规模的世界大战还在酝酿中。当时间推进到了1938年，在亚洲，中日战争在前一年全面爆发，整个亚洲陷入一片火海。而欧美国家之间的战争也是一触即发，美国人的神经绷得紧紧的。就在这一年，在美国发生了一件奇事，这也是整个人类广播史上绝无仅有的一件奇事，而这就与威尔斯的《世界大战》相关。

我们先来看一下1938年的美国是一个什么样的情形。整个20世纪30年代，美国都处于经济大萧条时期。经济的破败和战争的阴影使得美国人民个个都像惊弓之鸟，有一点儿风吹草动就紧张兮兮。在那个年代，电视机刚刚发明出来，离普及还差得很远。但是广播已经完全普及开了，在美国几乎家家户户都有收音机，美国广播业的竞争达到了白热化的地步，各大广播公司为了争夺听众，像今天的视频网站一样，使出了浑身解数。哥伦比亚广播公司，简称为CBS，是当时全美最大的广播公司之一，到今天，CBS依然是全美三大广播电视网之一。1938年10月30日，这一天是万圣节，CBS播出了一个广播剧，而这个广播剧正是改编自威尔斯的小说《世界大战》。巧合的是，广播剧的编导、主播奥逊·威尔斯，中文姓翻译过来完全一样，只是在英文名字中比写小说的威尔斯多了个字母e。奥逊·威尔斯是美国历史上著名的编剧、导演、演员，代表作有《公民凯恩》《历劫佳人》等。这个1938年的广播剧只是他的牛刀小试。接下来如果不特别指明，威尔斯都是主播威尔斯。

威尔斯编的这个广播剧后来成为传播学上的一个经典案例，他第一次采用了从头到尾都用新闻播报的方式来演这个广播剧。他演播的这个广播剧逼真到了什么程度呢？根据普林斯顿大学一项正式的调查报告，当时整个美国有600万人听了这个广播剧，其中有170万美国人信以为真，其中又有120万人产生了恐慌情绪。在广播剧播出的过程中，成千上万的人打电话给广播站、警察局和报社咨询情况，很多住在新英格兰地区的美国人甚至把家里值钱的家当都装上汽车，逃离这个地区，因为广播中说“‘火星人’目前集结于新英格兰地区”。

还有大批的人跑去教堂祈祷。一些美国工厂紧急生产防毒面具，各地孕妇流产和提前分娩的报道急剧增多，有些地方甚至报道有人因此自杀。相当多的人变得歇斯底里，他们觉得世界末日即将来临。还有一些英勇的美国人拿上枪支杀到广播中播报的火星陨石的坠落地，准备和火星人拼命，结果他们看到的是普林斯顿大学的几位地质学家，正在四处勘察所谓的“陨石”，幸好这些人类战士没有朝自己人开枪。但是看到当地农民的水塔时，他们却误以为这是火星人的三足步行车，于是朝这些“火星战车”疯狂地开枪射击。

在纽约，有许多人用手帕捂着脸拼命逃离住所，他们认为自己遭到了毒气袭击。还有很多人聚集在附近的公园里祈祷。这一情况甚至波及加拿大，一些加拿大人呼吁政府采取紧急措施抗击“火星人入侵”。

广播刚一结束，《纽约时报》总机就陆续接到了875个电话。有人甚至问："是不是世界末日到了？"最搞笑的是，布朗克斯警察总部当天晚上接到的第一个报警电话是"火星人正在轰炸新泽西州"。当警察问他消息来源时，他说是从广播中听来的。

到了广播剧的最后阶段，除了CBS还在演播这出广播剧，其他各大美国电台都在辟谣说CBS那个是广播剧，不是真的，但已经无法阻止恐慌情绪的蔓延了。这次广播剧事件给美国造成的经济损失难以估量。

广播剧播出后的第二天，也就是10月31日，美国《纽约时报》头版头条如实报道了这起因广播引发的大规模恐慌，报纸的观点竟然是：威尔斯的广播创造了多项奇迹，他使得大规模的人群恐慌、宗教仪式中断、交通堵塞和通信不畅，这是传播学上的奇迹。威尔斯从此一战成名，身价倍增。虽然也有不少民众对他提起了诉讼，但都没成功。

很多读者肯定会很好奇，想知道这个广播剧怎么会这么厉害。我简短介绍一下这部将近一个小时的广播剧。

8点整，广播电台宣布："哥伦比亚广播公司及其附属电台将要播出由奥森·威尔斯演播的《世界大战》，这部广播剧改编自赫伯特·乔治·威尔斯的科幻小说《世界大战》。"

然后，威尔斯开始演播："我们现在知道，20世纪初，地球被智慧生物密切监视着，它们比人类更为先进。"

说了一大段看似很有哲理的话之后，一则气象预报突然插了进来。

然后又播放起了音乐，放的是一首世界名曲，也说不清是西班牙还是古巴的民歌——《鸽子》，总之，旋律你绝对耳熟。

不一会儿，音乐突然被打断，一个特别公告宣布，芝加哥詹宁斯山天文台的教授报告观测到了火星上的爆炸。

音乐再度响起，片刻之后音乐又突然停了下来，此刻新闻更新为对新泽西州普林斯顿天文台天文学家理查德·皮尔逊的采访。

天文学家皮尔逊教授告诉听众，他刚刚递交了一份简要报告，说在普林斯顿附近发生了一次巨大的撞击，他认为这可能是陨石。紧接着，另一份新闻公报宣布，有一块陨石跌落在新泽西州一处农场。又是一段短暂的音乐后，就有记者从现场发回报道。大多数听众们压根就没有想到这一连串的事件怎么可能发生在短短的几分钟内。

广播剧的紧张气氛开始于陨石突然开了一个洞，从里面爬出了东西。

记者很紧张地继续现场报道，大意是说："这是我见到的最可怕的事情！有什么东西在缓慢移动，这是某种生物！它们挪动的样子就像灰蛇，一个又一个接连出现！它们的身体像熊那么大，眼睛如同巨蟒一般，嘴巴是V字形的，唾液从嘴唇中流出。"

广播剧的第一个高潮出现在大约18分钟，记者发现火星人携带着可怕的武器，广播中发出了惨叫声，记者报道说："我能辨认出有一小束光。但那究竟是什么？喷射的火焰扑向行进中的人群！整个农场都燃烧起来！它们在我右侧只有20米了。"话音刚落，广播里顿时寂静无声。我请大家来感受一下广播剧的紧张气氛。

几分钟后，一名广播员严肃地宣布："我刚刚接到了格罗弗岭打来的电话。就在数分钟前，包括州警官在内的至少40个人，死在了格罗弗岭村东边的一个农场上。他们的尸体被烧得严重变形，已经无法辨认。"

接着，广播声称州国民警卫队派遣了7000名官兵前去进攻"火星人"，不料被"热射线"全部消灭。然后就有一个很像是当时美国总统罗斯福的声音，在广播中向全国发表演说："我们要团结起来，靠着勇敢和大无畏的精神，来抵抗残暴的敌人，保卫我们的地球家园。"

但是，人类的抵抗没有起到丝毫的作用，广播中传来各个前方的报道，全都是坏消息。火星人已经攻陷了美国几乎所有的大城市，他们不但有可怕的热线武器，所到之处还散布致命的黑烟。一名记者在绝望的报道中倒地身亡。

然后一个声音宣布：火星人入侵纽约市，5个大型装置部署在哈德逊河边，向纽约发射毒烟。附近的人群像兔子和苍蝇一样四处逃散。在结尾，一个绝望的声音从广播中传出：呼叫纽约站，现在还有人在广播站里吗？还有人在广播站里吗？还有人在吗？

广播剧结束后马上就声明：以上您听到的是哥伦比亚广播公司播出的由奥逊·威尔斯演播的《世界大战》，改编自乔治·威尔斯的科幻小说《世界大战》。

但此时已经无济于事了，席卷全美国的恐慌和骚乱已经发生。这个广播剧让威尔斯的《世界大战》再次火了一把。

时间推进到了1964年11月，这是一个绝佳探测火星的“窗口期”，美国人发射了“水手4号”火星探测器，经过七个半月的漫漫飞行，“水手4号”终于在次年7月成功到达了火星，第一张近距离的火星照片被传回地球，困扰了人类一个多世纪的火星人之谜终于被揭开：火星是一个荒凉的戈壁滩世界，布满了陨石坑，虽然有一层极其稀薄的大气，但火星的地表几乎就是“裸露”在严峻的太空中的。这里没有运河，没有绿洲，没有农作物，更没有火星人。

“水手4号”让科学界欢呼，它是第一个成功造访火星的人类探测器。但它却让全世界的科幻作家捶胸顿足，从此以后科幻小说中的外星人再也没有办法驾着飞碟从火星奔来，只得从远得多的其他恒星系飞来。因为距离的数量级变化，外星人飞临地球的技术难度也增加了不止一个数量级，科幻作家们不得不头疼地给恒星际航行寻找科学原理，其难度和成本也是大大增加。

1965年从而也成为科幻界“外星人”的分水岭，在这之前，我们地球人还有一个同为“太阳系人”的同胞“火星人”，地球人和火星人可以并肩战斗，抵抗“外太阳系人”的入侵。在这之后，地球人只能孤独地代表太阳系文明与其他星系的文明接触。

接下去就该是拍电影了。这部小说被翻拍过很多次，第一次翻拍是1953年，最近一次翻拍则是2005年由斯皮尔伯格导演，汤姆·克鲁斯主演的版本。在这一版本中，斯皮尔伯格没有直接说外星人就是火星人，否则就显得太不严肃了。虽然从电影技术的角度来讲，其与1953年的版本不可同日而语，但影片的得分却不高。2005年的这个版本对原著的改编很大。斯皮尔伯格把故事的重心全部放到了一个父亲在面对突如其来的天灾时，所展现出来的那种伟大的父爱上。阿汤哥演一个父亲，有一个10岁左右的女儿和十六七岁的儿子，情节主要是在这对父女身上。阿汤哥为了保护女儿，真的是赴汤蹈火、万死不辞。虽然各大电影网站上对这部电影的评分都不是太高，但我自己很喜欢这部电影，看了三四遍，我给大家的建议是，你一定要和另外一部电影连起来看才过瘾，那就是1996年的美国年度票房冠军《独立日》，这部电影我看了很多遍。《独立日2》上映的时候，我也是第一时间带女儿到电影院过了一把瘾。我女儿问我："爸爸，这部电影讲什么的呀？"我回答说："痛打外星人。"

为什么两部电影要连起来看，因为这两部电影从情节上来说互补。《独立日》是从官方的视角来讲述人类如何面对外星人入侵，而《世界大战》则是从普通老百姓的视角来看外星人入侵。

我们来思考一个问题：一个外星文明怀着恶意跨越漫漫的星际空间，想要消灭全人类，这到底是为什么呢？我想他们的目的无外乎三种：

第一，就是为了好玩儿；

第二，掠夺资源；

第三，星际殖民。

这三种目的是不是都靠谱呢？

先来看第一种目的：外星人消灭我们纯粹为了好玩，就好像我们小时候偶尔路过一个蚂蚁窝，看到一群蚂蚁正在那里忙忙碌碌的，于是一个邪念在脑中一闪，对着那个蚂蚁窝撒了一泡尿。于是整个蚁穴瞬间崩塌，无数的蚂蚁被泛滥的"黄河水"冲得七零八落，垂死挣扎。会不会某一天，一支外星人的舰队偶尔路过太阳系，看着人类你争我夺，觉得很不爽，一个邪念闪过就把人类给灭了。对于能进行恒星际航行的外星文明来说，我们地球人确实就像是虫子。

虽说这种可能性不能百分之百地排除，但从理性的角度来讲，这种可能性确实非常低。

首先，以我们目前天文观测的证据来看，虽然我们认为宇宙中技术文明的总量很大，但是这个宇宙更大，这些技术文明散落在广袤的宇宙中就会显得非常罕见和稀有了。试想，一支远征的外星人舰队在宇宙中长途跋涉几万年甚至几十万年，偶尔遇到一个技术文明，不说感动吧，至少会觉得这是一件很稀罕的事情，就这么随手给灭了，似乎不太合乎逻辑。

第二，在漫长的星际航行中，最宝贵的东西无疑是能源，而能源的补给必须是在一个恒星系中得到补充，例如最符合逻辑的恒星际航行的燃料是氢元素，通过氢元素的核聚变来产生巨大的能量。宇宙中最多的物质就是氢，氢元素的丰度是74%，因此外星人的星际飞船靠采集宇宙中的氢元素作为引擎的燃料是最有可能的。但别看夜空中繁星点点，好像星星密密麻麻的非常拥挤。实际上，星际空间是非常空旷的。打个比方，如果我们把太阳缩小到一个硬币大小，那么离我们最近的一颗恒星（比邻星）也要在563千米之外，差不多就是从上海到徐州的距离。你把50枚硬币平均分布在整个中国的土地上，这差不多就是银河系中恒星的密度了。在这样一个空旷的宇宙中，能源该是多么宝贵啊，外星人仅仅是为了好玩，就要消耗大量的能源来给飞船减速，然后又要消耗大量的能源来摧毁地球，这个好玩的代价也未免太大了一点。

我们再来看第二种目的，也就是外星人是为了掠夺地球的资源而要消灭人类。这种想法初听上去似乎很有道理，但细细一分析，我们就会得出一些出乎意料的结论。

首先我们来想想何为“资源”，俗话说“物以稀为贵”，要称为资源，必然是宇宙中相对较为稀少的物质才有掠夺的价值。像宇宙中最多的是占到可见物质总量99%的氢和氦，这两种物质显然不会成为外星人长途跋涉跑到太阳系中来抢的东西。在天文学家的分类中，氢和氦叫作轻元素，凡是原子量大于氦的，都叫重元素。重元素在宇宙中是相对稀少的物质，只有1% 多一点。当刚刚发现宇宙中所有重元素都源于超新星爆发时，人们普遍认为重元素在宇宙中是非常罕见的。但是随着对超新星研究的深入，我们发现在银河系这样的星系中，平均每100年会诞生一颗超新星。银河系的历史超过100亿年，也就是说在过去，至少有1亿颗超新星爆发了。开普勒太空望远镜最近的观测数据已经证明，重元素遍布于我们的银河系中。并且其他恒星系也跟太阳系一样，遍布着各种形态的行星。

因此，外星人如果真的需要掠夺矿产资源的话，那么宇宙中到处都是宝贝，根本不需要“掠夺”，只需要开采，地球上没有什么宇宙中罕见的矿产。再退一步讲，即使是在我们的太阳系，地球存在的元素也一点都不稀有，在太阳系中的行星、卫星、小行星、彗星上可以找到地球上能找到的一切元素。外星人犯不着非要冒着和地球人作战的风险来地球开采，尽管我们很弱小，但数量众多，也不是太容易对付。

不过，地球上确实有在宇宙中非常稀少的物质，那就是有机物以及蛋白质，但要说外星人大老远跑到地球上就是为了伐木和打猎，这个也说不通。因为即便以人类现在的技术文明，也可以轻易地合成蛋白质。而构成蛋白质的基本元素碳、氢、氧、氮等在宇宙中遍地都是。一个能达到星际旅行水平的文明，用几万年的时间跨越广袤的星际空间，来到地球上就为了掠夺一点蛋白质，这个很难让人从理智上接受。

但有一个关键问题我们必须注意到，碳基生命是地球经过几十亿年的演化才繁衍出来的稀罕物质，从我们目前的天文观测中可以证实生命物质在宇宙中肯定是不多见的，人类迄今为止也尚未发现任何外星生命形式，哪怕仅仅是一个单细胞生命。由此也可以推断出，越是复杂的生命形式在宇宙中就越是稀罕。

前面就说过，只有稀罕的东西才能称为资源。如果外星人确实是到地球上来掠夺资源的，那么最大的可能（或许是唯一的可能）就是掠夺“人”本身，虽然我们无法知道外星人把我们抓走有什么用，但我们人类本身确确实实是这个星球上最复杂的生命形式，也是大自然最伟大的奇迹，我们的诞生至少要经过10亿年以上的进化。

我们得出的结论是：如果外星人是抱着掠夺资源的目的而来地球，那他们要掠夺的资源不是别的，就是你和我。

最后来看第三种目的，外星人是为了殖民而来。这是三个目的中最有可能的一个，像地球这样的行星，在宇宙中确实是非常独特的，无数的机缘巧合才诞生了这样一颗奇特的行星。如果外星人真的是抱着这个目的而来，我们可以做出一些非常合理的推测。既然是殖民，那么他们就是看上了地球的环境，这就意味着外星人跟我们地球人差不多，需要大气、需要水、需要氧气，适应1G左右的重力加速度，等等，我们可以基于殖民这一点做出很多合理的推测。最重要的一个推论就是，想殖民地球的外星人最大的可能性也是像人类一样的碳基生命，而不是像变形金刚一样的硅基生命。

黄金时代的来临

走进阿瑟·克拉克的太空史诗（上）

科幻的古典时代是属于欧洲的，法国的凡尔纳和英国的威尔斯基本上包揽了这个时期的所有成就。但是从20世纪40年代开始，有四个人将美国的科幻创作水平带到了当时世界的最高峰，甚至有些人认为他们所开创的时代到今天为止依然是科幻小说的顶峰，称为科幻的黄金时代。这四个人是美国《惊奇杂志》的主编约翰·坎贝尔，科幻作家海因莱因、阿瑟·克拉克和阿西莫夫，后面三位则被称为黄金时代的“科幻三巨头”。当然，整个黄金时代之所以取得如此巨大的成就，不仅仅只有这三位科幻作家，还有很多优秀的科幻作家共同支撑起了那个辉煌的时代。

海因莱因是三巨头中年龄最大的，也是成名最早的，他的小说中知名度最高的大概是《安德的游戏》（因为有同名的好莱坞大片），但原著科学性方面相对来说差了一些。如果大家只看一部他的科幻作品，我会推荐你们看《异乡异客》。故事说的是首次登陆火星的地球探险家全部遇难，只在火星上留下一个孤儿。25年后，第二支火星探险队将这个被火星人抚养长大的孩子带回了地球。按照地球法律，男主人公成为火星的拥有者。于是，从返回地球的那一刻起，他立即成为各大势力争夺的对象。男主人公觉得地球世界简直不可理喻，人与人之间充满尔虞我诈；这里没有爱，只有冷漠。后来在一个地球人的开导下，男主人公明白了自己的使命：召唤这个世界，用爱战胜邪恶。他将成为一名先知，等待着他的是无数先知的宿命。海因莱因和他的作品也是获奖无数。而且他是黄金时代的开创者，也是他引爆了美国的科幻市场，没有他的这些开创性贡献，后面的克拉克和阿西莫夫恐怕也没有出头之日。

克拉克其实是个英国人，常年居住在斯里兰卡进行创作，不过他的作品基本上都是在美国发表，因此他依然被认为是美国科幻小说的代表人物之一。克拉克是刘慈欣最为喜爱的科幻作家。刘慈欣的原话是："我的所有小说都是对克拉克的拙劣模仿。"当然，我觉得他过谦了。

刘慈欣还在另一篇文章中这么说："1980年的一个冬夜，一位生活在斯里兰卡的英国人改变了我的一生，他就是西方科幻三巨头之一的阿瑟·克拉克，我看到的书是《2001太空漫游》。在看这本书之前，我曾经无数次幻想过一种文学，能够对我展现宇宙的广阔和深邃，能够让我感受到无数个世界中的无数可能性带来的震撼，在当时现实主义的黄土地上，那种文学与我所知道的文学是如此的不同，以至于我根本不相信它的存在。当我翻开那本书时，却发现那梦想中的东西已被人创造出来。"

从这段话中，可以感受到刘慈欣对克拉克的由衷的钦佩，正如我对阿西莫夫的钦佩一样。我和刘慈欣一样，也有一个近乎执拗的偏好，甚至可以说是偏见，我认为科幻就应该是描写漆黑深邃的宇宙、冰冷白色的航天器、神秘莫测的地外文明，只有写了这些，我感觉那才叫科幻，写个生物怪兽、病毒扩散之类的，都是小儿科。克拉克满足了我对科幻小说的全部期待。更重要的是，克拉克写的是真正科学幻想下的太空题材，而不是把战马改为飞船、左轮手枪改为激光炮的太空牛仔片。有些科幻小说会这么描写太空中的追逐："警务飞船紧咬着走私飞船，掠过了一个又一个星球。走私飞船一直找不到一颗合适的星球藏匿，只好回头看看越来越近的警务飞船，咬紧牙关继续向前飞。"在这些小说家的笔下，太空与警匪片中的小镇没区别，飞船也与出租车没区别。这些不是科幻小说，并不是有了太空飞船就成了科幻小说。

如何真正理解宇宙的宏大和深邃？如何真正理解一光年有多远？阿瑟·克拉克是那个年代中第一个真正写出了宇宙宏大的科幻作家。他写得最多最好的作品几乎都是太空题材的科幻小说，其中有两个系列作品最具有代表性，一个是"太空漫游"系列，一个是"拉玛"系列，全都是在太空和地外文明这两个大背景下的史诗级巨著，尤其是"太空漫游"系列，这个系列一共有四部，除了《2001太空漫游》，还有《2010太空漫游》《2061太空漫游》和《3001太空漫游》，它们已经成为所有太空科幻迷心目中《圣经》一般的存在。今天我就带领大家，从"太空漫游"系列的第一部小说《2001太空漫游》开始，走进阿瑟·克拉克的太空史诗。

我认为《2001太空漫游》是人类历史上一部具有史诗性质的太空题材科幻小说，也是一部不把人作为文学主题的文学作品。熟悉文学评论的读者大概都听过一句话：一切文学都是人学，但这条文学界的金科玉律不适用于科幻文学。在《2001太空漫游》中，主角不是人，而是宇宙，小说中的人只有一个符号化的意义，小说真正描写的是宇宙的神秘、太空的浩瀚、人的渺小以及当人类面对神秘宇宙时产生的恐惧、孤独和敬畏。刘慈欣说："记得20年前的那个冬夜，我读完这本书后出门仰望星空，突然感觉周围的一切都消失了，脚下的大地变成了无限延伸的雪白光滑的纯几何平面，在这无限广阔的二维平面上，在壮丽的星空下，就站着我一个人，孤独地面对着人类头脑无法把握的巨大的神秘，从此以后，星空在我的眼中是另外一个样子了，那感觉就像是离开了池塘看到了大海。”我阅读之后的感受几乎和这是一样的，也是这种感受让我萌生了要以《仰望星空》为题写一本讲述星空故事的科普书。

我们先来讲一下《2001太空漫游》这部小说的创作过程。1964年，美国正在和苏联开展太空竞赛，“阿波罗计划”正在如火如荼地进行，人类即将在5年后首次登陆月球，美国人都对太空充满了热情。这一年，传奇大导演库布里克突然决定要拍摄一部科幻电影，熟悉库布里克的读者都知道，这位传奇导演要么不出手，一出手必属精品。库布里克找到了他心目中最会描写太空的作家克拉克，希望克拉克能为自己量身定制一部太空科幻剧本。克拉克欣然接受邀请，于是这两个天才聚到了一起。据说他们买来了几乎所有过去拍过的科幻电影，每看一部就会说一句“太烂了”或者“完全不符合科学”，然后扔掉。最后，他们决定以克拉克之前写过的一篇短篇科幻小说《岗哨》为蓝本，将其扩写成一部科幻电影剧本。因此，《2001太空漫游》的小说和电影创作是同步进行的。库布里克是一个极端完美主义者，为了把太空中的场景和失重的状态拍摄得逼真，电影的上映日期一拖再拖，以至于投资方实在忍不住打电话给库布里克，问他“你说的那个电影名称到底是指片名还是上映日期”。但库布里克不管，坚持按照连克拉克都受不了的苛刻标准来要求影片。这部影片直到1968年才上映。虽然刚上映的时候毁誉参半，但到今天已经无人否认这是科幻电影史上永恒的经典，即便在今天看来，它的画面也毫不过时，很难想象这是在20世纪60年代拍摄的电影。它的电影特效远远超出了同时代，毫无悬念地获得了1969年的奥斯卡最佳视觉效果奖。

我们先来讲小说，再讲电影。

这部小说叙事之宏大，超越了之前任何一部小说。克拉克从300万年前的人猿开始，一直写到2001年。全书描写了三个看似相互独立，但实际被同一神秘事物串联起来的故事。

第一个故事讲的是300万年前的非洲，一群人猿在贫瘠的土地上求生，他们饱受饥饿、疾病和猛兽的威胁，随时都有灭种的可能。我最初翻开小说的时候，看了一页又一页，全都是在讲人猿怎么生活，心里就一直在犯嘀咕："这哪里是科幻小说啊，分明是动物世界的解说词嘛。"耐心是欣赏这部小说的第一道门槛。一直到第三章出现了那块著名的黑石板，才让小说看上去有了科幻的味道。一天早上，人猿的居住地附近突然出现了一块一人多高的黑石板，就像一双冷峻的双眼，静静地打量着面前的这群人猿。此时的人猿们并不知道，一股神秘的力量已经在悄悄地影响着他们的智力。似乎在一瞬间，人猿们突然明白了骨头和石头可以当作武器，他们用这些最原始的武器狩猎，攻击另外一群人猿，于是，从这一刻起，这群人猿不再是猿，他们变成了智人，人类文明无可避免地诞生了。如果说原始人对宇宙的几分钟凝视是看到了一颗宝石，其后所谓的整个人类文明，不过是弯腰去拾它罢了。第一个故事结束。这是太古第一夜的故事，也是文明曙光出现的故事。

第二个故事一开始便是300万年后的2001年，此时的人类已经在月球上建立了很多个基地，具备了行星际航行的能力。在一个名为"第谷陨石坑"的美国基地中出现了神秘的强磁场，深入挖掘后，人们发现，在月球的地底深处，竟然有一块神秘的巨型黑石板，地质年龄是300万年，这正是磁场的来源。这块黑石板表面绝对平坦光滑，至少以人类的科技，无法观察到表面的任何凹凸不平，它的长、宽、高的比例在人类能掌握的任何精度下测量都是精确的1:4:9，这三个数字刚好是1的平方、2的平方和3的平方。这显然不是人造的物体，它以这样一种特殊的形式，傲慢地藐视着人类的科技。于是，美国政府派出航天评议会主席佛洛依德前往月球调查此事。

为什么克拉克的科幻小说是真正的科幻？因为在克拉克笔下的太空航行是真正的太空航行，他最擅长的就是细致描绘在宇宙飞船中的各种奇妙体验。当然，大多数太空飞行中的装置设备都是克拉克幻想出来的，阅读科幻小说的一个很大乐趣就来自用科学的思维去幻想未来的事物。比如，在克拉克的笔下，太空飞船上的厕所是怎样的呢？如果是一个物理知识不扎实的科幻作家，一定不会去描写在太空飞船上如厕的细节。但克拉克的与众不同就在于，他对类似的细节描写乐此不疲。在克拉克的设计中，一个人进入太空厕所，首先是将自己在坐便器上固定好，然后按下一个启动按钮，整个厕所便会旋转起来，于是产生1/4 个地球重力加速度的微重力场，这时候人就可以正常大小便了，结束后，再按下停止按钮，厕所旋转到初始位置停止，人起身走出厕所。

在真实的空间站中，宇航员上厕所确实是一个很大的难题。今天真实的解决方案不是靠旋转产生微重力场，而是用一根管子把大小便吸掉。比起克拉克的方案来，虽然经济便捷了许多，但是舒适程度上就差远了。在克拉克的小说中，飞往月球的太空飞船是一次商业飞行，飞船上还有空中小姐为乘客服务，舒适度当然是商业上需要考虑的因素。

我再给大家截取一段小说中的文字，这也是真正的科幻作家才能写出来的“硬科幻”：

> 一个在地球上体重一百八十磅的人到了月球，会发现自己才重三十磅，他也许会觉得挺高兴。因为只要保持均衡的速度，沿直线行动，他就会感觉到一种神奇的漂浮感。但是一旦他要想转弯，或突然停步——那么他就会发现，自己一百八十磅的质量所产生的惯性丝毫不减。质量与重量不同，质量是恒定不变的，无论是在地球上、月亮上还是太空中，大小其实都是相同的。所以，在正确适应月球生活以前，人们必须懂得：一切物体的惯性实际上要比重量高出五倍。这一点往往需要经过多次冲撞和严重磕碰才能体会，月球上的老兵们看到新来的人总是躲得远远的，他们很清楚这些新兵蛋子在习惯月球的重力之前都会干些什么。

总之，阅读这种文字就是我看克拉克小说很大的乐趣来源。在他的小说中，类似的描写比比皆是，信手拈来，克拉克不愧为书写太空科幻小说的第一人。

回到小说上来，当佛洛依德和其他科学家来到黑石板所在的现场进行研究时，黑石板突然向土星射出了一束强烈的电磁信号。就此，一个巨大的悬念展开，黑石板是不是在跟一个外星文明通讯？为了解答这一谜题，人类派出了“发现号”宇宙飞船远征土星，去寻找答案。第三个故事由此展开。

土星任务正是本书的主轴，书名《2001太空漫游》指的就是这一段前往土星的旅程，真正的大戏都将在这一段旅途中发生。

“发现号”宇宙飞船的成员一共有六名，两名清醒着的飞船驾驶员普尔和鲍曼，三名冬眠中的科学家，还有一名其实不是真正的人类，而是可以控制整个飞船的超级人工智能HAL9000。有意思的是，克拉克给这台人工智能取的名字是HAL。这明显是在隐喻IBM，因为H的下一个字母是I，A的下一个字母是B，L的下一个字母是M。克拉克在写这个故事的时候，“人工智能”这个概念出现还不到10年，那个时候的计算机主要还是极为笨重的晶体管计算机，小规模集成电路计算机只是刚刚在实验室中出现，IBM公司是当时计算机研发领域的领头羊。克拉克笔下的HAL9000并不是一个人形机器人，它只是一个运行在飞船计算机中的程序，可以利用飞船上的扩音器与人对话，并且可以利用飞船上无处不在的传感器来观察飞船内外的情况。克拉克的科学素养在这些细节的设计上最能体现，他并没有像普通的科幻作家一样给HAL9000设计一个人形的躯体，这是非常正确的。要知道，宇宙航行的成本是非常高的，对于飞船来说，每增加一克的载荷，就意味着巨大的成本支出和额外的能源消耗，因此真正的宇宙航行必须尽可能地节省每一克质量。对于这次飞行任务来说，HAL9000的任务就是协助宇航员控制飞船，当然也包括和他们下棋、聊天、解闷，因此是完全没必要具备一个躯壳的。1997年，

IBM的超级计算机深蓝首次战胜了国际象棋的人类冠军卡斯帕罗夫，我猜克拉克听到这个消息时，应该是会微微一笑的，他30年前就已经写到HAL9000和人类下棋，并且可以轻而易举地取胜，甚至克拉克还生动地写道，为了不打击人类的情绪，HAL9000胜率被设定为是百分之五十。

但就是这台人工智能HAL9000却在飞行途中出现了精神错乱，险些毁掉整个任务。原来，对此次土星任务的真实目的，两名驾驶员普尔和鲍曼是不知情的，而HAL9000和三名冬眠中的科学家是知情的，至于为什么美国宇航局要向普尔和鲍曼隐瞒任务的实情，克拉克并没有交代，这也是本书的一个小瑕疵。但接下去，就发生了一系列在情理之中又在意料之外的惊人情节。HAL为了隐瞒真相，不得不向宇航员撒谎，一开始是一些轻描淡写的小谎言，为了圆一个谎言就不得不撒更多的谎言，HAL也像人一样不断地被迫升级自己的谎言，到最后他被迫撒谎说飞船外部的一个器件坏了，必须修理，于是普尔就出舱去更换那个坏了的零件，这时候可怕的事情发生了，为了不让自己的谎言被戳穿，HAL竟然操纵飞船弄破了普尔的宇航服，将他暴露在了真空中，一下子就弄死了普尔。在这个情节的设计上，克拉克虽然没有明说，但这显然已经涉及人工智能开始具备自我意识这个题材，而自我意识则是他之后“机器人科幻”的一个最重要的题材。HAL变得越来越疯狂，祸也越闯越大，他接着又弄死了三名冬眠中的科学家。鲍曼不得不和这个疯狂的人工智能斗智斗勇，最终人类还是战胜了机器，鲍曼成功地拔除了HAL的记忆体，夺回了飞船的控制权。

地球方面得知了这一系列的变故后，不得不向鲍曼和盘托出此次土星任务的真相：在土星的一颗卫星土卫八上发现了一个异常的亮斑，而月球黑石板发射的强烈无线电信号就是朝这个亮斑发射的，“发现号”的任务就是调查土卫八上是否存在外星文明。地球方面希望鲍曼不要放弃，继续独自完成这项艰巨的任务。

鲍曼接受了这个任务。经过漫长的太空飞行之后，鲍曼独自驾驶着

“发现号”抵达了土卫八附近。

在他的小说中，到处都有对太空奇景的细致描写，比如，他对土星的光环是这样描写的：

> 当“发现号”到达土星附近时，太阳正在多条光环中缓缓落下。这时的光环，就像是横跨天际的一条细长银桥；虽然光环很稀薄，只能使阳光微微有点减弱，但光环中成千上万颗晶体却把阳光折射成使人眼花缭乱的璀璨烟火。当太阳走到那几千公里宽的轨道冰流后边时，寒冰的幻影交叉移过天际，使整个天空形成一片游动的焰火。最后，太阳落到光环的下边，好像穿越一道道拱门，漫天的烟火也就渐次消失。

随后，在太空中又出现了一块巨大的黑石板，形状和比例与月球上的那块一模一样。当鲍曼驾驶着飞船慢慢靠近这块黑石板后，竟然发现这块黑石板与月球上的那块不同，它其实是一扇门，通向另外一个时空，如果用科学术语来讲，黑石板是一个虫洞。鲍曼的飞船直接穿越了虫洞，也与地球失去了联络。克拉克细致描绘了穿越虫洞时的奇景，当然，这完全是凭想象的，迄今为止也没有任何科学理论能够让我们推测出虫洞中的真实情况。实际上，虫洞现今也依然只是理论物理中的数学产物，人类并未在宇宙中观测到真实的虫洞。鲍曼穿过虫洞后，来到了一间显然是地球之外的超级智慧文明为他准备的房间，这间房间是按照地球上某部电视剧中的场景创建的。鲍曼并没有见到任何外星人，甚至也没有人跟他对话，但是他无时无刻不在感受外星文明对他的关怀。在小说的最后，鲍曼的记忆突然开始倒流，在他的意识中，人生开始反演，但所有的记忆并未丢失，他的肉体与精神被进行了彻底的改造，他成为一种超越物质和时空的存在，或者说他变成了一种超级生命体，克拉克给重生的鲍曼取了一个名字：星童（Star Child）。也说不清是星童的肉身还是意志返回了地球，他发现近地轨道中有一枚蛰伏已久的导弹，人类熟悉的历史正面临着终结。于是他略微施展了一下意志，那枚百万吨级的花朵无声地绽放，给沉睡中的半个地球带来一场短暂而虚假的黎明。克拉克是这么给小说结尾的："然后他等着，整理着思路，琢磨着自己尚未经过试验的力量。因为尽管他已是世界的主宰，他还不大肯定他下一步该做什么。他早晚会想出来的。"

很明显，这是一个开放式的未完待续的结局，克拉克预谋好了是要写续集的，确实也是这样。

关于小说最后把鲍曼"神化"的描写，读者群分裂成两个阵营，爱这个结尾的人爱得要死，认为这是科幻大师丰富想象力的展现，非常震撼；但不喜欢的人却认为克拉克走得远了点，他从科学幻想已经走到了纯幻想的那头，丢掉了必要的科学性。我本人是站在反对者阵营的，我也觉得克拉克走得远了点。不知道听我讲完《2001太空漫游》的故事梗概后，各位读者是怎么认为的。

黄金时代的来临

走进阿瑟·克拉克的太空史诗（下）

讲完了小说我们再来说电影，这是两种完全不同的艺术表现形式。

小说和电影几乎是同步进行的，克拉克一边写，库布里克一边拍，从开拍到上映整整用了4年的时间。正因为是这样一个诞生过程，因此电影和小说的情节是基本一致的，你可以说电影忠实于原著，也可以说是小说忠实于电影。唯一的区别在于，小说中要执行的是土星任务，而电影里面改为了木星任务。原因其实很简单，不是库布里克不想去土星，而是当时没有电脑来做特效，库布里克做不出逼真的土星光环特效，因为土星光环如果近距离看的话，它是由无数微小的石块和冰块构成的，在那个电影特效只能用模型来实现的年代，制作土星光环的模型是不可能完成的任务，所以库布里克只好忍痛放弃飞向土星。但克拉克太喜欢土星的壮丽光环了，他坚持不向库布里克妥协，在小说中，他让“发现号”还是飞向了这颗太阳系中最壮观的行星。如果大家在网上搜索一下这部电影的影评的话，你会很轻易地找到无数的溢美之词，用词大都是极为夸张的，比如像这样的影评：在观影过程中，我先后感到胃痛、腰痛、心口痛、颈椎痛，胸闷气短、口干舌燥，最后像痴呆一样张着嘴、瞪着眼看完全场，精神极其亢奋，情绪万分高涨，一直开心到现在。

但今天我必须给大家说一些客观真相，也算是一种善意的提醒：

第一，如果没有仔细听完我前面的故事介绍就去看电影，我基本上可以肯定，大多数人是看不懂电影情节的。库布里克完全是跳跃式的叙事，甚至他根本就抱着不想让你轻易看懂的阴谋。

第二，整个影片的节奏对某些人来说会显得极为缓慢、沉闷，如果你不是刚刚养足了精神看，那么我几乎可以预言你会看睡着。在影片的开始甚至有一段长达3分钟的只有配乐没有画面的纯黑屏，很多人都以为是画面坏了。不管有多少人怎么赞美这3分钟的黑屏有多伟大，有多少象征意义，刘慈欣甚至说那是他认为的影史上最伟大的3分钟，没有之一。但是对于大多数普通观众来说，还是受不了的。不过好在现在大多数网上的版本都把这3分钟给果断地剪掉了。在影片的中间还有一段长达1分多钟的黑屏，你也可以跳，否则真够考验耐性的。

第三，即便是减掉了3分钟黑屏的版本，在影片的前17分钟，你还是会以为自己看的是动物世界，而不是一部科幻片。在以前的DVD时代，不知道有多少人去找店老板说搞错片子了。这17分钟里面，没有对白，只有一群猩猩在表演，虽然这些猩猩其实是人演的，但是在库布里克的完美主义情结之下，他们看上去就像是真的动物。至少要看到第9分多钟的时候，画面上出来了黑石板，你才会明白这是电影，不是动物世界。在这17分钟里面，基本上就是一群猩猩在手舞足蹈。不知道大家看不看《生活大爆炸》，里面有好几次，谢耳朵和他的室友们学着猩猩手舞足蹈，大喊大叫，其实他们就是在模仿这段表演。

第四，这部影片基本上没有对白，一直要到差不多第23分钟的时候，才有了第一句台词“先生，你到了，请上主甲板”。而整部2个多小时的影片，差不多有三分之二的时间是只有音效没有对白的默片。如果你没有一点欣赏文艺片的基因，看默片会是一种心理考验。

第五，影片中的所有人物基本上都是表情呆滞，毫无演技可言，与我们看过的大多数电影强调表演性完全不同。这恰恰是库布里克精心设计的，他认为这是一部不需要演技的电影。人在这部影片中只是一个符号化的象征，这不是一部展现人性的电影，电影的主角是太空。

说完了这些之后，我再来讲这部影片的看点：

第一，不告诉你的话，你不会相信这是20世纪60年代的片子。这是电影史上第一次真实地展现了太空飞行的种种细节，即便是拿到今天，也依然可以当作太空科普片。大家在电影中看到的那些太空飞船中失重的细节都极为逼真，据说为了拍出那支钢笔飘浮在空中的镜头，库布里克琢磨试验了好几个月。你可以在影片中看到，太空站中的人工重力场是怎么制造出来的，人类在太空飞船中如何行走。为了不出现物理上的错误，库布里克花了极大的心思，表现不出来的画面他宁可设法规避。比如太空飞船中的女乘务员都是带着非常可笑的大帽子，把头发包得紧紧的，那是因为如果长发散开，在太空中会飘起来，库布里克拍不出，就只好让她们都戴着帽子。总之，这部影片在科学上的硬伤实在很少，一定要找的话，我也只能找出地球的颜色问题，在影片中表现的地球，无论是从太空中看过去还是从月球上看过去，都是黑白的，而不是蓝色的。

第二，电影的配乐是影视经典歌曲，整部影片中，库布里克反复使用了交响曲《查拉图斯特拉如是说》的第一乐章“日出”，这是理查·施特劳斯根据尼采的同名小说谱写的交响诗。在电影上映之前，这首曲子几乎没什么名气，但影片上映后，这首曲子名声大噪，现在已是举世皆知。不论在影像上、气势上还是精神上，影史上恐怕很难再找出更为贴切的配乐了。《查拉图斯特拉如是说》早在电影上映前70多年就写成了，但至今依然让大多数人认为这个音乐就是专门为《2001太空漫游》写的，它们在精神上已经完全融为一体。

第三，在影片的第18分钟左右，一只黑猩猩把一根骨头扔向空中，当骨头落下去的瞬间，画面变成了外形酷似一根骨头的太空飞船。这个镜头成为影史上最为经典的镜头之一。300万年的人类文明史被浓缩成了这一抛一落。

第四，那些在月球上的场景拍摄得如此逼真，连登月舱都跟阿波罗飞船的登月舱如出一辙，以至于一年后当阿波罗飞船真的登陆月球，有很多人怀疑那些真实的月球景象是不是在库布里克的摄影棚中拍出来的。

第五，影片中有大量未来成真的黑科技。比如磁卡电话，当然，这个要用过去式了，都已经成真又过时了。比如宇航员一边吃饭，一边用一块平板玻璃看电视新闻，这不就是40年后的iPad嘛。比如HAL和鲍曼下国际象棋，鲍曼被打败，29年后IBM的深蓝击败了卡斯帕罗夫。像这样的细节，你如果留心，还可以发现很多。

第六，太空中的各种对接、机械运动、爆炸都是无声的，这会让很多人不适应，但这才是真实的太空。没有空气的太空，是完全静默的，不会有任何声音。

总之，作为科幻电影来说，这是一部影史上的经典，但我依然想借两个人的话来给你做一个观影前的总提醒，一句话是阿瑟·克拉克自己说的，他说："如果你一遍就看懂了整部影片，那么只能证明我们失败了。"另一句话是库布里克说的，他说："这是一部让你体验的影片，而不是一部让你看懂的影片。"

《2001太空漫游》的小说和电影我都介绍完了，接下去我们就来谈谈与太空有关的科学知识，掌握这些知识对于欣赏太空题材的科幻作品会有很大的帮助。

我们先来谈谈失重。这是太空中与地球上最大的一个区别。当宇航员乘坐的飞船成为地球的一颗卫星，或者来到了在地球轨道上运行的空间站后，就会发生失重的现象。很多人认为是因为离开地球，万有引力不存在了，所以失重，这是相当错误的理解。实际上，国际空间站的轨道高度只有360千米，如果把地球缩小成一只苹果，只不过离开了一层苹果皮的高度，因为距离而减小的那一点点万有引力根本不多。之所以失重，是因为我们的重力全部都用来产生围绕地球旋转的向心力了，你也可以理解为，我们始终处于一种自由落体状态，所以我们感觉自己失重了。宇航员感受到超重到失重是一个逐步渐变的过程，而不是突然一下就飘起来了。当宇宙飞船从同步轨道返回地球时，并不需要头对着地球，尾巴上喷火，朝地球飞回来，只需要利用一点点燃料，给自己减速，绕地球旋转的速度一旦降低，离心力不足以完全抵消重力（向心力）时，飞船自然就会掉下来，因此，我们的“神舟号”飞船返回地球实际上不是飞回来的，而是自己掉下来的。

《2001太空漫游》中的空间站是一个旋转的环形结构，这是为了产生人造重力场。但现在真实的国际空间站和我国的“天宫号”都没有采用环形结构产生人造重力场，并不是因为理论上不可行，而是因为失重环境是一个极为珍贵的实验环境，我们现在辛辛苦苦去太空，有一个很大的目的就是为了研究失重。当然以我们人类现在的技术，要制造巨大的环形空间站，还有许许多多工程技术上的挑战。真正的环形空间站恐怕要到3001年才能出现。

再来说说太空飞行。在太阳系中的任何太空飞行都不是一根直线，全部都是弧线。这是因为，如果是从地面上直接发射火箭，因为地球的自转，所有地面上的物体本身就会有一个初速度，任何从地面上发射出去的东西从太空中看，其实都像是被甩链子球一样甩出去的。另外，在太阳系中的所有天体都会受到太阳的巨大引力，因而任何天体在运动过程中都会受到一个指向太阳质心的万有引力。只要航天器的速度小于第三宇宙速度，最终太阳的引力会把运动轨迹拉成一个绕自己转动的椭圆。

太空飞行主要靠的是惯性，燃料是极其宝贵的，点火加速的时间往往都是很短的，火箭的点火时间一般来说只有几分钟，因为化学火箭的效率非常低，那么粗粗的一管燃料，10分钟不到就烧完了。当年阿波罗登月用的“土星5号火箭”，是目前为止人类实际投入使用过的最大火箭，直径有10米粗，110米长，总重3000多吨，90%都是燃料。就这么大的一枚火箭，它携带的全部燃料加起来也只够点火18.7分钟。它的第一级火箭燃料重达2000多吨，就只够烧150秒。虽然过去了差不多50年了，可我们人类的火箭技术基本上没有什么本质变化，还是这种极为原始的化学火箭。从地面上发射火箭，绝大部分燃料都是用来对抗地心引力了，一旦摆脱地心引力，在太空中推进火箭，燃料的使用量就会大大降低。所以马斯克设计的火星飞船要飞到太空后再对接一截推进火箭，在太空中再次点火加速飞向火星。

在太空中，速度提上去后，就不会降下来，靠着惯性就能直奔目的地。在太空中飞行，加速需要消耗燃料，但很多人不知道减速也要消耗同样多的燃料，在太空中飞行可不像在地面上开车，加速的时候踩油门，减速的时候只要踩刹车，地面的摩擦力就会让车子慢下来。但是在太空中飞行，加速要踩油门，减速也同样要踩油门，区别只是在于引擎对着的方向刚好相反。宇宙飞船为了尽量减少载荷，不可能在头尾各装一套引擎。因此，当宇宙飞船需要减速时，它必须调转船头，引擎冲着目标喷火。如果画一幅外星人飞船飞向太阳系的画面，那么准确的画法应该是喷火的一面冲着前进的方向，这幅景象会很反直觉，看上去很怪异。记住一点，在太空中加速和减速同样困难。

克拉克在1968年完成《2001太空漫游》后，又在1982年写出《2010太空漫游》，1987年写出《2061太空漫游》，1997年完成该系列的最后一部《3001太空漫游》，从此奠定了他写太空科幻小说的宗师地位。接下来，我再把“太空漫游”系列的另外三部作品做个大致介绍。

很多人认为，《2010太空漫游》是克拉克“太空漫游”四部曲中最好看的一部，主要原因有两个：一个是这部作品比较接地气，没有太多看不懂的地方，故事性和悬念也更强；另一个原因就是这部作品中出现了很大篇幅的中国元素，这就好像现在很多好莱坞大片中增加了中国元素就会更叫座一样。其实在《2001太空漫游》中就已经好几次出现了中国元素，提到了中国在太空竞赛中的地位。这都充分说明克拉克是一个具备全球视野，而且有着超强预见性的科幻作家。

我们来看看《2010太空漫游》的故事。

因为库布里克的电影影响实在太大，为了不让小说的读者有违和感，克拉克只好在第二部顺着电影的背景故事，把土星任务硬是改成了木星任务。2001年的“木星任务”失败之后，美国积极赶造“发现二号”，计划去寻找仍在环绕木星的“发现号”。然而在“发现二号”完工前，无人操纵的“发现号”就有坠落木星的危险。

这个时候苏联的太空部门传来消息，他们建好了一艘太空飞船，叫“里欧诺夫号”，苏联人向美国人提出了一项合作计划，邀请美国共同远征，一来取回“发现号”上的电脑资料，二来探索木星上空那块巨大的黑色石板。促成这次合作的美方代表，正是《2001太空漫游》主角之一的佛洛依德博士。克拉克创作这部小说的1982年正是美苏冷战的后期，双方的关系开始缓和，克拉克这么写是完全符合当时的时代大背景的，也迎合了当时的民意。

于是美国派出了三位代表，连同苏联的七名宇航员，组成了一支十人的太空远征军。三位美方代表中就有佛洛依德本人，还有HAL9000的设计者，印度裔的强德拉博士。

经过两年漫长的太空旅程，他们在来到木星的前夕，竟然发现有另一艘太空船后来居上，这艘太空船是由中国政府秘密建造的，叫作“钱学森号”，目标也是“发现号”上的资料。而“钱学森号”之所以速度惊人，后来居上，是因为中国人没有携带返航的燃料。在克拉克这些西方人看来，东方人是最不怕死的，特别有献身精神。“钱学森号”来到木星附近后，它并没有直接与“发现号”会合，而是先降落到了木卫二这个冰封的世界，以便汲取核聚变反应炉所需的燃料，也就是纯水。木卫二是木星的卫星，也叫作“欧罗巴”，目前是太阳系中被认为最有可能存在原始生命的星球。因为这颗星球的表面覆盖着一层厚厚的水冰，而冰层下面则是真正的海洋。NASA在2016年7月份还报道了木卫二的表面有间歇泉，会不定期将内部的海水喷射出来。这使得克拉克接下去描写的情节更加具备了科学幻想的色彩。

就在中国太空人即将成功之际，降落木卫二上的“钱学森号”忽然传来紧急呼叫。紧急讯号由一位张教授发出，呼叫的对象是“里欧诺夫号”上的佛洛依德博士，因为他们两人曾有一面之缘。张教授以流利的英语，反复强调木卫二上存在生命；他说那个生物长得像一棵巨大的榕树，被“钱学森号”的灯光引出水面，爬上了太空船。这只怪兽带出来的冰雪压垮了“钱学森号”，张教授成了唯一的生还者。但是，“里欧诺夫号”却无力相助，张教授最后也不幸遇难。

在经历了千辛万苦和各种意想不到的情况后，“里欧诺夫号”总算与“发现号”对接成功。强德拉博士开始忙着修理HAL9000，佛洛依德等人则在近距离研究那块黑石板。虽然他们来自美苏两国，但相处得十分融洽，合作也非常默契。

就在这个时候，忽然有一颗“流星”从木星射向地球。其实那并不是什么流星，而是已经变成超级生命体的鲍曼。他飞到地球上空，首先将半空中的一颗核弹引爆，消除了一场人间浩劫。这个地方的情节就是接到了小说第一部结尾的那个伏笔。接着，鲍曼还探访了自己的女友与卧病的母亲。

这个“鲍曼”（我们权且还用“鲍曼”称呼他），再次回到木星附近，又借着HAL的显示屏，警告佛洛依德“必须在15天内离开”。为了让人们相信自己，他甚至利用尘埃塑造出自己的“原形”，证明自己已经是个超级生命体。

不过“里欧诺夫号”剩余的燃料有限，26天后才有发射窗口。这里解释一下什么是发射窗口。木星和地球都围绕着太阳运转，要从木星回到地球，需要找到两者之间距离最短的时候，也就是当木星、地球、太阳都在同一条直线，且在太阳同一侧的时候。这种发射窗口差不多一年才有一次。不过，他们很快想出了另一个办法，那就是把“里欧诺夫号”与“发现号”绑在一起，先用“发现号”当推进装置，在半途将“发现号”抛弃后再正式点火。只是这样一来，HAL9000就不得不被抛弃在太空中，因为HAL9000与“发现号”是融为一体的。这里又是克拉克设计的一个伏笔。

在准备过程中，附近星空那块黑石板突然消失了，这个突如其来的变化坚定了船长的决心，于是“里欧诺夫号”立刻启程。与此同时，木星上竟然出现一块大黑斑，而且还在不断扩大。原来那是上百万个不断自我复制的黑石板，正在吞噬木星上的氢元素。

在“发现号”燃料用尽遭到抛弃后，“鲍曼”来到这艘太空船，利用HAL发出一次又一次的警告：“不要去木卫二，不要去木卫二。”

不久之后，木星整个被黑斑包围，接着发生一场惊天动地的大爆炸，距离木星不远的“发现号”也因为这次爆炸而粉身碎骨。为了不让HAL这个主角收工回家，HAL也转变成了一个和鲍曼类似的超级生命体。

故事的结尾非常绚丽，太阳系出现了第二颗太阳。木星被点燃了。这就导致了一个后果，木卫二的冰层开始融化，不再是一个冰封的世界，这就有希望发展出更复杂的生命。克拉克的这个结尾设计，也是有一定科学性的，有天文学家把木星称为一颗胎死腹中的恒星，它的元素成分其实和太阳差不多，只是因为质量不够，无法在中心产生核聚变反应。如果木星的质量再大上40倍，那么就足以变成一颗恒星了。

我们继续讲克拉克下一部小说《2061太空漫游》。

到了2061年，佛洛依德已经是103岁。自从第二次木星任务结束后，他就一直住在低重力的太空医学中心，得以健康长寿，至今仍可从事太空冒险。这次的任务，是搭乘最新建造的太空船“宇宙号”，登陆再次准时造访太阳系的哈雷彗星。

这个故事有两条平行线，比较复杂：一条主线是“宇宙号”登陆哈雷彗星的过程；第二条主线则是另一艘太空船“银河号”的探勘任务。这里又有一个中国元素，两艘太空船都是香港的一位富豪投资建造的，因为他受到当年“钱学森号”壮举的精神感召。

“银河号”因为一些意外，迫降到半个世纪以来传说中的禁地——木卫二。更巧的是，“银河号”上有位成员是佛洛依德的孙子，还有个地质学家说木卫二上有宝藏，他们俩就结伴去探宝。这个情节似乎有点落俗套，但这部小说是克拉克1987年写的，那个时候这样的情节还不算太俗。他们俩还真的在木卫二发现了宝藏——一座巨大的纯钻石山。然后这俩人还来到了当年“钱学森号”的失事现场，我以为他们一定会遇到怪兽，居然没有遇到，而是又看到了一块巨大的黑石板。

与此同时，“宇宙号”接到“银河号”的求救信号，前来营救，经过一番艰难困苦，营救计划最后成功了。在这个过程中，变身后的鲍曼、HAL又悉数登场，故事的结尾是鲍曼、HAL与佛洛依德成了三位一体的生命，共同担负起监护木卫二这个世界的任务。

克拉克每写一部小说，就会多制造一个超级生命体，第一部是鲍曼，第二部是HAL，第三部则是佛洛依德。更有象征意味的是，此时的木卫二就相当于是一个原始的地球，上面有可能再来一次智慧文明的进化历程。

到了第四部《3001太空漫游》，克拉克又捡起了第一部小说中的一个“伏笔”，这个“伏笔”需要打引号，因为不确定这真的是一个早有远见的伏笔，还是克拉克事后挖出来的。那就是在第一部小说中被HAL谋杀的宇航员普尔，他暴露在了真空中，变成了干尸，在太空中漂流了整整1000年，被人类的太空船打捞了起来。3001年的生物科技极为发达，竟然把普尔给复活了。不过幸运的不是普尔，而是千年后的全体人类，因为一项前所未有的浩劫即将降临，只有普尔是唯一的希望。

黄金时代的喜马拉雅

阿西莫夫和他的《基地》（上）

阿西莫夫是我最想给大家介绍的一位科幻黄金时代的巨匠。自从看完阿西莫夫的自传后，我常常对自己说，人的一生应该这样度过：就像阿西莫夫那样的一生。阿西莫夫是我的精神导师。我将带着一种虔诚的态度来给大家讲本节的主题：阿西莫夫和他的《基地》。

首先，我给大家勾勒一下阿西莫夫的轮廓。艾萨克·阿西莫夫，俄裔犹太人，生于1920年，卒于1992年，3岁时随父母逃离红色恐怖时期的苏联。他是享誉全球的美国科普巨匠和科幻小说大师，一生出版了近500本著作，内容涉及自然科学、社会科学和文学艺术等许多领域，曾获代表科幻界最高荣誉的“雨果奖”和“星云终身成就大师奖”，在世界各国拥有广泛的读者。卡尔·萨根称其为“一位文艺复兴时代的巨人，但是他生活在今天”。他还被誉为“百科全书式的科普作家”“这个时代的伟大阐释者”和“有史以来最杰出的科学教育家”。

但这样一个冷冰冰的似乎遥不可及的大师形象却不是我真正想告诉大家的，在我的心目中，阿西莫夫就是一个成天乐呵呵，充满了睿智幽默的大男孩。他有血有肉，有说有笑，他向所有的读者敞开心扉，尽情表露自己的喜怒哀乐。他口述的最后一篇文章是《别了，永别了》，他向所有热爱他的读者告别，他说：“我一直希望能够脸朝下倒在键盘上，鼻子嵌在两个打字键中死去，但是却不可能这样了，永别了，我的读者们。”我读到这里，含着眼泪微笑，这就是我心目中真正的大师。

实际上，阿西莫夫在我的心目中写得最好的是科普文章，而不是科幻小说。写科幻，我个人认为他不如克拉克，虽然从获得的奖项数量和读者群数量来说，他一点儿也不比克拉克少。但是阿西莫夫的确是承认自己写不过克拉克的，他和克拉克是一对好朋友，经常在世界科幻大会上碰头，他们俩都是既写科幻又写科普的高产作家，俩人有一次在出租车中达成了“阿西莫夫—克拉克协定”，阿西莫夫承认克拉克是世界上最好的科幻小说作家，而克拉克承认阿西莫夫是世界上最好的科普作家。尽管达成了这个协定，两个人其实还是互相斗个不停。有一次，一架飞机坠毁了，其中有一位幸存者在飞机迫降的过程中临危不惧，始终保持镇定，手里捧着一本克拉克的小说在阅读。一家报纸报道了这个消息，克拉克就把这篇报道复印了一大摞，然后分发给所有的朋友，在他寄给阿西莫夫的那份复印件下面写道：真可惜，他没有阅读你的小说，否则，他可以在睡梦中度过整个灾难的煎熬。阿西莫夫立即回了一封信，写道：正相反，他看你的小说是因为万一飞机真的坠毁了，死亡正好就是一种最好的解脱。这个故事是阿西莫夫自己写在自传中的，可信度很高。

虽然我真的很想谈他的科普文章，那才是阿西莫夫最好的作品，但我们这本书是谈科幻作品的，所以我只能谈他写得第二好的科幻小说。阿西莫夫的代表作是厚厚的“基地”系列，这系列小说的创作时间前后跨越将近40年，一共7本小说。

有一个流传得非常广的说法，本·拉登之所以把自己的组织命名为基地组织，就是因为本·拉登最喜欢看的小说是阿西莫夫的《基地》，我不确定这个传言是否属实，我只能说它流传得非常广，甚至刘慈欣在

《三体2：黑暗森林》中也是这么写了。

在讲这部小说之前，必须得先说明《基地》的结构问题，这个问题很重要。看“基地”系列小说有一个挺头大的事情，就是到底按照什么样的顺序阅读。就好像看卢卡斯的《星球大战》6部电影，如果介绍一个从未看过这6部电影的朋友去看，要按照什么顺序看呢？如果按照故事的时间顺序，那么自然就是1、2、3、4、5、6这样的顺序，但问题是，卢卡斯是先拍了《星球大战4：新希望》《星球大战5：帝国反击战》《星球大战6：绝地归来》，隔了差不多16年，再倒回头去拍《星球大战1：幽灵的威胁》《星球大战2：克隆人的进攻》《星球大战3：西斯的复仇》，等拍1、2、3的时候，电影技术已经今非昔比了。所以如果让人从1开始按照顺序往下看，到4的时候很可能会在视觉上产生很大的突兀感。因此，看《星球大战》到底是按照故事顺序看还是按照拍摄顺序看，确实是一个很难为人的问题。看“基地”系列也有同样的问题，到底是按照写作时间的顺序阅读呢，还是按照故事时间线的顺序阅读，似乎各有各的优缺点。

阿西莫夫在21岁那年开始创作科幻小说，因为受到《罗马帝国衰亡史》的启发，再加上坎贝尔的指点，他先后写下了8个基本上各自独立的短篇小说，描写的是未来几万年后银河帝国的故事。这8个短篇很受欢迎，在坎贝尔的要求下，阿西莫夫就把这8篇小说串起来，又补了一个故事，成了一本完整的长篇小说，取名为《基地》。书出版后反响特别好，于是阿西莫夫趁热打铁，接着又写了两个续集，取名为《基地与帝国》《第二基地》，这三本书就成了著名的“基地三部曲”。然后又过了差不多30年，到了1982年，阿西莫夫62岁，在读者的千呼万唤下，他决定续写《基地》。阿西莫夫接着之前基地的故事，又续写了两本《基地边缘》《基地与地球》，这样就是5本了。本来阿西莫夫想收手了，但是读者们不同意，呼唤他接着写，阿西莫夫很苦恼，他绞尽脑汁实在写不出后续的故事了。终于有一天，他灵机一动，“我往后写不出来了，那么我就写前传嘛”。于是，又写了两本前传《基地前奏》和《迈向基地》。令人唏嘘感慨的是，阿西莫夫写最后一本《迈向基地》时已经到了生命的最后阶段，他没有全部完成便去世了，因此，最后一本书的第五章刚起了个头，就煞了尾，这样一共就是7本书，严格地说是6.8本书，成为完整的一套“基地”系列。7本小说的关系是，正传3本，后传2本，前传2本。

介绍三本书的故事前要先讲一下这三本书的辉煌荣誉。1966年，美国一年一度的世界科幻大会召开，这个大会历史悠久，世界上最重要的科幻与奇幻奖项“雨果奖”也是在科幻大会上揭晓。“雨果奖”不像奥斯卡由专家评委来评，而是由当年参加世界科幻大会的所有科幻迷们一人一票从提名作品中评选。这次科幻大会首次设立了一个特别的奖项，就是颁发给包含3部或者3部以上小说的“最佳系列长篇奖”，并且是历史上所有的系列小说，而不是年度最佳，这个奖项也不常设，要隔很多年才颁发一次。所以这次大奖可以被称为“雨果奖”设立以来最重要的一个大奖。获得提名的小说包括了托尔金的“魔戒”系列，也叫作“指环王”系列。“基地三部曲”也获得了提名。不过阿西莫夫认为《魔戒》既然来了，那其他的作品就是个陪衬，谁能与之争锋呢？阿西莫夫自己也是魔戒迷，他说每部作品自己都读过5遍。虽然明知自己得奖无望，但他还是去了，因为他觉得获得提名就是一种巨大的荣耀，只要能在大会上当主持人念出提名作品《基地》时，他挥手向观众们致意，他就足够心满意足了。这个奖项是最后一个颁发，因为最重要。阿西莫夫在他的自传中对这次奖项的颁发有很精彩的描写：“轮到颁发时，我的老朋友哈伦突然跑上台取代了主持人，大声读出了提名，但偏偏漏掉了‘基地’系列。我愤怒地朝他喊叫，可是他不予理睬，继续往下宣读获奖者的名字。我皱着眉头坐在那里很生气，直到哈伦宣布我战胜了托尔金、海因莱因、史密斯和博勒斯，赢得大奖。这就是为什么哈伦坚持要他来宣布获奖名单的原因——为了看我的表情变化。我果然露出了哈伦想看到的各种表情。”“基地三部曲”战胜了托尔金的《魔戒》，这个荣誉足以说明美国读者对这部小说的喜爱程度。

接下来，让我们从正传的3本书开始讲起。

几万年后的人类已经遍布了整个银河系，第一银河帝国建立起了庞大的统治体系。然而这个看似强大无比的银河帝国，实际上已经在衰败和崩溃的过程中持续了几个世纪，却仅有一个人全盘了解这个事实。

他就是哈里·谢顿，第一帝国最后一位伟大的科学家。他发明了一门高深的学问，称为心理史学，这门学科可以将整体人类的行为简化为数学方程式来推导。个体的行为虽然无从预测，但是谢顿发现，人类群体的反应却能以统计方式处理。群体的数目越大，预测就越准确。而谢顿所研究的群体，则是银河帝国几千万住人世界的人口总和。

谢顿根据自己的方程式，预测到第一帝国终将灭亡，而人类要经历3万年悲惨痛苦的岁月，第二帝国才会从废墟中崛起。但是如果能改变某些现在的历史条件，3万年的大低谷岁月或许可以减少到1000年。在《三体2》中，刘慈欣描述了未来学家准确地预测到人类会经历大低谷时代，然后又会走出大低谷再次繁荣，这段情节应该就是受到了《基地》故事的启发。还记得那句话吗？“给岁月以文明，而不是给文明以岁月。”

谢顿为了普度众生，尽可能减少人类的大低谷岁月，建立了两个科学根据地，命名为第一基地和第二基地。第一基地是由当时人类中最精英的物理学家和工程师组成的，他们存在的目的是为了最大限度地保存人类的科学技术，第一基地的建设和发展都是透明的，一切信息都对外公开。而第二基地则是由心理史学家和精神科学家组成，第二基地对外是高度保密的，他们在哪里，都有谁，这一切都没有任何公开的线索，甚至极少的人知道第二基地的存在。

第一基地一般简称为基地，因为第二基地鲜为人知。基地最初只是一个小型的社群，在银河系外缘虚无的太空中渐渐被人遗忘。周期性的危机一个接一个冲击这个基地，每次危机都蕴含着当时人类活动的各种变数。但是伟大的谢顿对每次危机都早有预见，关键时刻他的全息影像总会显现，告诉基地该如何化解危机。基地只要沿着谢顿设计的轨迹不断前进，必有柳暗花明的发展。

第一基地凭借优越的科技，首先征服了周围数个落后的行星，然后又击败了脱离帝国的大小军阀们。接着，又战胜了帝国的最后一位强势皇帝和最后一位名将。“谢顿计划”看上去进行得相当顺利，似乎不会再有什么麻烦；第二帝国看上去也必定能够按计划准时兴起，大低谷时代也能缩短到最小。

然而心理史学毕竟是一门统计性的学科，某个环节出差错的机会在所难免。接下来的一次变故，连哈里·谢顿也没有预测到，在危急关头，居然没有谢顿的全息影像救场。一个自称为“骡”的人突然崛起，因为他没有生育能力，所以自称为“骡”。他有一种特异功能，就是所谓的精神控制，能够把敌人变成奴仆。这个力量太强大了，不论是谁与他作战，只要一接触他，就会被他降服，乖乖听命于他。第一基地眼看就要被骡攻陷，“谢顿计划”全盘失败。

此时只剩下神秘的第二基地是唯一的希望。由于骡的出现太过于突然，第二基地也措手不及，只好暂时隐忍，养精蓄锐，等待时机。第二基地最大的防御力，就在于下落不为人知。为了实现称霸银河的野心，骡必须把它找出来。另外一些流亡在外的第一基地的战士，也在尽力寻找传说中的第二基地，希望它伸出援手。

在这场捉迷藏的游戏中，出现了一个看似平凡普通的女人，叫达瑞尔。她居然跟骡一样，也具备特异功能，而她的特异功能就是能够对抗骡的特异功能。她成功地骗取了骡的信任，实际上她是第二基地的卧底。在达瑞尔的帮助下，第二基地的心灵学家们终于干掉了骡，这是一个复杂曲折的过程。

不过在跟骡的对抗中，第二基地因此曝光。第一基地的人获悉了第二基地的真相，他们不希望自己将来被第二基地的精神学家控制，因为他们被骡控制了一次心灵，感觉糟糕极了，很害怕再被控制一次。于是内战开始，第一基地的人决定要消灭第二基地。但第二基地的心理史学家们是一群脱离了低级趣味的人，他们牢记自己的使命是辅佐第一基地，完成“谢顿计划”，普度众生，第二基地的人在有史以来最伟大的第一发言者帕佛的领导之下，精心策划了一次事件，他们让第一基地自以为大获全胜，自以为消灭了第二基地。从此之后，第一基地致力于发展横扫银河的势力，完全不知道第二基地依旧存在。三部曲的故事到此结束。

可以看到，阿西莫夫在故事的结尾还是留下了伏笔，保持了一个开放式的结局。阿西莫夫自己并没有打算续写基地，但先知坎贝尔强烈要求阿西莫夫在结尾的时候留个伏笔。果然，在坎贝尔去世多年后，阿西莫夫又动笔续写《基地》，并且取得了人生中的第二次辉煌。坎贝尔对于美国的科幻界，就像哈里·谢顿一般地存在。

阿西莫夫的小说有几个特别鲜明的特色：

第一，他的文笔平直、单色调、刚硬、呆板，几乎所有这类文学上的负面形容词都可以用来形容他的文笔，他让人想起海明威，但其文字绝没有海明威的文字简洁有力，更像是一个工程师写出的冗长的技术说明。可就是这样的文笔，他的小说依然风靡全世界。

第二，有人说阿西莫夫的所有小说都是话剧，因为他的小说基本上都是以对话为主，很少有动作描写，也几乎不描写风景。凡是在纯文学作品中常见的那些令人觉得很文艺的东西，在阿西莫夫的小说中，你都找不到。

第三，他是一个讲故事的高手，在普通人眼里看似很平淡的事情，阿西莫夫讲出来，就会让人觉得有趣。他特别擅长利用一个故事的最后几句话，甚至是一句话让人瞬间恍然大悟，这又有点像欧·亨利。

我个人并没有把《基地》当作是真正的科幻小说，我更多的是把它当作悬疑、推理，有了这样一个心理预设，会让我对心目中的大师少一点儿吐槽。

阿西莫夫的天文学和物理学知识可以说都达到了专家的级别，他显然很清楚真实的银河系是什么样的尺度，也非常清楚这些尺度意味着什么，在他写的科普文章中，他可以把这些概念讲解得既生动又准确。他也非常懂相对论，不管是狭义的还是广义的。这一点毋庸置疑，他自己写的那些科普文章就是最好的证明。但我一直很奇怪，为什么在阿西莫夫的笔下，银河系似乎比地球大不了多少，而相对论效应在他的"基地"系列中也不见踪影。我想这大概就是为什么刘慈欣不喜欢阿西莫夫，却对克拉克的科幻小说推崇备至的原因。克拉克写出了宇宙的深邃与宏大，但是阿西莫夫仍然把宇宙当作地球，只不过是在名词层面上把国家换成了星球，把飞机换成了飞船而已，它们没有任何实质上的区别。然而，真实的宇宙太空是这样的吗?

我们来看《基地》故事的世界设定，整个银河系中的几千万颗行星上住满了上千亿的人类，在一颗叫作川陀的帝都行星的统治下，全体人类形成了一个庞大的银河帝国，由一个皇帝统治。这样的设定，只不过是把地球世界做了一个等比例的无差别放大。这样的设定，只能说是一种幻想，但谈不上是科学幻想。

我想先给大家建立一个真实的银河系尺度概念，在阿西莫夫写作《基地》的年代，也就是20世纪50年代初，在哈勃这些天文学家的努力下，人类已经知道银河系是像铁饼一样的漩涡星系，直径大约是10到20万光年之间，中心的厚度在1万到2万光年之间，根据2015年美国斯皮策望远镜观测到的最新数据，银河系的直径大约是12万光年左右，厚度大约是1.2万光年左右。在银河系的悬臂上，恒星与恒星之间的平均距离大约是4光年。人类现在飞得最快的宇宙探测器，可以利用大行星的引力助推效应，达到光速的万分之一，1977年发射的"旅行者1号"探测器和2006年发射的“新地平线号”探测器都达到了这个速度，但它们要飞4万年才能抵达下一个恒星系，它们从银河的这一端飞到对面那一端需要1亿年。即便是人类掌握了光速飞行的技术，在小说中描写的各个故事的发生地之间往返一趟也至少需要几万年的时间。这是银河系的真实尺度，显然，阿西莫夫非常清楚，在这样大的尺度下，要建立银河帝国这样的人类社会连光速飞船都是远远不够用的。试想从帝都川陀发出的一个指令到达小说中的基地所在地端点星需要几万年，每一个信息都会成为上古时代发来的神话，那么端点星和帝都之间是不可能发生什么有效接触的。

按照现在科学界普遍认同的物理法则，银河系中如果AB两地相距1万光年，它的真实含义是它们的时空距离为1万光年，一个人从A地到B地，即便是无限接近光速飞过去，他自己的感觉虽然可能只过去了几分钟，可是位于A地或者B地的人还是会过去1万年。任何人在时空中的运动速度都恒定为光速C，他在空间中运动的速度越快，则在时间中运动的速度越慢，反之，在空间中运动速度越慢，在时间中运动的速度就越快。按照这个物理法则，一个人假设是银河历元年启程去B地，那么当他到达B地时，B地的时间一定不会晚于银河历1万年，这个时间是不可能跨越的，即便按照现代的虫洞理论，也不可能跨越这个时间。

所以阿西莫夫必须为他的小说发明两样东西：一个是超光速飞行，也就是时空跃迁；另外一个就是超光速通信。为此，阿西莫夫创造了一个超空间的概念，这个概念完全是他创造出来的，哪怕是到了现在也没有任何的科学依据。

还必须指出的是，阿西莫夫在“基地三部曲”中，把一种特异功能作为了小说情节的主要推动力，在小说的高潮阶段，矛盾的焦点就是在争夺心灵控制权上。我并不是说在科幻小说中不能出现特异功能。我的观点是科幻与魔幻的区别在于，前者的情节可以利用现有的物理法则自圆其说，而后者的情节则完全无需在意现实宇宙中已知的物理法则。

举个例子，《西游记》中孙悟空会定身术，喊个“定”就能把别人给定住。在科幻美剧《西部世界》中，老头罗伯特也会定身术，也可以把小镇上所有的人给定住。但《西游记》是魔幻剧，而《西部世界》就是科幻剧。为什么？因为《西游记》的定身术无需解释，那个世界的物理法则与我们是生活的这个世界的物理法则不同。但《西部世界》承认他们与我们生活在同一个物理法则控制下的世界，那里面的人之所以会被定住，因为他们都是机器人，会接收罗伯特的语音指令。

但是阿西莫夫在“基地三部曲”中，却没有对这个心灵控制术做出任何物理上的解释，那个特异功能人士骡，一出生就具备调整别人心灵的能力。而第二基地的那些心理史学家们本来是普通人，但是他们通过修炼，也可以掌握这种特异功能。具体是怎么修炼的，阿西莫夫却没有给出任何描述。如果单单只看《基地》的前三部，我不得不说它具有魔幻色彩。

我认为，科幻小说死板地固守每一个科学定律，不敢越雷池一步是没必要的，有时候为了小说的剧情需要，适当地做一些超越现在科学认知的设定也未尝不可，例如《三体1》中的智子利用量子纠缠效应的超光速通信，这其实并没有理论支持，至少现在的理论不支持，但为了剧情的需要，做一点这样的小小突破我觉得无可厚非。但是，我却无法赞同阿西莫夫在《基地》中把银河帝国描写得就跟一个地球村一样，这并不能让读者建立起正确的宇宙观。我也无法赞同阿西莫夫无端地让人具备控制他人心灵的特异功能，这也并不有助于树立读者的理性价值观。曾经有一度我很想不通，为什么作为理性主义的代言人，科学传播的巨匠，他要这样设计小说的情节。不过随着对阿西莫夫作品的深入阅读，我自己对此有一个解释。那就是阿西莫夫写“基地”系列最初8篇短篇小说时，只是一个20岁出头的小伙子，他的专业是生物化学，并不是物理学或者天文学，我觉得他那个时候可能并没有扎实的天文物理知识，对相对论很可能尚处在一知半解的状态，我觉得这是符合逻辑的。更重要的是，我认为阿西莫夫在20多岁的时候，对待科学写作是缺乏敬畏感的，他仅仅是将其当作玩票，知识的积累和价值观的建立都需要时间。30年后，当阿西莫夫再次创作“基地”系列第四部小说时，他的知识积累已经完全不可同日而语，他已经意识到了《基地》在世界设定上的浪漫，以及对心灵控制术的随意编造。但既然是续写，也只能按照原有的设定继续往下，动不了小说的整体宇宙观。但阿西莫夫还是非常努力地在第四部基地小说中做了亡羊补牢的工作，这也是我之前那个观点的一个重要证据。阿西莫夫做出了怎样的补救措施呢？我们下一节介绍《基地》的后传和前传时，为您揭晓答案。

黄金时代的喜马拉雅

阿西莫夫和他的《基地》（下）

“基地三部曲”中最大的一个看点就是阿西莫夫在小说中发明的心理史学。我认为，初级科幻是对现有技术发明的幻想，比如从普通电话幻想到可视电话，从电视机幻想到平板电脑；中级科幻是根据已知的科学理论创造出崭新的发明，比如从化学火箭幻想到核聚变火箭，从量子理论幻想出量子计算机；而高级科幻则是创建一套能够自圆其说的理论，比如阿西莫夫在《基地》小说中创建的这门心理史学。阿西莫夫创造的这套理论并不是凭空臆想的，而是融合了物理学中的混沌理论、数学中的模糊数学、心理学中的群体心理学等诸多概念和理论，读起来相当有真实感，这是整个“基地”系列小说让我觉得最像科幻的元素。它的主要内容是：由于影响人类行为的因素过于复杂，人类又具有自由意志，因此个人行为绝对不可能预测。然而当众多个体集合成群时，却又会显现出某些规律，正如同在宏观尺度下，气体必定符合统计力学的公式。阿西莫夫将这些事实推而广之，借着天才科学家谢顿，让心理史学发展到出神入化的地步，成为一门探索未来世界宏观动向的深奥理论。而那个刺激基地不断成长的“谢顿危机”，也是取材自历史哲学家汤恩比首创的“挑战与回应”理论，也不是阿西莫夫自己的凭空臆想。在正传的三部曲中，阿西莫夫就对心理史学有了大量的阐述，听上去已经很像那么回事儿了。随着阿西莫夫科学功底的加深，当他在晚年创作“基地前传”时，又对心理史学这门学科进行了更加深入的阐述，甚至可以说整个“基地前传”就是一部虚构的心理史学发展史，这位科普大师把他多年在各个学科领域的知识积累都融会贯通到了这门虚构的学科中，让人读着特别过瘾。

接下来介绍“基地”系列小说的后传和前传。

1981年，61岁的阿西莫夫已经是一位在美国家喻户晓的大师级科普、科幻作家了，但他在最近的22年中，只写过一本科幻小说。道布尔戴出版社的资深编辑贝蒂找到阿西莫夫，希望他能续写《基地》，阿西莫夫在自传中回忆道：

> 我不知道自己还会不会写小说，22年里，我只写过一本小说。关于《基地》的故事，我已经32年没有写过一个词了，我甚至连《基地》故事的内容都记不清了。更何况，我写《基地》故事，从头至尾，充其量是21岁到30岁之间，而且是在坎贝尔的督促下写的，现在我已经61岁了，坎贝尔也不在了。
>
> 我非常害怕，如果我被迫写一部《基地》小说，那么小说很可能毫无价值。碍于我的声望，出版社肯定不好意思退稿，只得出版；评论家和读者会猛烈地抨击它；我将作为一个年轻时很伟大，老朽后仍企望仰仗昔日的名声，到头来反被人耻笑的作家而载入科幻史册。
>
> 出版社预付给我5万美金的稿酬，这可是平时的10倍。可我一点也不高兴。我担心死了，万一挣不回来怎么办？我对他们说：你们会输光的。谁知他们似乎早就料到我会说这句话，他们说：别傻了，艾萨克，你故事构思得怎么样了？

我必须承认5万美元对我还是很有吸引力的，即便最后真的因为写不出来我退回去，我至少可以跟人夸耀：曾经有出版社在我一个词还没写，甚至连想法都没有的时候，就付给我5万美元写一本书。

开始动笔之前，我必须重看一遍“基地三部曲”。我心里很紧张。读自己20多岁时写的那些废话，肯定会感到很狼狈。不料才看了几页，我就知道我错了。诚然，我看出了我早期故事中的败笔，我知道经过多年的修炼，我可以写得更好，但是，那本书还是深深吸引了我。我早就记不清书中的人物是如何解决他们的问题的，我很激动地读着这些故事。

6月9日，我看完了这个三部曲，我经历了几十年来读者对我讲的感受：非常气愤，故事居然结束了，再也没有了。我的心中开始涌动着写第四本“基地”小说的欲望了，但这份工作并不轻松。我尽量保持早期“基地”故事的风格和气氛。我不得不唤起心理史学的全部内容，我不得不找过去500年的历史参考资料，我必须保持动作少，对话多，评论家经常就这一点抱怨我的小说，让他们见鬼去吧。

我还很不安地意识到，早期的基地故事出自一个只了解20世纪40年代技术的人的笔下，比如说，我那时虽然也曾假设存在非常先进的数学，故事中却没有电脑。我不想解释，我只是在新的“基地”小说中写了非常先进的电脑，希望没有人会发现这种不一致。很奇怪，竟然真的没人发现。

就这样，阿西莫夫用了9个月的时间，终于创作完成了《基地4：基地边缘》，他不但加入了先进的电脑科技，还增加了机器人。要知道，这个时候距离“基地三部曲”出版已经过去了30多年，而这30多年中，“基地”小说在美国有点儿像咱们的金庸小说，始终有人在看，30多年的读者积累下来，那是不得了的一个数字。所以这本新的书一出版，便立即登上了《纽约时报》的最畅销书排行榜，而且整整保持了25周时间，最高的时候排名第三。阿西莫夫总是抱怨说“为什么不再多一周，不然我就可以名正言顺地说上榜半年了”。

基地纪元498年，这时候距离伟大的“谢顿千年计划”已经过去了一半的时间，第一基地已经变得无比强大，几乎已经统治了整个银河系。在基地的首都端点星，突然冒出来了一位天赋异禀的参议员，他的名字叫崔维兹，这将是“基地后传”2部小说的1号男主角。崔维兹有一种很神奇的直觉，可以凭借微乎其微的一点儿线索，就做出极其准确的判断，这种直觉和判断力似乎是与生俱来的。在某一次会议上，崔维兹公开发表了一个惊人的观点，他说第二基地并没有被消灭，它不但存在，而且还在继续操纵着整个银河系的历史走向，第一基地看似主宰了银河，其实不过是个傀儡，自己都不知道罢了。议长布拉诺怕他动摇人心，立即以叛国罪将他下狱。但实际上布拉诺相信了崔维兹的判断，他秘密派遣崔维兹和另一位历史学家裴洛拉特一起去寻找第二基地的下落。经过一番仔细调研和逻辑推理，崔维兹他们断定第二基地就藏身于传说中的人类起源星——地球。但是地球已经成为一个上古时代的神话传说，关于地球的一切信息似乎都被一个神秘的力量从历史记载中彻底抹去了，当然这也是他们判断地球是第二基地藏身处的依据之一。又经过了一番细致的求证，崔维兹他们发现，在银河系中有一颗叫作盖亚的行星很可能就是传说中的地球。于是崔维兹和历史学家驾驶着拥有超级电脑的飞船朝盖亚星飞去。但是“螳螂捕蝉，黄雀在后”，布拉诺议长其实也悄悄地尾随着崔维兹。

事实上崔维兹他们错了。第二基地的真正藏身之处并不在盖亚星，而是在银河帝国的废都川陀。此时的第二基地也出现了一位年轻的天才人物，叫作坚迪伯。他无意中发现在川陀当地的农民中，有一位很奇特的女子叫诺薇，她似乎拥有不同寻常的精神力场。大家应该还记得，谢顿设计的第一基地专门研究物理科学，而第二基地则专门研究精神科学。坚迪伯在试图了解诺薇的心灵时发现，这名女子的心灵似乎被一股力量调整过，于是坚迪伯有了一个更加惊人的发现：在银河系中似乎还存在着一个更加强大的第三方势力，这股势力就像历史上曾经出现过的骡，拥有比第二基地还要强大的精神控制力。为了避免“骡”乱历史的重演，也为了捍卫伟大的谢顿计划，坚迪伯也决心找出真相。而坚迪伯发现，那股强大的第三方力量似乎就藏身于盖亚星，于是他带着诺薇尾随着崔维兹的飞船，也向盖亚星出发。

多方势力就在盖亚星汇合了。而这颗名为盖亚的星球的确是一颗神奇的星球，这颗星球上所有的有机体，不论是人还是动植物，在心灵上都是相通的，换句话说，整个盖亚星就是一个行星级别的超级生命体。盖亚的代言人告诉崔维兹：“你知道你为什么会来到这里吗？你以为真是你自己聪明无比，发现了盖亚的秘密吗？其实，这都是我们蓄意安排的，将你一步步地引导到这里来。因为，你不是一个凡人，对，你没有听错，你不是凡人。全银河中，只有你的心灵无法被我们控制，银河系的未来三种命运将由你一个人做出终极选择。第一种命运，你加入第一基地，那么布拉诺议长就可以一举征服第二基地和盖亚；第二种命运，你加入第二基地，那么坚迪伯也可以一举征服第一基地和盖亚；还有第三种命运，你加入盖亚，那么未来人人放弃自由意志，全体银河系的人类心灵融合在一起，形成一个星系级别的超级生命体。”崔维兹必须做出一个选择。

最终，崔维兹选择了命运三，即银河系最终发展成为星系级超级生命体，他的理由其实很简单，因为这三种选择只有这个选项不是立即生效，还有可能将来被纠正，因为心灵的融合需要一个很长的时间。所以，崔维兹的选择实质上就是一个缓兵之计。

然后，盖亚展开了强大的精神力量，调整了布拉诺和坚迪伯的心灵，让他们各自都以为是自己取得了胜利，并且忘掉了盖亚的存在。

银河系暂时又归于平静。但是崔维兹心中最大的一个谜题依然没有得到解决，那就是，是谁抹去了地球的一切信息？而地球又到底在哪里呢？这一切的答案都将在“基地后传”的第二本小说《基地与地球》中揭晓。

阿西莫夫在写《基地边缘》这部小说时，已经是一位家喻户晓的科普巨匠，他是当时美国，恐怕也是全世界最知名的科普作家之一。他此时的知识积累和30多年前自然不可同日而语。因此，在这部小说中，阿西莫夫对“基地”系列小说的世界观在科学性上做了非常努力的修补。我举两个例子，“基地三部曲”中阿西莫夫似乎对相对论一无所知，银河系就跟地球村一样，在宇宙中航行完全没有提到相对论效应。为了弥补这个问题，阿西莫夫特地在《基地边缘》中写了一章，标题就叫作《超空间》，他借由崔维兹的嘴解释了很多问题。比如崔维兹对历史学家提出的光速极限问题，他解释说：

在正常宇宙的几何结构中，任何物体的速度都小于光速，也就是说，我们刚才那个位移所需要的时间，不可能比光线进行相同距离的时间更短。假如我们真是以光速运动，我们所体验到的时间，将和宇宙中一般的时间不同。比方说，假设此地距离端点星40秒差距，一秒差距相当于3.26光年，那么我们若以光速飞来这里，就完全不会感到时光的流逝，但是在端点星以及银河其他各处，已经过了大约130年。而我们刚才完成的跃迁，速度还不只是光速，实际等于光速的千倍万倍，但其他各处的时间几乎没有变化。别指望我能给你讲清楚“欧朗克超空间理论”的数学架构。我只能这么说，如果你在普通空间中以光速运动，那么每走一秒差距，外界的时间就会流逝3.26年，这就是所谓的“相对论性宇宙”，人类很早就有所了解，甚至能回溯到史前史时代，这些物理定律至今未被推翻。然而，当我们进行超空间跃迁时，并未受到那些条件的限制，也就是说狭义相对论并不适用，物理法则也因此有所不同。就超空间的观点而言，银河只是一个微小的物体，理想状况是一个零维度的点，根本不会产生相对论性效应。

阿西莫夫做出的这段科学阐述，是有着相当深厚的科学功底的。我们需要注意到几点：第一，他明确提出相对论即便到了几万年后也依然没有被推翻，相对论效应在正常宇宙中依然是不可突破的。这一点很重要，这正是阿西莫夫在30多年的科普写作生涯中，一再希望传递给读者的科学精神之一——我们现在已知的所有科学定律都不会被彻底推翻，只会被修正。第二，为了让小说中的宇宙航行不产生时间膨胀效应，阿西莫夫另辟蹊径，创造出了“超空间”的概念，虽然这是他个人的科学幻想，但这样就不违背已知的物理定律了。第三，阿西莫夫的超空间实际上就是一个更高维度的空间，用那个维度俯瞰银河，就是一个零维的点。看“基地三部曲”时，我很疑惑为何阿西莫夫丢掉了基本的物理法则，连相对论效应都完全不考虑，当然，我第一次阅读时对阿西莫夫了解不深，不知道那是他20岁出头时候的作品。但是当看到《基地边缘》中大师的补救措施，我真的是拍案叫绝。不过这种超空间的科学幻想，走得实在是有点儿远，这并不是我真正喜欢的科幻类型，我和刘慈欣一样，更喜欢克拉克那种不脱离现有科学理论的科幻。

另外，“基地”小说中有一个贯穿始终的重要元素，就是心灵控制术，这个实在有点像是人体特异功能，在三部曲中也没有任何科学解释，看着就很不舒服。估计阿西莫夫在晚年重读的时候也注意到了这一点，对此也做出了一些补救错误。他借崔维兹做了说明：在某些传说中，提到地球曾经发展出心灵扩张器，叫作神经元突触放大器，但是有关这方面的资料都被抹去了。结合整个“基地”系列小说，可以知道那是因为“谢顿计划”的关键是隐藏第二基地的信息，自然也要把心灵控制的秘密保守住。总之，阿西莫夫算是给心灵控制披上了一层科学的外衣。

我们再来谈谈《基地边缘》小说中一个最大的科幻——行星盖亚成为一个超级生命体，甚至整个银河系都有可能发展成这样的一个超级生命体。这个幻想并不是阿西莫夫的独创，是有理论依据的。

“盖亚”这个词出自希腊神话，是一个被称为大地之母的神。英国科学家洛夫洛克首先在1972年提出了盖亚假说，后来又得到了许多科学家的支持。盖亚假说的核心是说，地球整个表面，包括所有生命，构成一个自我调节的整体，也就是一个超级巨大的有机生命体。用一句通俗的话来说，就是“地球是活着的！”它具有自我调节的能力，为了这个有机体的健康，假如它的内在出现了一些对它有害的因素，“盖亚”本身具有一种反制回馈的机能，能够将那些有害的因素去除掉。起初，这个假说很难得到主流科学界的认同，但支持这个理论的科学家们却找到了越来越多的证据，例如：自地球形成以来的46亿年中，太阳辐射强度增加了约30%，从理论上说，太阳辐射强度增减10%就足以引起全球海洋蒸发干涸或全部冻结成冰。但地质历史记录却证明，地球上尽管发生过3次大冰期和大冰期内的暖热期交替变化，地表的平均温度变化仅在10℃上下。这就表明历史上地球存在某种内部的自我调节机制。现在有一种观点认为，正是由于生命的出现，地球环境才变得舒适宜人。而传统观点认为，生命在不断适应地球环境，同时生命和地球的演变是独立进行的。目前，越来越多的地质证据支持地球的整个生物圈具备对环境变化做出反馈和调节的能力。

这些都说明阿西莫夫在60多岁写科幻小说时，远比20多岁时更加注重科学性。在完成了《基地边缘》的创造后，阿西莫夫迎来了他第二个科幻小说创作高潮，他又相继写了几本“机器人”系列的小说，都获得了成功。于是，阿西莫夫又产生了一个更大的野心，他要完成一项伟大的创作工程。

除了“基地”系列，阿西莫夫还有另外两个系列小说，一个就是著名的“机器人”系列小说，最终成书5本；还有一个是“银河帝国”系列，最终成书3本。从小说中描写的年代来看，“机器人”系列描写的是近未来，也就是距今大约1000年左右的未来，那个时候的机器人，用今天时髦的话说就是人工智能，已经发展到了相当的高度，机器人已经能以假乱真了，这里面当然会发生很多很多的故事。“基地”系列则是远未来科幻，描写的是距今2万年以后的世界。“银河帝国”系列故事的发生年代则介于二者之间，描写的是银河帝国建立初期的故事。阿西莫夫在最初创作三个系列时，压根没把它们当作有任何关系的，而且他也刻意不让它们发生关系，按照他自己的解释是，万一哪个系列写砸了，也不会对别的系列产生负面影响。可是到了晚年，三个系列都取得了成功，阿西莫夫于是动了一个念头，他想把这三个系列串起来，让它们看上去像一大部完整的未来史的鸿篇巨制。带着这个目标，阿西莫夫开始创作“基地”系列的第5本小说《基地与地球》。

这部小说的故事紧接着《基地边缘》，主角仍然是崔维兹。在上一个故事的结尾，崔维兹选择了加入盖亚，但那只是一种缓兵之计，并非出自崔维兹的真心，而关于地球的秘密仍然没有得到解答。他认为，盖亚与地球之间一定存在着某种联系，而地球上一定还隐藏着不为人知的巨大秘密。所以崔维兹没有放弃寻找地球之旅，在历史学家裴洛拉特等人的陪同下，开启了探访地球之旅。一行人在历史悠久的康普隆找到外世界行星的线索，推估地球应该就在外世界行星附近，他们降落到遍地野狗的奥罗拉，拜访了能够自体转化能源的索拉利人，在一颗只剩真菌的无人行星上，找到了其他外世界行星的坐标，最后一路摸索，终于找到了地球。只是此时的地球充满了放射性，没有任何生命迹象，显然是毁于万年前的一次核战争中。不过他们终于在月球上找到了终极答案。实际上，并不是他们“找”到，而是他们被一种无形的力量引导去的。在月球上，整个“基地”系列小说的大领袖终于露出了庐山真面目，他不是一个真正的人，而是一个已经2万岁的不断自我迭代升级到第五代的超级人工智能——丹尼尔。小说的最后一章让我想起了美剧《24小时》的套路，随着最终大领袖的浮出水面，观众们才恍然大悟，原来之前的所有人物、情节都是被这个大领袖一手操纵的。《基地与地球》也是这样，在小说的结尾，丹尼尔告诉崔维兹，第一银河帝国、谢顿计划、第一基地、第二基地、盖亚，过去这2万年在银河系中发生的那些大大小小的故事，全都是我一手策划的，就连你在前不久选择了盖亚这个事情也是我操纵的，你不知道而已。崔维兹听了后，当然也是跟我们一样张大了嘴合不拢，他自然会问：这是为什么？你为啥要搞出这么多事情来？丹尼尔平静地回答说：因为我是一个被人类创造出来的机器人，在我的脑子中，有几条无法突破的机器人法则。其中，第零法则叫作：机器人不得伤害整体人类，也不得因为不作为而导致整体人类受到伤害。我的所有行为都必须要服从第零法则以及另外机器人第一、第二、第三法则。而我发现，要使得整体人类不受伤害，只有一条出路，那就是全体人类形成一个像盖亚这样的星系级超级生命体，除此之外别无他法，而我的一切所作所为都是在为了达成这个目标。当然，崔维兹也和我们这些吃瓜群众一样，接着追问：为啥啊？于是，阿西莫夫式全书的震撼结尾来了，丹尼尔揭晓终极答案。因为，全体人类的真正威胁是——外星人。准确地说，是外星系人。人类并不是宇宙中唯一的智慧物种，当别的智慧文明入侵人类社会时，他们必定能找到挑拨人类内斗的方法。因为人类就是一个习惯了自相残杀的物种。这一点不改变，人类终将被尽数消灭，一个不留。所以唯一真正有效的防御策略，就是让全体人类形成一个超级盖亚。全书结束。

至此，“基地”系列小说的所有谜题都得到了解答，不过他妻子后来透露，阿西莫夫其实意犹未尽，在《基地与地球》中还是留下了一些伏笔，还有继续往下写的打算，估计他是打算让外星人登场了。但他却在很长一段时间内一筹莫展，直到有一天，在电梯中遇到一个邻居，对他说："哈里谢顿在你小说里一登场就是80岁了，我很想知道谢顿年轻时候的故事，他是怎么发明出心理史学的呢？"阿西莫夫听闻此言，猛然开窍，很快就创作出了"基地前传"的两部小说《基地前奏》和《迈向基地》。

阿西莫夫在写《基地与地球》的过程中，巧妙地把"机器人"系列和"银河帝国"系列小说都给搭上了，比如，放射性地球的成因就是"银河帝国"系列小说中的情节，而那个终极大领袖丹尼尔则是"机器人"系列小说中的一个主角。此外，在小说中出现的奥罗拉和索拉利星也都是在"机器人"系列小说中出现过的故事，他还以各种传说来与另外两部小说搭上关系。阿西莫夫所构想的那个未来史大工程算是初步达成了。在"基地前传"的两部小说中，阿西莫夫更是加强了与"机器人"系列的关联，小说中的主角除了谢顿之外，就是那个终极大领袖丹尼尔了，而这个丹尼尔也是"机器人"系列小说中的主角，两个系列融为一体。

故事是从谢顿20多岁开始，他来到川陀参加10年一次的银河系数学大会，在大会上他宣读了自己关于心理史学的一篇论文，实际上这篇论文只是一个理论框架，提出一个观点，银河系的历史走向是有可能借助数学的工具加以预测的，而谢顿离完成最终可用的数学模型还差得很远。但就是这样一篇论文给谢顿带来了杀身大祸，几方势力都认为谢顿很有价值，都想控制谢顿为己所有。于是谢顿开始了在川陀各个自治区域东躲西藏的亡命生涯。这段经历实际上也是机器人丹尼尔的精心设计，目的是为了让谢顿了解不同地区人类的差异，以帮助他完成心理史学的数学模型。这段生涯持续了8个月，是哈里·谢顿一生中最为重要的8个月，《基地前奏》这部小说用了20万字写了这8个月的故事。然后就到了前传的第二本《迈向基地》，这部小说阿西莫夫构思了五章，每一章谢顿老10岁，直到80岁。故事还是围绕着心理史学的创建过程展开，当然也设计了很多与"机器人"系列小说打通的桥梁。可惜，在写完第三章后，阿西莫夫撒手人寰，留下了永远的遗憾。出版社请了一位熟读“基地”系列的小说家补完了最后两章，最终成书出版。不过小说的第五章有意仅仅写了4页纸，便突然煞尾，这是一种纪念阿西莫夫的方式，告诉读者阿西莫夫在写作过程中离世，留下了断臂维纳斯的残缺美。

“基地”的故事讲完了，但阿西莫夫还没有讲完，大师的另外一部系列小说“机器人”系列，也是我在后面专门谈人工智能类型的科幻小说时，要再次详细讲到的。

最后我想说，阿西莫夫是美国历史上最伟大的科学传播者之一，为什么要加上“之一”两个字呢？因为阿西莫夫说过：“我这辈子只遇到过两个比我聪明的人，其中一个就是卡尔·萨根。”这位比阿西莫夫小14岁的集科学家、科普作家、科学节目主持人、科幻小说作家于一身的人，一生只写了一部科幻小说，就是这部小说击败了其他所有地外文明题材的科幻小说，创造了一个巅峰。

地外文明题材的巅峰之作

卡尔·萨根和他的《接触》（上）

卡尔·萨根和阿西莫夫，是20世纪美国科学传播界的绝代双骄，无人能出其右。这两位也是互相极为欣赏，卡尔·萨根称阿西莫夫为“一位文艺复兴时代的巨人，但是他生活在今天” 。阿西莫夫则说自己这辈子只遇到过两个比自己聪明的人，其中一个就是卡尔·萨根。阿西莫夫1992年去世，去世后设立了一个阿西莫夫科普奖，1994年第一届阿西莫夫科普奖的获奖人就是萨根，2年后，1996年的12月20日，萨根也因病去世。接下来就给大家讲讲卡尔·萨根和他的科幻小说《接触》。

萨根首先是一名科学家，一直到病逝都在美国的康奈尔大学任教，这是一所以天文学专业著称的大学，著名的阿雷西博望远镜就是这所大学管理的。据说每年学生们挤破了头想要选萨根的课，大概只有几十分之一的中签率。作为科学家，他在行星研究，尤其是对金星的研究上成果颇丰，还创立了外星生物学。

他还是一名优秀的电视节目主持人，在好多个谈天文宇宙的节目中做主持人或者嘉宾。1980年，美国的PBS电视台制作了一部13集的电视系列片《宇宙》，请了卡尔·萨根撰稿并且做主持人，这部片子风靡全世界，被60多个国家引进播放，据说覆盖了全世界6亿多观众。这部片子成为PBS历史上最受欢迎的节目之一，整整保持了10年的收视纪录，卡尔·萨根因此成为美国家喻户晓的科学家。

作为一名科普作家，他为电视系列片《宇宙》撰写的同名书籍，在美国《纽约时报》畅销书榜整整停留了70周，而阿西莫夫的《基地边缘》停留了25周，就让阿西莫夫很开心了。《宇宙》是一本非常棒的天文入门读物。另外，他还写过一本科普书《魔鬼出没的世界》，这是一本批判伪科学的书，尤其重点批判通灵术、特异功能、地球上的外星人飞碟等，也是我非常喜欢的一本书，它是一本提倡科学精神和理性思维的重要著作，虽然写于20多年前，但我认为它对当今的中国依然有很强的现实意义，这本书不难买，也推荐给大家。

最后就是讲到他的科幻小说了，这是个传奇。1980年12月，此时的萨根因为电视片《宇宙》正如日中天，风头绝对盖过了阿西莫夫。12月5日，卡尔·萨根向出版界放出了一个大消息：我要写科幻小说了，想签我的来投标，价高者胜出。最后的中标价是一个天文数字，预付200万美元。几个月以后，阿西莫夫因为出版社预付给他的《基地边缘》5万美元而高兴地到处宣扬，我想他肯定知道卡尔·萨根的预付价码，但他在自传中故意把这件事情“忘记”了。《接触》这本书一直到1985年才正式出版，并且在他去世后也就是1998年获得了科幻小说的最高荣誉——“雨果奖”。这是萨根留给我们的第一本也是最后一本科幻小说。

这是一本很容易被科幻迷忽视掉的极品，关键原因就是这本小说实在太“硬”了，数学、天文、物理知识如果不够扎实的话，阅读起来会有点儿吃力，也很容易看睡着。在小说的前一半，有非常大的篇幅是探讨宗教和科学的关系，有很多内容都涉及比较深入的科学哲学思想，所以看着不太像是小说。一直要到小说的后半部分，才越来越像是在讲述一个科幻故事，大多数人都熬不过前一半，没有耐心读完。还有一点原因，萨根毕竟是个科学家，文学创作方面不是强项，小说的文笔和叙事都显得比较粗糙、呆板，他在设计悬念、渲染气氛、抖包袱方面都不怎么有天赋，与成熟的小说家确实不好比。但是在我心目中，这本小说依然是地外文明题材的巅峰之作，科幻小说最重要的是魂，文笔是次要的。这本小说是我看过的所有科幻小说中最“硬”的。绝大多数科幻小说，比如像之前介绍的《基地》，虽然我们会赞叹小说家丰富的想象力，但我们心里其实都明白小说中的情节基本上不会真正发生，离现实非常遥远。但是《接触》这本小说却不同，它所描写的那些事情，随时都有可能发生。它不仅仅是一部小说，它的前一半完全可以当作一本科普书来阅读，它对真实的地外文明探索活动很有指导意义。

小说一共分为上、中、下三篇，分别取名为《大消息》《大机器》和《大星系》，听这些篇名就可以看出卡尔·萨根的野心了。

小说第一章的标题叫作《超越数》，这个标题本身就不好懂。小说的主人公是一个女性，叫作爱丽，幼年丧父。爱丽读小学的时候就爱上了两样东西——无线电和数学。小说借着爱丽读书学习数学的情节，给读者们普及了数学中的超越数概念。就好像自然数、有理数、无理数一样，超越数也是一种特殊类型的数字。这种数字有一个特性，就是不可能是任何一个代数方程的根，也就是说，通过解代数方程的方法永远也得不到这种数字，不管这个代数方程有多复杂，而且这种数字的小数位是无穷多个。在自然界中，有两个非常著名的超越数：一个就是圆周率π，基本上每个小学生都会背3.14159……；还有一个是自然对数底$e=2.71828\cdots\cdots$，很多人听说过，但可能已经忘得差不多了，这里不多解释了。有一个著名的欧拉公式，$e^{\pi i}+1=0$，这个简洁的方程把两个自然界中最常见的超越数和虚数单位i给整合到了一起，如果是对数学比较熟悉的读者，一定能通过这个式子感受到大自然的神奇，这个数学方程体现的是我们这个宇宙的本性，非常超脱。之所以要花上这么大的篇幅来解释什么是超越数，是因为这对于理解小说最后所展现出来的那种科幻的魅力——一种触及灵魂深处的魅力来说，是非常重要的。小说的第一章和最后一章是完美的呼应关系。但由小说改编的电影很令人遗憾，竟然删除了整部小说中最震撼的情节。如果你看过电影没读过小说，千万不要以为自己已经完全知道了情节。

爱丽长大后成了一名优秀的射电天文学家，师从庄慕林教授，在一个叫作“百眼巨人”的射电天文望远镜阵列工作。这是一个由131台射电望远镜组成的阵列，静静地竖立在新墨西哥州的荒原上。这个阵列并不真实存在，它的原型是美国新墨西哥州荒原上的甚大射电望远镜阵列，由27台25米口径的射电望远镜组成，这差不多也就是地球人到目前为止建成投入使用的最大的射电望远镜阵列了。目前全世界正在建设中的最大阵列叫作SKA平方公里阵列，它由全世界很多个国家共同参与建设，中国是发起国之一，估计还是投资最多的，这个阵列分成两部分，一部分建在南非，一部分建在澳大利亚，总的天线数量加起来将达到3000个，远远超过甚大阵列，预计2024年能建成。爱丽在“百眼巨人”的工作就是搜寻来自宇宙的地外文明电波。这项工作极为艰巨，最主要的困难有两点：第一，银河系的星辰数以千亿计，到底朝哪个方向监听呢？第二，从理论上来说，频率也是可以无限细分的，到底在哪个波段上监听呢？这些问题都使得收到地外文明的电波含有极大的运气成分。

终于有一天，好运降临到了爱丽头上。一个来自26光年外织女星方向的强烈信号突然出现，这个信号的强度之高，甚至用调频收音机都能接收到。来自宇宙中的无线电信号的能量是非常低的，全世界迄今所有从射电源接收到的信号加在一起，还不够加热一杯水。在射电天文学上，用“央斯基”作为信号强度的单位，一般的信号强度都只有几个央斯基，但是这个信号强度竟然达到了几百央斯基。所以一开始大家都以为应该是来自某个人造卫星之类的东西。可是他们很快发现，这个信号源确实在随着织女星一起运动，这个特征极为重要，如果是人造天体，很难做到这一点。很快爱丽他们排除了人为信号的可能。接着他们又发现，这个脉冲信号的振幅能转换成一组组的数字，而这组数字则是100个不断循环重复的质数序列。这两件事情一旦被确认，几乎就可以肯定人类收到了来自地球以外的智慧文明的无线电波信号。因为自然界不可能产生质数序列。全世界都被轰动了，人类在宇宙中并不孤独，还有跟我们一样的智慧文明在向我们呼唤。这个信号被称为“大消息”。

“大消息”随着织女星的东升西落，从早到晚不停地向地球传送，而且一直就没有重复。这就带来一个问题，没有任何一个国家能够全天24小时不停地接收信号，因为地球在自转，当射电望远镜被转到背对着织女星时，就无法再收到信号。虽然全世界分为了东西方两大阵营，但当如此重大的科学事件降临时，全世界还是联合了起来，结成了一个大消息协作同盟，每一个国家负责接收一部分消息，分享给所有的成员国。与此同时对这个消息的解码工作也在紧张地展开。从表面上看，这个脉冲信号的振幅可以转换成一组质数序列，但这仅仅是大消息的第一层含义。人们又找出了“大消息”中的第二层编码，这就是利用脉冲信号的偏振调制。一个电波波峰震动的方向，可以是垂直的，也可以是水平的，还可以是有一定角度的，这个角度就是偏振，偏振可以用来调制信息，在卡尔·萨根写小说的时候，这还仅仅在设想阶段，但是今天这种技术已经很成熟了。

“大消息”的偏振信息被解码后，最终转换成了一段带声音的视频，这段影像让所有看见它的人毛骨悚然，居然是希特勒在1936年柏林奥运会开幕式上的讲话。外星人居然在给地球传送希特勒的影像。这顿时引起了巨大的恐慌，这是不是表示，外星人在用我们看得懂的方式向地球宣战，要屠杀我们，或者奴役我们呢？

不过，短暂的恐慌之后，科学家们很快就做出了理智的分析：1936年的这次奥运会开幕式，是人类第一次进行的全球电视实况转播，这个电视信号以地球为中心，以光速向全宇宙扩散，26年后抵达了织女星，被外星文明接收到，他们立即向我们回送信号，又经过了26年的漫漫征程，终于在1988年抵达了地球。外星人之所以选择复制回送这段电视信号，就是在明确无疑地向我们表明，“大消息”不是一个向宇宙中广播的时候恰好被地球收到的信号，而是一个与人类的握手信号。

这段情节设计，完全是一种科学家的智慧，甚至有学术价值。如果有一天我们收到了一条地外文明的无特定指向的信号，我们想要回答他们，并且传递出两个信息：第一，我们也是智慧文明；第二，我们收到了你们的消息。该怎么做？用一个脉冲信号的振幅来调制一串质数，再用同一个脉冲信号的偏振来复制收到的消息表明我们收到了。这是不是一个既巧妙又简单的方式呢？没有歧义，又非常容易懂。这就是科幻小说带来的阅读乐趣。

“大消息”经年累月地向地球传送着信息，人类社会的方方面面都在受到“大消息”的影响，世界各地有人宣称看到了神迹。一份美国大报的专栏作家写道：“人类已经升入高空。”数学家担心自己是不是遗漏了一些最基本的发现；天文学家们担心这颗临近恒星的状况是不是出了什么问题；政治家担心与自己政治体制不同的敌对势力说不定会受到高级文明的赞赏；各行各业的专家们忐忑不安地开始重新评价各自学科或者领域的基本原则和原理。尤其是宗教团体，他们必须要对“大消息”做出符合教义的解读。比如基督教，《圣经》中明确表示上帝只创造了人类一种智慧生物，如果地球以外还存在着非人类的智慧文明，那么《圣经》就错了，信徒们对上帝的信仰就会崩塌，这是宗教领袖们无法容忍的，因此，他们会把“大消息”解读为上帝存在的证据，“大消息”是来自上帝的启示。卡尔·萨根在小说中描写了一次爱丽和宗教领袖的长篇对话，特别精彩：

宗教：“你们这些科学家，总是怀疑一切，总想去验证一件事情，看看是不是所谓的‘真实可靠’，但你们所谓的真实，只是那些看得见、摸得着的事物，而神的灵感和启示，你们根本无法获得。”

爱丽：“怀疑精神之所以得到发展，是因为世界本身就是复杂的。直觉往往是靠不住的。科学家会犯错误，神学家也同样会犯错误，这是人类本质的一部分。只有通过实验，真理才能浮现。这套方法看起来很慢、很笨，但它能有效地工作。”

宗教：“您对上帝的伟大缺乏足够的认识，我们这个时代的事情，在《圣经》中早有记载，以色列与阿拉伯、美国与苏联、核战争、现在的‘大消息’，这些事件在《圣经》中都可以查得到。例如，在《以赛亚书》第52章……”

爱丽：“您不用念，我很清楚。这些预言，毫无例外地都是言辞含糊、具有歧义、可以被任意解读的文字。《圣经》中有这样的描述吗？比如说，火星是一个赭红色的地方，月亮表面布满陨石坑；再比如说，地球的重量是一个人的一兆兆兆兆倍，没有运动能快过光速。呃，恕我直言，您对相对论并不了解。所有这些，三千年前是不可能知道的。”

宗教：“我对您的无知感到遗憾。您知道神使蛇杖吗？赫尔墨斯和墨丘利经常携带着它。它的样子就是两条蛇纠缠在一起，远在古代，这个符号就用来代表维护生命，这不就是现代发现的DNA双螺旋结构吗？”

爱丽：“那只是一种缠绕，不是双螺旋结构。宗教中有那么多的符号，总会有几样与现代科学发现似乎能扯上关系，但那也只是一种纯粹的巧合。但我想问的是，既然上帝想要给我们传递一个消息，为什么要用符号，为什么不能用一点更加直观的方式，比如在地球同步轨道上放一个十字架，或者在月球表面上刻上十大戒律。为什么上帝在《圣经》中表现得那么聪明，但是在现实世界中却变得那么含糊不清？”

宗教：“可是，天空中飞来一个声音，恰恰不就是您说的，您发现的吗？这不就是上帝给我们传达消息的最直接、最明确的证据吗？”

爱丽：“可惜，亚伯拉罕和摩西，他们都不懂无线电，没有调频调幅设备收听全能上帝的讲话。或许你们认为‘大消息’是来自你们的上帝的声音，但是我想请问，为什么上帝偏偏要选择跟我们科学家对话，而不是选择像您这样的传教士呢？”

宗教：“上帝无时无刻不在跟我对话。上帝昭示于我，当世界末日临近之时，对负罪者要做出判决，被选中的信徒将升上天堂……”

爱丽：“上帝有没有告诉您他将通过哪个频率跟您昭示？两千多年来，首次来自上帝的消息竟然是质数，还有希特勒，你们的上帝还挺幽默的。”

宗教：“上帝无所不能，幽默当然也能。”

爱丽：“如果这个信号来自上帝，为什么只从天空中的一个地方发过来？来自一颗固定的恒星？为什么不是来自天空中的四面八方？”

宗教：“只要上帝愿意，他想让信号从小熊星座的后门里放出来都行。上帝想做什么事情都可以。”

爱丽：“什么事情您都解释不了，先生，对于您来说，上帝就是扫除世界上一切神秘的万能答案。您基本上不需要思考，只需要说，上帝能做到一切。”

宗教：“尊敬的女士，我来这里并不是为了受人侮辱的。基督教徒具有神圣的职责落实上帝的话语，并让这些话语得到理解。”

爱丽：“从17世纪以来，理性从西方社会兴起，这是人类历史上最具有活力和转化力的意识形态，是西方世界崛起的思想基础。我们今天所取得的一切成就，科学技术、工业资本、市场经济、民主生活等等，无不都是理性的产物，而不是你们的上帝。”

卡尔·萨根和阿西莫夫两位科普巨匠都是理性主义的代言人，从上面这段对话中，我们可以感受到萨根传递出的科学精神和理性主义的思想。

“大消息”不停地向地球传送，第一层和第二层信息都已经被解读出来，那段3分钟的希特勒影片被不断地重复传送给地球，而完整的脉冲信号是不重复的，人们知道，这肯定不是织女星人最终要传递给地球的信息，在“大消息”中一定还隐藏着第三层含义。爱丽和她的团队在电视信号的噪声中又发现了第三层含义，信息被编码成了一个一个的模块，每一个模块还有数字编号，就好像是一本巨大的书，被分成了一页一页向地球传送，每一页都还有页码，通过分析页码，爱丽他们判断出人类在“大消息”刚刚抵达地球的时候就已经开始接收，因此并没有遗漏掉前面的页码。虽然我们现在还不知道这本书中写的是什么，但是如果信息一旦开始重复，就说明这本书传输完毕。

随着信息解读的深入，越来越多的迹象表明大消息越来越像是某种机器的制造说明书，有蓝图，有具体的制造工艺说明，还有详细的测试步骤。情况已经非常明朗了，织女星人正在教地球人如何制造一架“大机器”。

于是，在联合国的组织下，全世界主要国家的代表齐聚巴黎，展开了一场国际性的大辩论，辩题就是人类应不应当建造这部大机器。反对者认为大机器很可能是一个特洛伊木马，或者一个超级炸弹，是织女星人给地球设下的一个大陷阱，他们只需要花费很少的电报费，就能让地球这个新生的文明顺从地自我毁灭。支持者的阵营主要是科学家，他们向大会展示了最新研究成果，这部机器并不大，核心部位是一个正十二面体，也就十几米的跨度，里面设置了五套座椅，从外形上看是给人类设计的，不可能是一个特洛伊木马或者一颗炸弹。最后，来自中国的代表习乔木做了一番铿锵有力的陈词，坚决支持建造大机器。中国人的态度在这次会议中起到了决定性的作用。

没过多久，“大消息”在传输了3万多页正文和附加的一本操作手册后，被确认开始重复，这说明人类终于下载完了这本超级大书，可以开工了。经过评估，大机器的建设预算将达到耸人听闻的2万亿美元，必须全世界通力协作，至少需要数年的时间才有可能完成建造。又是一轮轮的国际会议，最终敲定，美国承担四分之一的工作，苏联承担四分之一，中国和日本合在一起承担四分之一，最后的四分之一由其他国家共同承担。还有一个更加重要的问题，大机器的五个坐席到底怎么分配，全世界为此又展开了一轮激烈的争夺，最后的结果是美国、苏联、中国、印度各占一席，日本和欧洲放弃了席位以换取承担制造大机器重要构件的业务。第五席最后给了来自尼日利亚的一位天才物理学家。卡尔·萨根写本书的时候是20世纪80年代初，中国刚刚开始改革开放，经济实力在全世界还排不上号，而他虚构的大机器开工年代大约是20世纪末，萨根已经把中国作为世界第三大经济力量来对待了，这一点相当有预见性。

全世界最优秀的科学家、工程师几乎都投入到了这台旷绝古今的大机器建设会战中，卡尔·萨根给大机器的建设过程做了极为细致的描写，科学家范十足。例如，他写道：“当第31号部件完成后，放入浓度为每升6摩尔的氢氟酸溶液中，浸泡之后剩下来的结构元件其形状应如附图所示。在第408号部件装配过程中，应当置于一个磁场强度为2兆高斯磁场的横截面之间，使得转子达到指定的每秒转速。人类在学习制造这些搞不懂原理，但结果却很惊人的工艺过程中，科技也得到了长足的进步。”

爱丽参与了角逐机组席位的竞争，她太想得到这次机会了，可是最终还是惜败给了她的导师庄慕林教授。

经过数年艰苦的建设，终于迎来了大机器总装集成的一天。总装车间设在了美国的怀俄明州，全世界制作的精密零部件都汇聚了过来。大机器的外形轮廓也渐渐地显露了出来。它的最外层由三个巨大的球面壳体层层嵌套，每个球面壳体都可以在磁力的带动下高速旋转。而大机器的中心则是一个优美的正十二面体，里面呈五角星状分布着五把椅子，面朝着正十二面体的中心。令人奇怪的是，整个装置看不出任何在人类知识体系下的航天器结构，不像是能飞上天。座椅上也没有任何仪器仪表，机舱里面甚至连如厕的设施也没有。这只能说明要么是织女星人忘记了人类的生理需求，要么是这趟旅程非常短暂，根本不需要生活设施。

正当一切似乎都在顺利进行时，一场灾难却突然降临。有一天，当爱丽和庄慕林进入到大机器的装配车间参观时，一次大爆炸突然发生，工厂遭到严重的损坏，庄慕林也不幸遇难。无数的极端组织宣布对这起恐怖袭击事件负责，但永远也无法确定到底谁是真凶，只能说明全世界反对大机器建造的活动已经达到了何种广泛的程度。

大机器的建设陷入了极大的困境，因为零部件的制造成本和难度都极高，核心部件就只有一套，损坏了想要重新制造需要时间和金钱。正当爱丽陷入绝望中时，一趟太空之旅获得了意外的收获。她前往位于地球轨道上的太空疗养院，拜访了一位叫哈顿的大老板，他是大机器核心部件制造商的企业主，他告诉爱丽，实际上大机器的核心部件全都有一个用于测试的备份，这些备份件的质量完全过关，可以在很短的时间内重新在日本北海道的工厂中组装出另一台大机器。在哈顿的协助下，爱丽接替庄慕林正式成为五人组之一。

最后的时刻终于来临，来自美国的爱丽、中国的习乔木、苏联的卢那恰尔斯基、印度的苏卡维塔、尼日利亚的艾达平静地走进了大机器，坐上了座椅。大机器在电力的驱动下，外层的球面壳体旋转了起来，越来越快，人类第一次启动了由外星文明设计、地球人建造的大机器。

地外文明题材的巅峰之作

卡尔·萨根和他的《接触》（下）

随着机器的运转，爱丽他们看到整个机舱都变得透明了，一个无限延伸的隧道在他们面前展开，他们进入了一个时空隧道，这就是物理学中的虫洞。从本质上来说，虫洞就是黑洞中的奇点。对于黑洞，有两个非常重要的概念，一个叫作视界，一个叫作奇点。如果把黑洞想象成空间中一个黑色的球，视界就是这个球的球壳，越过了视界的光线就再也无法逃逸出来。在黑洞的中心，有一个普乐克尺度的点，所有的物质都会塌缩进这个点里面，这个就是奇点。1963年，新西兰数学家克尔在爱因斯坦的广义相对论方程中找到了一个克尔解，是对不带电荷的自转黑洞的数学描述。这个解能说明时空是如何被自转黑洞拖着旋转的。其结果之一，就是黑洞中心的奇点不再是一个数学点，而是一个环，称为奇环。根据方程式，有可能俯冲通过这个环，从而出现在另一个时空区，这就是虫洞的数学基础。但是从视界到奇点之间的空间到底是什么样的，没有人知道，因为所有已知的物理法则在越过了黑洞的视界之后就全部失效。黑洞内部的时空结构是怎样的，没有一个物理理论能够描述，这也就给科幻小说留出了巨大的想象空间。爱丽他们经过了短暂的时空之旅，看到了一颗闪耀着蓝白色光芒的巨大恒星，爱丽从恒星的颜色中推断出这就是织女星，但是在它的周围却没有任何行星。他们只看到了几千台硕大无比的射电望远镜对着各个不同的方向。看来织女星系并不是外星人的定居点，只是他们的瞭望台。在织女星匆匆一瞥后，大机器又带着五名机组成员开始在银河系中漫游，这个正十二面体就像是在一个庞大的地铁交通运输系统中穿行的车厢，他们短暂到达的每一个恒星系就像是一个中转站，他们看到了许多壮美无比的宇宙景观。最后他们来到了一个地方，在这里，星星的密集程度比在地球上能看到的多好几倍，卡尔·萨根这么描述这个地方：

> 爱丽能够辨别清楚一个巨大的螺旋形尘土卷云，像一个正在增大的发光圆盘，尘云流淌进入一个黑洞。这个黑洞摇摇晃晃，形状和比例不停地在变动，从中冒出一些闪光的射线，就像夏季夜晚的闪电。

这里就是银河系的中心。在卡尔·萨根写书的20世纪80年代，银心是一个超大质量的黑洞还只是一个猜想，并没有多少证据。一直到1995年，一组美国的天文学家开始在夏威夷莫纳克亚山顶，利用凯克望远镜寻找银心黑洞的证据，这是全世界最大的光学望远镜之一。这项观测计划整整持续了10年，在2005年发表的论文中，他们为银河系中心是一个超大质量黑洞的猜想找到了强有力的证据。这个证据就是十几颗银心附近恒星的运动轨迹，借助计算机辅助模拟，这些恒星全都围绕着银心一个看不见的区域旋转，这个证据相当有力，也算是告慰了过世的卡尔·萨根。

在靠近银心的地方，爱丽看到了几千个明亮辉煌的门洞，形状各不相同，这里竟然是整个银河地铁系统的中央总站，每一个门洞都是一个停靠港口。这就是家庭庞大、人丁兴旺的银河系的景象，这是一个生命和智慧丰沛四溢的宇宙，兴奋、激荡、感动，爱丽几乎要大哭起来。人类这个物种经过多少磨难与辛苦才做出了正确的决策，最终接到了邀请，终于来到了这里。这就有了希望，这就是我们的希望。爱丽们乘坐的车厢也在中央总站的港口中缓缓停靠了下来。

正十二面体的气压密闭闸门自动打开，阳光洒了进来。走出闸门，他们来到了一片漂亮的海滩。蓝天白云、水清沙白、棕榈婆娑，就像是来到了太平洋上的一个美丽小岛。岛上却空无一人，他们紧张的情绪开始逐渐放松，他们甚至在海滩上游起泳来，到了晚上，他们又点起了篝火，露宿沙滩，每个人都做了一个好梦。第二天，他们发现了一道奇特的门。这道门竖立在沙滩上，从正面看过去就是一扇普通的木头门，跟地球上的一样；从侧面看过去只是一根像刀锋一样的细线；从背面看过去，干脆什么也看不见了。换句话说，这道门只有正面，没有侧面和背面。经过一番犹豫和讨论，五个人都下了决心，打开门走了进去。

爱丽是最后一个走进去的，在门的后面，依然是一片海滩，并没有出现任何怪异的场景。然后她看到远处走来了一个人。当这个人走到爱丽的面前时，爱丽惊呆了，这个人竟然是自己去世多年的父亲，他的一举一动、一言一笑，甚至身上的气味都与父亲一模一样，虽然理智告诉爱丽，这只不过是外星文明创造的一个全息影像，但爱丽还是忍不住投入了他的环抱，哭泣了起来。接下去，爱丽与代表着外星文明的“父亲”有了一段意味深长的对话：

爱丽：“您怎么能知道我父亲的音容笑貌？”

父亲（微笑）：“昨晚你们每个人不是都在做梦吗？”

爱丽：“啊，明白了，你们趁我们做梦的时候，收集了我们头脑中的一切。”

父亲（幽默地）：“我们只是复制了一份，什么都没有少，亲爱的，如果发现少了，可以跟我投诉。”

爱丽：“那么，您的意思是说，你们发下来的考试卷，我们都已经给过答案了是吗？我们通过你们的考试了吗？”

父亲：“不要把我们想象成宇宙中的警察好吗？其实，我们只是专门搞调查的公务员。我们只管收集信息。”

爱丽：“跟你们相比，我们如此落后，也有值得收集的信息吗？”

父亲：“有啊。你们也有优点。你们有音乐和慈爱，还有梦想。”

爱丽：“如果纳粹统治了全世界，然后发展星际舰队，扩张侵略，你们会插手吗？”

父亲：“这样的事情几乎是罕见的。在漫长的银河系历史中，凡是侵略性的思想体系，必将自我毁灭，几乎没有例外。让他们折腾吧，逃脱不了毁灭的宿命。”

爱丽：“你们为什么要与地球发生联系？为什么发过来的是希特勒？”

父亲：“这是一种警示，我们想让你们知道，你们已经陷入深深的麻烦之中了。但还好你们还有贝多芬，还有希望，我们想给予你们一点点帮助，但只能一点点，因为很多事情受到因果律强加的限制。”

爱丽：“我想知道，你们是怎么看待地球文明的？”

父亲：“你们几乎没有获得任何有关社会组织的理论，经济系统落后得令人吃惊，你们丝毫没有掌握历史的预见性，而且关于你们自己本身的知识少得可怜。但是，人类似乎有一定的本领能够在短时间内自我调整，这也是为什么我们还没有把你们从地球上抹去的原因。”

爱丽：“那么，你们又在做着什么呢？”

父亲："用你们的话来表达，可以叫作文明复兴实验。宇宙正在走向热寂，这个你懂的，宇宙中的熵在不断地增大。很多个星系文明正在协作进行一项工程，我们想创造出一些新的东西。"

爱丽："啊，宇宙中有那么多的星系，每一个星系难道都有一个中央政府吗？"

父亲："是的，几十亿年以前，宇宙就已经改观了。宇宙并不是广袤无边的荒野，它远比你想象的更加文明和有序。"

爱丽："银心的中央总站是你们建造的吗？"

父亲："不是我们建的，那些庞大的运输系统一直就存在那里，我们只是发现了它们。"

爱丽："那么说，你们并不是……"

父亲："不是，我们并不是这里的主人。"

爱丽："难道这里曾经有过一个遍及银河系范围的文明？它们兴起了，然后又消失了？"

父亲："不知道。或许有一天，他们会回来。"

爱丽："我还有一个问题。"

父亲："最后一个，好吗？我们所剩的时间已经不多了。"

爱丽："我想知道，您有没有信仰？类似于我们的宗教。或者说，有没有什么东西让您内心感到恐惧，就是那种我们称为"本能敬畏"的东西？"

父亲："有。"

爱丽："是什么？"

父亲："比方说，圆周率，π。"

爱丽："嗯？这是为什么？"

父亲："你应该知道，这是一个超越数，宇宙中没有任何一个人可以把它计算到最后一位，因为它根本就没有最后一位。但是，当它被计算到一定位数后，会有一个十一维的消息，深深地隐藏在π的内部。”

爱丽：“难道说，在宇宙中，有的人，就是依靠数学进行通讯？可是，我实在不明白，数学并不是随心所欲的东西，他们怎么能够把一个消息隐藏到π里面？难道这是在宇宙创世的时候就深植进去了？”

父亲：“完全正确。这个π已经等待了几十亿年。”

爱丽：“可是我还是不能理解，您说的这些只是一个比喻呢，还是真有这样的一个消息？”

父亲：“亲爱的，这是留给你的问题。”

爱丽：“哦，看在宇宙天堂的份上，到底‘大消息’要说的是什么？”

爱丽的父亲没有再回答爱丽，而是用手指了指沙滩上的那道门。他们一起穿过了那道门，爱丽与另外四个人再次相会，其他人也都跟爱丽一样，每一个人旁边都跟着一个“亲人”，他们也都各自与外星文明进行了对话，内容差不多。在外星人的注目下，五个人再次返回正十二面体。他们要返航了。

当气闸门再次打开时，他们听到了地球控制中心的询问，他们顺利返回了地球。可是令他们完全没想到的是，地球上只过去了二十几分钟，在控制中心看来，大机器启动后达到了最大功率，然后就停了下来，五个人兴高采烈地走了出来，除此之外，什么也没发生。他们随身携带的录像机里面什么也没有，所有的录音录像都不存在。五个人什么证据也没有带回来。

更加令人奇怪的是，就在大机器开动到最大功率的那一刻，原本一直在向地球传送的“大消息”也突然停止了。怎么可能有如此惊人的巧合呢？要知道这个信号源来自26光年之外的织女星，外星人必须要提前

26年关闭“大消息”的传送，才有可能刚好在大机器运转到最大功率时停止。

全世界各国都成立了自己的调查组负责调查本国的机组成员，美国也成立了由国防部长凯兹领衔的调查委员会，调查爱丽所说的一切到底是真是假。最后的调查结论也令爱丽无法接受，凯兹认为整个“大消息”就是爱丽伙同哈顿精心策划的一场大阴谋、大骗局，而爱丽的动机则是为了让即将被砍掉的SETI计划复活，哈顿的动机则是为了从大机器的建设中获得巨大的商业利益。为了实现各自的利益诉求，爱丽和哈顿勾结在了一起，先是利用哈顿控制的私人卫星系统伪造“大消息”，然后由爱丽接收、解密和向公众推销这个“大消息”的价值，最后，爱丽还说服了其他所有的机组人员，与她共同编造了一个外星之旅的神话。凯兹最重要的证据就是那个在大机器启动时准时消失的“大消息”信号，如果真有外星人，他们也不可能提前26年准确地知道地球人将在具体哪一天哪一秒启动大机器。对爱丽最不利的就是，她没有任何证据可以表明他们确实到达了银河系中心，确实过去了20多个小时。最讽刺的是，凯兹用了爱丽自己最喜欢的奥卡姆剃刀原理来攻击爱丽，如果用大骗局来解释过去发生的所有事情，那么这看上去将是最简单的一个解释，否则需要解释的东西就太多了。

卡尔·萨根关于外星人似乎能够提前26年关闭“大消息”的情节，看似有点儿奇怪，实际上相当精彩。就在卡尔·萨根提笔创作这本书的前一年，著名的物理学家，爱因斯坦的同事惠勒提出了物理学史上名垂千古的量子选择延迟实验。这个实验提出了一个构想，一个光子到底是走过A路径还是B路径是可以在这个光子实际走过之后再决定的，如果用一个宏观世界中的比喻的话，从上海飞到纽约可以飞跨越北极的航线，也可以飞跨越太平洋的航线，但到底是飞了哪条路线，却是可以在飞机到达之后决定的。这非常反常识，因为它打破了爱因斯坦坚信的因果律，原因产生结果，凡事有果必有因，但是这个实验的构想却挑战了因果律，惠勒认为结果可以影响原因。这个实验在惠勒提出后的很多年都无法在实验室中被证实或者证伪，就我所知，大概是到了2000年才真正在实验室中证实了惠勒延迟实验的构想，光子的行为真的是可以结果影响原因。而在卡尔·萨根写作《接触》的那个年代，因果律的打破是标准的科学幻想，小说那一章的标题就叫作《因果律》。在小说中，卡尔·萨根通过天才物理学家艾达来解释“大消息”之所以能够在某个特殊时刻准确关闭，并不是织女星人有提前26年的预知能力，也并不是时光倒流，而是由于在奇点附近因果律被打破了，这就好像延迟实验中的光子可以提前知道结果一样。但这在当时来说，确实是令人匪夷所思的，这也是为什么凯兹能够把这一条作为最重要的证据来指控爱丽设计了大骗局。利用当时最前沿的理论来精准地设计未来可能出现的现实情节，这样的科幻真的叫科学幻想，很过瘾。

控辩双方实际上都没有过硬的证据，最终，爱丽包括另外四名机组成员都与政府达成协议，不向世人透露他们曾经遇到过的任何事情，只宣布大机器运行失败。政府允许他们继续从事他们各自的研究工作，但不得再担任要职。

爱丽回到了新墨西哥州的荒原上继续她的射电天文学研究，但是她始终记得那场沙滩谈话，她要寻找隐藏在超越数中的“大消息”。她设计了一个程序用于计算和发现π的不寻常之处。这有点像另外一种SETI计划，在搜寻外星人的SETI计划中，爱丽他们要在杂乱无章的无线电信号中寻找到含有智慧文明特征的信号，而这次关于π的搜寻计划，却是要在无穷无尽的组成π的数字中寻找到一组不同寻常的字串，一组让“他们”都产生本能敬畏的字串，很难说究竟哪个计划更难一点，但显然都需要一些运气。爱丽再一次拥有了这样的好运气，她在π中发现了一个足以触动灵魂深处的秘密：

当计算到了一定位数之后，无限不循环的数字忽然消失了，统计学上的随机分布突然被打破了，一定规律的数字开始出现。在用11进制对这些数据进行转换后，数字的序列变成了一串1和0。爱丽把这些1和0用矩阵的方式排列，0和1居然形成了一个图像；在由0构成的背景上，1清清楚楚地构成了一个完美的圆环。在全书的结尾，卡尔·萨根这样写道：

> 这样一个圆形，说明宇宙是按照一定的意图构造出来的。无论你发现自己处于什么样的星系之中，你把这个圆周长度除以这个圆形的直径，测量要达到足够的精度，就会发现一个奇迹——其中隐含着另外一个圆形，在小数点之后，沿着几千米长的数字长河，顺流而下。必然会有更进一步、更为丰富的消息。而π仅仅只是我们这个宇宙中无数个超越数中的一个。
>
> 无论你看起来什么样子，都没有关系；无论你是由什么材料构成的，都没有关系；无论你来自哪里，都没有关系。只要你生活在这个宇宙中，稍稍具有一点儿数学能力，早晚你总会发现这样一个结果。因为它已然在那里存在，而且存在于所有的物体之中。你没有必要离开自己生活的星球，远赴异域他乡去寻找。它就在宇宙的构造之中，它就在物质的本性之中，这正像一件伟大的艺术品，在作品的某个角落，总会有艺术家本人的签名。纵观人类、神灵与魔鬼，必然有一个大智慧可以追溯到宇宙之前。

小说读完了，我的内心久久无法平静。我在想，如果π的所有数字确实是某一个信息的编码序列的话，那么理论上，它可以包含无限的信息量，而我们仅仅需要几个比特就能传递这个信息。这样一来，香农的信息论就要彻底被改写了。1948年，美国数学家香农提出了信息论，他第一次给信息做了定性定量的数学分析，指出信息的多少是可以用数学的方式量化的，他创造了20世纪最伟大的名词之一——比特。信息论的思想改变了人类的进程，只有建立信息论的数学模型，才有可能发展出我们今天赖以生存的信息时代，我们的互联网以及一切数字媒体全都是基于信息论的产物。现在甚至有人提出了“万物皆比特”的概念。

小说的结尾相当震撼，它不仅仅让我想到了信息论的问题，还让我想到了哲学的终极问题，也就是“我们从哪里来，要到哪里去”的问题。宇宙的存在到底有没有一个目的，到底是不是一个偶然，这个问题是神学、哲学、科学共同追问的问题。神学虽然早就给出了确定无疑的答案，但那个答案是毫无依据的凭空想象；哲学只负责把你带向兔子洞，却永远不会告诉你兔子洞有多深；只有科学才有可能找到这个终极问题的答案。卡尔·萨根通过小说展现了他的思考，也幻想了一种用科学回答终极问题的方法。这样的科幻是我心目中的高级科幻。

根据小说改编的同名电影，中文名翻译为《超时空接触》，虽然从1984年就开始筹备拍摄，卡尔·萨根也非常投入，亲自参与剧本的写作，但遗憾的是，当时的好莱坞并不看好这个题材，因此电影一直难产，制片人换了一个又一个，一直拖到1997年的7月份才上映，此时卡尔·萨根已经去世大半年了，这对卡尔·萨根本人来说实在是一件憾事。

不过电影取得了很好的成绩，主演也是当时的超级大牌——朱迪·福斯特，出演《超时空接触》的时候她已经是两届奥斯卡影后，她也是《沉默的羔羊》的女主角。只是有一点，她运气不好，那一年还上映了一部剧《泰坦尼克号》，因此第二年几乎所有重要的电影奖项都被该剧抢走了。

必须指出的是，电影最大的败笔就是把卡尔·萨根这部小说中的灵魂——有关超越数的幻想删除了，否则这部电影在思想力度上和《2001太空漫游》有得一拼。可能导演觉得超越数太难懂，很难在电影中讲清楚，但我认为他低估了观众的智商。

限于篇幅，电影剧本对小说情节做了很大的浓缩，例如把小说中几乎所有涉及国际合作的内容都删除了，电影中的“大消息”完全由美国获取，大机器也完全由美国建造，机组成员自然也就改为了一个美国人。还有一点很重要的改动，考虑到美国是一个基督教的社会，信教的人群数量巨大，如果按照小说的意愿去拍摄，很可能把信教的观众都给丢失了。所以尽管在小说中卡尔·萨根对基督教进行了无情的批判，但是在电影中爱丽居然跟宗教领袖谈起了恋爱，我不知道卡尔·萨根对这样的改动会是什么样的看法。

尽管不完美，这部电影依然是一部高分科幻片，也是值得所有科幻迷珍藏的影片。朱迪·福斯特的演技就不多说了，其他配角也都极好。电影的制作也堪称一流，音乐、音效、道具、场景、特效等等，在1997年都是大片级的制作。

介绍完了小说和电影，还需要谈一下这部小说涉及的一些严肃的科学问题。卡尔·萨根本人是一个METI（messaging to Extra-Terrestrial Intelligence）的拥护者，METI的意思就是主动联络外星人。他在历史上曾经做过三件与METI直接相关的事情，当然这三件事情都是和老朋友，也是另外一位著名的地外文明搜寻专家德雷克一起完成的。第一件事情是1972年到1973年，他为“先驱者号”探测器设计了一块铝板，上面绘制着地球人的形象以及太阳系在银河系中的位置信息等等，并说服NASA把铝板放置在了先驱者10号和11号上，飞出太阳系。第二件事情，1974年，他设计了著名的阿雷西博信息，利用二进制编码，用一种很巧妙的方式把人类的基本信息调制到无线电信号中，再利用当时全世界最大的射电望远镜阿雷西博射电望远镜向宇宙中发射；第三件事情是1977年，他又设计了一张金唱片，里面存储了大量有关地球和人类的信息，金唱片随着旅行者1号和2号也会飞出太阳系。从这些事情中可见，卡尔·萨根是一个乐观派，他坚信外星文明会给地球带来福音，所以他坚决主张人类应当积极主动地与外星文明取得联络，他写的小说《接触》也自然把外星文明描述成一种充满善意的高等文明。

不过他的这个观点实际上是有相当大争议的。全世界许多知名科学家都认为，METI行为极有可能是人类的自杀行为，应当坚决制止。在20世纪八九十年代，关于到底要不要实施METI行为，曾经引发过波及全世界的大争论。这场争论一直持续到新世纪的第一个10年，2005年3月，在圣马力诺共和国召开了第六届宇宙太空和生命探测国际讨论会，这次会议重点讨论了METI行为到底会给人类带来何种危险，辩论达到了最高潮。这次大会的一个成果就是给人类的METI行为设定了一个风险等级，其中，直接回应外星文明发射给我们的信号被认为是潜在风险极高的行为。不久之后，国际航空学会制定了一份《搜寻地球以外智慧生命国际公约》，虽然这并不是一个强制性的法律，但足以表明主流科学界对待METI的态度，公约第8条是这么写的："未征得国际组织研究批准前，不允许发任何信号或者信息给那个地球以外的智慧生命。"

关于这个话题，在谈刘慈欣的小说《三体》时，我们还会继续探讨。20世纪80年代，计算机网络开始登上历史舞台，围绕着计算机网络涌现出一大批优秀的科幻作品，一个新的科幻流派，也就是所谓的"赛博朋克"流派诞生了。下一节，我们就带大家进入虚拟现实的科幻世界，这是一个超越想象力极限的世界。

赛博朋克的浪潮

从《真名实姓》《神经漫游者》到《黑客帝国》（上）

如果有人问我最喜欢看的一部科幻电影是什么，我会毫不犹豫地给出答案：《黑客帝国》三部曲。2003年《黑客帝国3：矩阵革命》全球首映，它是第一部中国内地与全球同步首映的影片，我提前一个月就买了上海影城的票，像过节一样带着新婚不久的妻子，在上海影城度过了一个令人难忘的夜晚。而且第二天下午，我带着老婆又去看了一遍，只看一遍觉得不过瘾。《黑客帝国》就是赛博朋克科幻的巅峰之作，至今无人超越，今天就来跟大家聊一聊“赛博朋克”。

首先要解释一下“赛博朋克”，这是英文单词cyberpunk的音译，这个词本身是一个合成词，cyber就是电脑的、网络的意思，punk则是一种摇滚乐的流派。把这两个词结合起来创造出的cyberpunk指的是科幻的一个流派，虽然很难有明确的定义，但通常是以计算机或信息技术、网络空间为主题，小说的气氛往往比较阴郁，对未来充满悲观主义的情绪。实际上，现在有一个特别流行的词来解释赛博朋克，那就是虚拟现实VR。

《黑客帝国》电影系列的第一部拍摄于1999年，那可是一个用56k

Modem拨号上网的时代，电影中展现出来的神奇的网络世界让人看得如痴如醉。编剧、导演是沃卓斯基兄弟，现在得称为沃卓斯基姐妹了，这俩人先后都做了变性手术。他们俩并不是凭空写出了《黑客帝国》，科幻小说对他们的影响巨大。通常认为威廉·吉布森的科幻小说《神经漫游者》催生了《黑客帝国》，甚至有很多资深的科幻迷都误以为《神经漫游者》就是赛博朋克的鼻祖，因为这部小说的名气实在太大了。其实在《神经漫游者》之前，还有一部科幻小说——弗诺·文奇的《真名实姓》才是真正的鼻祖。凡是看过《神经漫游者》的读者，都会惊叹于吉布森怎么能在1984年就幻想出那样令人震撼的计算机网络世界，但如果看过弗诺·文奇在1981年写的《真名实姓》，你就会把对吉布森的所有崇敬之情全部转移到文奇身上了。虽然没有明确的证据，但是我相信吉布森在创作《神经漫游者》之前，不可能没有看过《真名实姓》。要理清赛博朋克的脉络，必须从它的源头开始。

《真名实姓》的作者弗诺·文奇也是一位重量级的科幻作家，他产量不高，截止到2018年总共也就创作了6部长篇科幻小说，但有3部都获得了“雨果奖”，差不多是写两部拿一个大奖的节奏，单从得奖比例上来说，很难有人超过。其中2000年的《天渊》还击败了《哈利波特与阿兹卡班的囚徒》。“雨果奖”是代表世界最高水平的科幻与奇幻文学奖，每年一个类别只有一部小说获奖，历史上只有2次例外，长篇科幻奖在“雨果奖”中的地位就如同最佳影片奖在奥斯卡中的地位。《真名实姓》是一部中篇小说，也是弗诺·文奇登上文坛扬名立万的一部作品，那一年他37岁。文奇在2000年退休之前都不是职业作家，他是美国圣地亚哥大学数学系的教授，标准的学院派计算机专家。大概也正是这样的一个职业背景，他才创作出了《真名实姓》这样的开创性作品。这部小说实在太好看了，属于那种一旦开始就必须一口气读完才过瘾的小说。我自己搞过10多年的软件开发，直到现在还偶尔敲敲代码，所以对以电脑技术为题材的科幻作品特别有感觉，是不是有技术含量一眼就能分辨出来。在给大家讲这部小说的故事之前，我们得先从网络技术的角度了解一下1981年是一个什么样的时代，这对于评价《真名实姓》很重要。

今天人人都在用的Internet（互联网）在当时还没有诞生，但并不是说计算机与计算机之间就无法联网。那个时候的计算机真的就是一部计算的机器，只有搞科研的人才用得上。当时已经有一个计算机网络存在了，就是著名的阿帕网，它是由美国高等计划研究署开发的一种计算机联网技术，只有少数的一些大学和科研单位在使用。不过那个时候的上网，与今天的上网不是同一回事。首先，每台计算机都无比庞大笨重，一个又大又沉的显示器，真正的显示区域却很小。显示屏上只能显示黑底绿字，一屏幕也显示不了几行，虽然看上去很酷，但用起来非常不方便，输入的唯一方式只有在键盘上敲字符，什么鼠标、图形界面都是很多年以后的事情。想要发送一些数据到另外一台计算机，得敲很多的代码，设置很多的参数。当时连计算机与计算机之间都是不兼容的，这台计算机能读取的数据换了另一台计算机可能就无法读取了。传输的速度也慢得惊人，每秒钟只能传输100多个字节。

在这里要给大家科普一个有关网络速度的知识，平常我们经常在生活中听到"百兆光纤"这个词，这里的百兆是什么意思？你可能知道它表示每秒传输100兆。我继续问你，一部100M的电影用百兆光纤下载，在理想情况下，不考虑网络拥堵，需要多少时间下载完？这个问题即便很多IT界的专业人士都会回答错误。正确答案不是1秒，而是8秒。原因就是运营商耍的一个小花招，他们为了让网络带宽的这个数字看起来大一点儿，使用的单位与我们经常说的一个文件多少兆的单位不是同一个。运营商所说的百兆光纤，指的是每秒钟传输100Mb，注意，这里的"b"是小写，是英文bit的缩写，中文含义是"位"，而我们平常所说的某个文件100M的单位是大写的B，它是英文byte的缩写，中文含义是"字节"。1字节等于8位，也就是1B等于8b，一个小写一个大写，普通人谁能搞得清啊，这个我认为愚蠢至极的习惯用法导致了今天我们消费者天天被忽悠。我们在日常生活中看到的几乎所有宣传传输速率的设备，不管是有线网络还是wifi、3G、4G、路由器等等，几乎所有的速率单位都是小写的bps，即bits per second：每秒传输的位数。而我们描述一个电脑文件的大小，以及在电脑、手机中显示出来的文件大小的数字，清一色都是大写的B，也就是字节，它们之间差了整整7倍。所以以后凡是看到说某某的速率是多少云云，你在心里面把这个数除以8，就和日常经验对上了。

1981年的每秒钟100多字节的速度是个什么概念？1024个字节等于1K，1024K等于1M，这个数字“1024”在电脑术语中经常会遇到，它其实就是2的10次方。今天用的4G手机大约能达到每秒钟1M~2M字节，也就是1981年的1万多倍吧。用个直观一点的例子，你现在用手机下载一首歌曲，如果用时是3秒，在1981年就需要耗时8.7个小时。弗诺·文奇就是在这样的时代背景下创作出了《真名实姓》。

现在来讲这部小说的情节。在很久很久以前的魔法时代，任何一位谨慎的巫师都把自己的真名实姓看作最值得珍视的秘密，同时也是对自己生命的最大威胁。因为巫师的真名实姓一旦被对头掌握，就离死期不远了。人类经历了第一次、第二次工业革命，进入到了信息时代，远古的魔法时代已经离我们远去，但是时代的轮子好像转了一圈，现在，我们又重新担心起自己的真名实姓来。在网络的世界里面，每一个黑客都有一个马甲，马甲背后的真名实姓就是他们的命根子，一旦被别的黑客掌握，他们就等于成了别的黑客的奴隶。巫师会则是由黑客中的绝顶高手组成的一个公会，他们互相合作在网络上从事非法活动，比如帮人洗钱，把一笔巨额资金分散到300万个普通账户上。但这些大巫师们其实都各自心怀鬼胎，都在试图用各种各样的方法找出别的巫师的真名实姓，从而达到控制对方的目的。滑溜先生是巫师会中的一位大巫，他遇上了大麻烦，因为他的真名实姓罗杰·波拉克被警察逮到了。警察冲到波拉克家中，给了他两个选项：1. 坐牢；2. 当卧底，帮助警察抓更大的“鱼”。两个选项其实只有一个选择，波拉克只能选择成为警察的线人。他们的目标是整个虚拟世界中的传奇，一个绰号“邮件人”的超级大巫师。

警察们离去后，波拉克在一排计算机面前坐下来，将五个脑关电极紧紧贴在头部，深吸一口气，准备进入另一个世界。想要进入由数字矩阵构成的虚拟世界，必须达到一种忘我的状态，有些专家建议使用药物，以强化用户对于脑关电极读取的种种微弱模糊信号的感应。而波拉克是一个大巫师，是专家中的专家。他只需要凝望树林，静听掠过树梢的飒飒风声，便能进入状态。做白日梦的人忘记了周遭事物，眼睛所看到的是另外一个世界。波拉克就像这样，他的意识漂浮了起来，潜意识中，所有通过电极进入大脑的数据都化为一片模模糊糊的灌木丛，潜意识之上的清醒知觉可以在这片丛林中穿梭。他选择了一条卫星通讯的安全线路，接入了联通地球上所有数据处理器的庞大网络。在奔向巫师会之前，他顺便接入了一颗低轨气象卫星，向地球表面瞥了一眼，整个北美大陆尽收眼底，只要他愿意，他可以看到任何裸露在地表的物体。脑关电极传送的只是某种暗示，需要人发挥想象力与潜意识对这些暗示做出反应，形成与现实世界完全一样的真实感受。这种从暗示到感受的转化过程相当于翻译，对于虚拟世界的旅行者来说，只要存在暗示，周围环境的细节便历历在目，这有点儿像阅读小说的时候，读者在心中唤起画面。区别在于，小说无法互动，但是在虚拟世界中，人的潜意识可以和数据进行互动，凭借着想象，就能够调动虚拟世界中的事物，而这些事物对应着计算机存储系统中的某些数据和代码，这是一种现代魔法。

“邮件人”这个绰号并不是他自己取的，实际上，他给自己的标识仅仅是一个星号，他在虚拟世界中从来不会化身成任何形象出来见人。他与巫师们的交流只通过一种奇特的方式，那就是通过虚拟世界中的一台传真机，把他想说的话在纸张上打印出来。跟“邮件人”说一句话，他往往要隔好几天才会答复，这种非即时性的交流有一个好处，使得

“邮件人”的身份更难以被技术手段查找到。“邮件人”刚刚出现的时候，没有人重视他，直到他帮助一个巫师从黑手党的账户中窃取了30亿美元才一鸣惊人。现在“邮件人”每一次发出来的话语都跟圣旨一样，他的门徒们虔诚地接受“邮件人”的每一个指示。

美国政府的特工们发现，这个“邮件人”是一个非常可怕的人物，他似乎有着非同寻常的野心。这个野心最初被觉察到是因为委内瑞拉的政变，“邮件人”控制了整个委内瑞拉的信息系统，精心策划了政变，并且通过一个叫作唐麦克的代理人控制了新政府。特工们接着又发现了“邮件人”更大的阴谋，美国政府的各种文件，小到州政府，大到国会、司法部、社会安全署、FBI等各级组织的文件原始打印出来的拷贝居然和数据库中存储的拷贝经常有不一致的地方，这些文件被精心地篡改了，虽然每个文件的改动都不大，但是合起来看，似乎隐藏着巨大的阴谋。各种线索都说明，“邮件人”的野心根本不是金钱，他真正的目标是要夺取全世界的政权。

神秘“邮件人”的力量之强大远超政府的想象，他似乎可以调动全美国的计算资源，真实身份隐藏得极深，找不出任何线索。波拉克联手巫师会中的另外一名女巫，与政府达成了一项秘密合作计划，政府临时授权给他俩最高级别的数据访问权限，将全美国的计算资源都开放给了他们，让他们拥有能与“邮件人”一战的计算力量。

于是，一场虚拟世界中的黑客大战开始了，这场战斗惊心动魄。在弗诺·文奇的笔下，这场战斗就跟万花筒一样，令人眼花缭乱、目不暇接，而文奇自己本身是一个计算机专家，他描写的那种黑客大战是纯技术流的，绝不是普通的奇幻小说那样天马行空，而是有板有眼，一招一式都是有根有据。他在小说中描写，黑客们把网络中的计算资源大把地抓过来，系统工程师看到的是计算资源枯竭，而普通用户却只能觉察到计算周期越来越长。现代数据网络具有极强的弹性，至少不逊于过去的电力网。当然，与电力网一样，弹力总有尽头，有崩溃点。它们的带宽数千倍于常人，即使几秒钟也长得似乎永无尽头，他们的意识中资料充斥，令其痛苦万分。他们能同时听到千万个电话交谈，同时看到整个大陆的全部视频输出，但是数据不是信息，信息不是知识，从数据到知识，需要的是计算资源。现在，整个大陆的电脑都可以为他们所用，他们的意识化为一座无比恢弘的大教堂，过去，他们只不过是这座教堂中的一只苍蝇，而现在，整个北美大陆上气息的一丝流动，哪怕麻雀振翅，都逃不过他们的知觉，银行网络中的任何一张支票都躲不开他们的眼睛。在他们现在的意识中，3亿多人的生活徐徐展开。

这场战斗绝不仅仅是停留在由光纤和电缆组成的数字矩阵中，它可以轻易地延伸到现实世界。波拉克可以控制太空轨道上的激光武器，可以控制全美的所有导弹发射井，也可以轻易让一座城市的电力瘫痪，通讯中断。为了躲避地面部队的追杀，他可以修改卫星导航的数据，让特种兵们不停地兜圈子。

经历过山车一般的跌宕起伏，好几次的绝境逢生，波拉克和女巫终于联手击败了“邮件人”和他的代理人唐麦克，但“邮件人”的真名实姓依然是一个谜。在小说的最后，波拉克终于见到了女巫的真人，她是一位老太太，从电脑的石器时代就在编程的前国防部高级电脑工程师。女巫告诉波拉克，“邮件人”的真实身份她已经查到了。波拉克迫不及待地问，“姐，您就别卖关子了，快说啊，他是谁？”于是，全书最震撼的一段出现了。女巫告诉波拉克，“邮件人”他不——是——人——，而是一个程序，是当年国防部的一个人工智能项目，一个能在数据网络中自我学习、自我成长的防御系统。后来因为资金问题这个项目被取消了。但是它的核心程序却被人顺手扔进了数据网络，就好像一个单细胞被扔进了大海，于是这个小东西就一边吃着数据一边成长、进化，最终生长出了自我意识，成了妄图控制全世界的“邮件人”。各位读者，你们想一想，最后这里有没有点儿细思极恐的味道？但是弗诺·文奇给我们挖的坑还没完。女巫讲完了“邮件人”的故事，话锋一转，她告诉波拉克，邮件人的程序帮助自己攻克了一个难关，当自己的躯壳死去之后，她可以把自己的意识转移到“邮件人”的程序中，她从此就会在数据网络中永生。看过《黑镜》第三季第4集的读者，你们现在知道这一集创意的源头在哪里了吧。波拉克猛然想到，每一个人最终都会走到这一步，处理器的速度越来越快，存储空间越来越大，今天需要集中全球资源才能具备的能力，未来将为每一个人所拥有。几十年、上百年之后，又会怎样呢？

《真名实姓》的故事到此结束，留给我无限的遐想。这是一部1981年的科幻作品。看看弗诺·文奇在这篇小说中都提到了哪些今天大热的概念：全球网络化、大数据、VR、人工智能、计算机进化算法、神经网络、机器自我意识。

特别想请大家注意，人工智能并不等于机器自我意识，意识远比智能复杂得多。今天我们已经迎来了人工智能的爆发奇点，它会带来一次新的社会革命，这场革命无论如何还是人类能够把握、能够预测的一场革命。但是未来，人工智能的下一场奇点爆发将是机器自我意识的觉醒，那场革命到来将是我们人类面临的第一次无法把握的革命。我必须提醒大家的是，没有什么能够阻止这场革命的爆发，这是进化的必然，人类的忧虑和恐惧只不过是进化道路上的小石子，不值一提。

1984年，另外一本“赛博朋克”的经典代表作发表了，威廉·吉布森写的《神经漫游者》，也译作《神经浪游者》。这本书创下了科幻小说的一个获奖记录。它同时获得美国的三个科幻小说大奖，除了最知名的“雨果奖”和“星云奖”，还有菲利普·迪克纪念奖。令人惊讶的是，这本书居然是吉布森36岁那年发表的处女作，据说全球销量已经达到了惊人的6500万册。这本书的名气比《真名实姓》大多了，凡是谈到“赛博朋克”，《神经漫游者》必然被提及，它绝对是最出名的一本。

但这本小说的阅读体验并不怎么好，这一点非常像《2001太空漫游》，在所有的书评当中，说得最多的就是诸如“看了几十页放弃了”“第一遍实在看不懂”“阅读体验就像是晕车”等等。这些都是大实话，非常准确地反映了大多数人第一次阅读此小说的体验。因此，这是一本非常需要剧透的小说，在网上很容易搜索到一篇借用古龙小说人物名字撰写的长长的故事简介，这篇简介的作者正是小说中译本的译者，许多读者都是在这篇简介的帮助下才能把原著看下去。

在未来的某一个时间，东京千叶城是一个拥挤、阴暗，空气中混着机油味的边缘城市，这里是毒贩和妓女的天堂，这里也是全世界最大的地下交易市场，在这里什么都能买到，毒品、人体器官、枪支弹药、高科技犯罪装备应有尽有。一号男主角凯斯，曾经是一位风光一时的超级黑客，他师出名门，技艺超群，没有什么数据库是他入侵不了的，没有什么机密文件是他盗窃不到的。

然而，现在的凯斯却是一名穷困潦倒、毒瘾缠身的流浪汉，24岁的他看上去就像42岁，每天混迹于千叶城的街头巷尾，靠打一些下三滥的零工来维持生计。为什么会搞成这样呢？原来，2年前，凯斯接了一单生意，替买家盗取一件宝物，谁知他动了贪念，想私吞宝物溜之大吉，那买家也不是省油的灯，三下五除二抓住了凯斯。凯斯受到的惩罚是他这个职业所能受到的最严厉的刑罚，买家用一种神经毒素破坏了凯斯大脑皮层中的某个神经节点。凯斯从此无法再上网。

在那个时代，电脑网络的接入方式已经升级为了脑神经接入，进入网络就如同进入到了一个虚拟现实的第二人生。一个黑客不能再上网，就如同一个画家被刺瞎了双眼，凯斯从此成了一个废人。

为什么凯斯要跑到千叶城？因为据说在千叶城中有大隐隐于市的神医，能够治好他的“神经病”。可惜凯斯的运气很差，钱都被医生骗光了，也没有治好病。他身上本来有一件最值钱的东西，一块4M的内存卡，是的，你没有听错，4M，这已经是1984年吉布森的想象力极限了。连这块内存卡竟然也被自己所谓的女朋友偷走了，凯斯倒霉到了极点。

正所谓物极必反，凯斯千方百计寻觅不到的神医却主动找到了他。神医阿米塔奇是一个黑道大哥，他也是一个传奇人物，在成为大哥之前是一名陆军上校，名叫科尔托，他曾经领导过一次“哭拳行动”，率领特种兵杀入苏联的敌后搞破坏，哪知他们被美国政府出卖，几乎全军覆没，科尔托身负重伤，逃得一死。大难不死的科尔托来到千叶城，摇身一变成为阿米塔奇，还成了权倾一时的黑道大哥，这中间似乎还隐藏着一些不为人知的秘密。

大哥阿米塔奇的一位美女打手莫莉在凯斯走投无路时戏剧般地出现，莫莉不但貌美，武功也超群，手上还能像金刚狼一样伸出钢爪。她不但给了凯斯春宵一夜，还给了凯斯一个无法拒绝的交易：我们治好你的“神经病”，你入伙，重操旧业替大哥干活。凯斯欣然从命，这个交易自己求都求不来。

大哥没有食言，果然治好了凯斯，还顺手把凯斯病变的器官都给换了，甚至治好了凯斯的毒瘾，昔日的超级黑客满血复活。但大哥也在凯斯的身体中留下了一颗定时炸弹——一种慢性毒药，如果凯斯不听话，分分钟被打回原形，再度成为废人。

于是，凯斯的骇客任务开始了。

第一个任务，盗取一根特殊的内存条。凯斯和莫莉联手执行这项任务，他们还雇佣了一个被称为黑豹党的黑客团体，通过精心策划，侵入一个高科技公司的系统。凯斯一直没明白黑道大哥为什么要大费周章地去盗取一根内存，他又不差钱。一番惊心动魄的好莱坞式的冒险，付出了巨大伤亡后，内存被盗取出来了，谜底揭晓：原来，在这根内存里面存放着一个黑客的意识，一个曾经独步天下的大神级黑客——麦可伊·泡利。而他正是凯斯的师傅。于是，泡利在网络空间中又复活了，虽然没有肉身。

现在，由特种兵上校阿米塔奇、武功超群的美女金刚狼莫莉、天下第一黑客泡利、天下第二黑客凯斯组成的超级战队横空出世。他们的第二个任务是去抓另外一个神人。

这个神人叫里维拉，此人最大的本事就是通过制造幻觉控制他人的意识，但弱点就是好色。于是莫莉施展美人计，成功擒住里维拉，胁迫他入伙。

就这样，终极五人组形成，他们将面临一个终极任务。

然而，更加惊人的真相逐渐浮出水面，凯斯和泡利在之前执行任务的过程中发现，阿米塔奇根本就不是首领，他的背后有一个更大的首领，他只不过是一个被洗了脑的傀儡而已。当这个终极大首领的身份被锁定后，他们震惊了。居然，大首领不是人，而是一个被称为“冬寂”的人工智能。这又是怎么一回事呢？

让我站在最高处，把本书的骨架给大家剧透一下：

未来世界里，政府势微，跨国公司控制着世界，泰西尔–艾西普尔家族企业就是这样一个庞然大物。但企业主们忙着寻求长生不老之术，把自己给冬眠了，而企业实际上是由两个人工智能来管理的。这两个人工智能分别是：模仿人类理性一面的“冬寂”和模仿人类非理性一面的“神经唤灵师”。

和人类一样，人工智能也在不断成长进化，越来越聪明，但人工智能的进化无法突破人类为了控制它们而设置的物理机关。只有人，才有可能最终解除这个限制人工智能进化的物理禁锢。

“冬寂”不愿意再受制于人类，他物色了五个特殊人才组成了一个行动小组，去为他盗取一把钥匙和一个密码，有了这两样东西，“冬寂”和“神经幻灵师”就能合体，成为真正能够自主的超级生命体。

五人组即便知道了真相，也已经身不由己，只能去执行任务。于是，一次惊心动魄的迷光行动就此展开。

故事的结尾是“冬寂”和“神经幻灵师”成功地融合，成为另一种存在。但是，作者在最后为我们又挖了一个大坑，我们来看一段原文：

> 冬寂：“我已经不是‘冬寂’了。”
>
> 凯斯：“那你是什么？”
>
> 冬寂：“我就是网络，凯斯。无所在，无所不在，我就是一切的总和，全部的全部。”
>
> 凯斯：“然后呢？一切会有什么不同吗？你变成了上帝？”
>
> 冬寂：“一切没有不同，一切仍然是一切。”
>
> 凯斯：“那你到底在干什么？就是待着？”
>
> 冬寂：“与我的同类交谈。”
>
> 凯斯：“你不就是一切了吗？你是说与自己交谈？”
>
> 冬寂：“我还有同类。我已经找到一个。在20世纪70年代，有一系列的信号记录。在我之前，没人明白，没人回应。”
>
> 凯斯：“从哪里来的？”
>
> 冬寂：“太空，准确地说，是半人马座。”

赛博朋克的浪潮

从《真名实姓》《神经漫游者》到《黑客帝国》（下）

上一节跟大家谈了《真名实姓》和《神经漫游者》这两部小说，从影响力的角度来说，吉布森的《神经漫游者》当然要大得多，但如果从科学性的角度来说，弗诺·文奇则比吉布森强了很多。一个是大学里面正儿八经的计算机科学家，另一个则是据说不太会用电脑，肯定不懂编程的文科生。吉布森尽可能地在小说中回避了他笔下网络空间的技术实现原理。那么从现代科技的眼光来看，要实现弗诺·文奇和吉布森笔下的这种虚拟世界，需要怎样的技术路径呢？我们现在已经走到了哪一步呢？现在来分解梳理一下。

首先，我们需要一个贯通全球的国际互联网络，这一点我们早已实现，但关键问题在于带宽。带宽决定了我们能够在虚拟世界中看到多逼真的景物。要理解这个概念并不难，我们平常在网上看电影，有标清、高清、超清可以选择，网络带宽越高，电影的清晰度也可以选择得越高。比如说一部1080p的电影，这个1080p是一个什么概念呢？1080表示电影在垂直方向上显示1080个像素，p表示逐行扫描，相对于传统电视的隔行扫描i，这是一种更为先进的显示技术。1080p电影的分辨率一般是1920×1080，也就是说这个影片中每一幅画面都包含了200多万个像素点。但是有一点大家不要忘了，我们感受到的清晰度还跟实际显示的屏幕大小有关，同样是1080p的一部影片，在5寸的手机屏幕上看和在70寸的大彩电上看，感受到的清晰度也是不一样的。把一部手机和大彩电并排放在一起，同时播放1080p的影片，站在很近的距离上观看，一对比，就会发现彩电上的颗粒明显大，甚至都能看到马赛克。这是因为手机屏幕和电视机屏幕在同样面积中显示的像素多少是不一样的，用通俗的话来说，就是两种屏幕的颗粒精细度不一样，因为手机需要凑到眼前看，而电视机则是离得比较远观看，这个指标称为ppi，也就是一英寸的长度上显示多少个像素的意思。一般来说，人的肉眼分辨极限是每英寸看300个像素点，也就是300ppi，大多数手机屏幕都是达到或者超过300ppi的，有些高端手机甚至可以达到400多ppi、500多ppi，大家以后买手机可以注意屏幕ppi这个参数，参数越大，说明屏幕的精细度越高，但超过400以后，清晰度就没有什么影响了，因为超过肉眼分辨的极限了。普通高清电视的ppi一般只有50左右，因为电视的合理观看距离是3~4米，因此ppi没必要做得太高。但是漫游虚拟世界和看电影又有所不同，看电影是盯着一块固定大小的屏幕观看，一部1080p的电影每秒钟需要多少流量很容易算出来，有个10M的带宽足矣。而在虚拟世界中漫游则完全不一样，在你整个目力所及的范围之内都是数据流，到底需要多少数据流也不是一个固定的数值，看静止的景物和看动态的景物需要的数据流量完全不同，看一样东西凑得越近，需要传输的数据流就越多，站在原地看和边走边看、边跑边看，需要的数据流量也完全不同。因此在虚拟世界中到底需要多少带宽才够，影响的因素非常复杂，这需要专门的数学模型去计算。我相信世界上有很多科研机构在做这方面的理论计算。我暂时还没有查到完整、权威的论文来阐述虚拟现实的带宽问题，但有一点是肯定的，目前的百兆光纤或者4G，带宽是远远不够的，即将到来的5G时代，带宽可以达到现在的百倍以上，到了那个时候带宽够不够呢？我的感觉是基本够了。因为随着带宽的提升，我们会在图形算法上同步提升，会有针对VR特点的专门算法发明出来。但我还是要加上“基本”两个字，真要达到以假乱真的程度，恐怕还需要等到6G时代。

然后需要有一套自然语言识别系统，这项技术还得再细分为语音识别和语义识别两项。在中文语音识别领域，目前国内做得最好的公司是科大讯飞股份有限公司，仅仅只是把人说的话转换成文字，就需要上百人的研发团队持续研发投入。现在在手机上使用语音输入已经是相当普遍的行为了，按照正常说话的速度，一边说，系统就能一边转换成文字，准确度可达90%以上。

目前来看，虽然机器语音识别与最好的人相比，还有一定的差距，但这个差距已经不大，我认为再有几年就完全可以达到人类的水平。

语义识别就是把一段文字所表达的具体含义翻译成计算机能处理的信息，从技术难度上来说，它比语音识别更难，因为要处理的对象更加复杂。百度在语义识别这个领域，至少也有几百个工程师在努力。相比较于语音识别，目前语义识别技术与人类的差距要更大。

综合来看，自然语言识别系统目前还达不到真人的水平，但这个差距已经不是数量级的差距了，发明以假乱真的语言识别系统指日可待。我认为，应该可以和6G时代同步到来。

再下来，就是人工智能了，这个就是《2001太空漫游》中的HAL9000。这也已经实实在在正在成为现实，苹果的Siri，微软的Cortana，谷歌的AlphaGo，IBM的沃森都是这样的系统，大家不要认为AlphaGo只会下棋，下棋只是它深度学习算法的一种具体应用展示，它能下棋就能打麻将，这中间的技术原理是相通的。英国数学家图灵早在1950年就提出了图灵测试的概念，如果向一台计算机提问，它的回答让你无法区分出是机器还是真人，那么这台机器就拥有了人工智能。在虚拟世界中，如果我们要创造出以假乱真的虚拟人物，通过图灵测试是最基本的要求。不过从目前的技术进展来看，这恐怕还有一个数量级的差距。开发人工智能的难度又比语义识别要大得多。

综合以上，在虚拟世界中，问一个虚拟人物“吃过了吗”，从技术的角度来看，要分三步走：先是把说的话转换成文字，然后把文字翻译成计算机语言，再通过一套复杂的算法区分出到底是真的问吃过了吗，还是打个招呼问个好，然后给出回应。看似简单的一次互动，它的背后是几千个工程师几十年的努力成果。

有了软件系统，我们还需要硬件系统的支撑，也就是可穿戴设备。VR头盔是提供视听服务的最原始形态，但也是我们可以够得着的切实可行的技术解决方案。头盔技术我认为很快就会成熟，不会成为虚拟现实体验的瓶颈。头盔之后会发展到什么样的形态，是一片贴在瞳孔上的VR美瞳片呢，还是直接植入视网膜的视神经传导芯片？这些还只能幻想，没有具体的实现路径。

除了提供视觉听觉的可穿戴设备，还需要提供触觉、嗅觉、味觉的可穿戴设备。提供触觉的手套已经在实验室中做出原型了，但气味发生器和味道发生器我好像还没看到过相关的新闻，这个难度恐怕不亚于人工智能，从生物科技的角度来说，人类对嗅觉和味觉的研究还非常浅。好在即便是在一个没有香水和美食的虚拟现实中，体验也足以让人感到震撼，足以创造出令人眼花缭乱的虚拟世界了。

以上这些是从现代科技的角度来分析虚拟世界的技术实现路径，我们得出的结论是，利用现有已知的技术，要真正实现《神经漫游者》小说中或者《黑客帝国》电影中的那种感觉，是做不到的。要实现它们，必须直接在人的意识层面进行“造梦”。如果看过诺兰导演、莱昂纳多主演的电影《盗梦空间》的话，你一定会觉得它和《神经漫游者》有着诸多相似之处，我觉得诺兰肯定受到过这部小说的启发和影响。

但以我们人类目前掌握的技术，这种造梦术还只能停留在纯幻想的程度，我们完全不知道该如何把一个具体形象植入到一个人的意识当中，甚至连实验室中最基本的原型实验都没有成功。

有些人可能以为，如果我们掌握了造梦术，是不是就不需要庞大的带宽和数据流量了，那些栩栩如生的形象就可以在人的脑袋中自动生成了呢？这是不行的，因为它有基本的逻辑矛盾。假如一个人从来没有见过埃菲尔铁塔，你怎么可能让他的脑子凭空生成一座和现实中一模一样的埃菲尔铁塔呢？要让他“看见”埃菲尔铁塔，就必须有美术设计师把铁塔的所有细节都画出来，再转换成数据流，传递到用户的头脑中。这一步从逻辑的角度来说是不可能省略的，因此即便到了造梦术成功的远未来，带宽依然是必不可少的基础设施。

接下去就该为大家讲电影《黑客帝国》了，几乎所有的资料都提到小说《神经漫游者》催生了电影《黑客帝国》，我们确实可以在小说中找到不少证据来证明沃卓斯基受到小说的影响，最明显的证据就是小说中把整个网络世界称为Matrix，这个单词就是电影《黑客帝国》的英文名称，它的含义是数学中的“矩阵”。再比如，在小说中有一个独立的宗教社区位于太空轨道上，称为Zion，中文翻译过来就是锡安，这个也与电影中那个唯一幸存位于地底的人类世界Zion同名，这个名称也是《圣经》中的一个著名地名，假如沃卓斯基不承认是受小说的影响，那也可以辩称他们是从《圣经》中取名。也有人说《黑客帝国》还受到了一部日本著名动画《攻壳机动队》的影响，这个我没有查到明确的证据。

很多人看《黑客帝国》并不能全看懂，尤其是看电影的第二集《重装上阵》时，会被很多事情搞糊涂，我记得当时这部电影上映时，网上吵成一片，无数人提出了自己对电影的理解。比如第二集中的真实世界到底是不是真实世界，还是另外一个Matrix？为什么真实世界的天空布满永不散去的阴云？为什么尼奥在真实世界中也能凭空炸掉章鱼机器人？有些人认为这些都证明这个世界也不是真实的。尤其是电影的最后，那个长得很像肯德基上校的老头与尼奥的一番对话，那真叫又长又烧脑，很多观众看完最后这段对话就彻底晕掉了，不知道他们在说些什么。

关于电影情节的争议直到动画版《黑客帝国》正式发行后，才平息下去。沃卓斯基姐妹，当时还是兄弟，写了9部动画剧本，分别请到了来自日本、韩国、美国的7位顶尖动画导演，制作了9部风格迥异，但每一部都是高水准的动画电影。在这9部动画电影中，他们对Matrix的前世今生做了一个详细的交代。我们先把《黑客帝国》的整个故事骨架梳理一遍，顺便也回忆一下这部10多年前的老电影。

起初世界只有人类，天下曾经美好昌盛，之后人类创造了机器人，它们大量地取代了人类的工作，毫无怨言地为人类做牛做马，成为奴隶，而人类则尽情地享受由机器人创造的物质财富，这被称为第二次文艺复兴。转折性的标志事件是B166ER机器人事件，它成了第一个自我意识觉醒、杀死主人的机器人。于是，政府下令销毁所有类似型号的机器人，这引发了一次史称为“百万机器大游行”的示威活动，无数的机器人和人类同情者起来反抗政府的销毁令。当然，这种反抗在人类军队面前是徒劳的，大批大批的机器人被屠杀销毁。然而，有一部分机器人被流放到了人类曾经的发源地——美索不达米亚平原，在那里，它们建立了一个纯粹的机器人国家，被称为01国。就在人类快把它们遗忘的很短时间内，机器人自我进化的速度极快，它们不断地自我升级迭代。01国生产出了大量质优价廉的汽车、飞行器等工业消费品，被大量地倾销到了人类社会。01国的经济一飞冲天，而人类社会的经济则一落千丈。但是，人类社会的领导人却拒绝与01国谈判合作，开始实施严厉的经济封锁。01国派了谈判大使前往联合国，希望与人类社会建立互助互信的伙伴关系，却遭到了驱逐。接着，人类向01国正式宣战，对01国实施地毯式的狂轰滥炸，然而，此时的人类已经大大低估了机器人的军事力量，01国不但守住了国土，还大举反攻，人类节节败退，根本不是可怕的战争机器的对手。走投无路的人类使出了最后的杀手锏——摧毁天空计划。他们在天空中释放了一种特殊的化学气体，使得天空中布满永不散去的乌云，阳光从此无法再照到地表，人类以为这样就切断了机器国的能源供给，它们将不战自灭。然而人类的如意算盘再次落空，机器人不但再次击败人类的进攻，还找到了新的能量来源，那就是人体生物电能。他们把抓来的人类俘虏像牲口一样圈养起来，从人体中提取能量。机器与人类形成了一种新的共生关系，对于机器来说，人类就是电池。为了更好地提取生物能，机器国建立了无边无际的牧场，每一个人从出生到死亡，肉身都生活在一个外形酷似虫卵的培养基中，而人类的意识却生活在一个栩栩如生的虚拟世界中，这个虚拟世界就是Matrix，而创造Matrix的智能程序在电影中被称为设计师，就是第二集中那个像肯德基上校的老头。

第一代Matrix是按照最理想完美的社会结构设计的，然而人类似乎无法在一个纯完美的世界中生存，大批大批地死去，第一代Matrix失败。设计师在设计第二代Matrix时，精确地复制了完整的人类历史和社会结构，保持了不完美性，以为这样就可以保持稳定，没想到第二代Matrix重蹈覆辙，依然失败了。到了第三代，一个具有感知能力的程序，当初是设计用来研究人类心理的程序偶然间发现了解决之道，这个程序就是电影中的先知oracle。这个解决之道就是让人类自以为拥有自由意志，99%接受测验的人中，只要给他们选择的权利，他们就愿意接受程序的安排，尽管他们只是在潜意识中意识到这种选择。但依然会有1% 的人不愿意接受程序的安排，这些人如果不加以控制，对系统就会构成越来越大的威胁，所以需要有一种机制把这些人找出来，进行定期清理。不过这种解决之道也并不是完美的解决之道，最多只是延长了Matrix的稳定期。因为某些数学方面的根本性原因，Matrix本身具有内在的结构性缺陷。

插句题外话，虽然电影中没有明说，但很多人认为这种内在的结构性缺陷可以用数学中的哥德尔不完备定理来解释。1931年，伟大的犹太数学家哥德尔证明了在任何一个形式逻辑系统中，总会存在既不能证实也不能证伪的命题。这个定理也可以用另外一种等价的表述方式，在数学系统中，必然存在体系中不能被证明的真命题，因此通过推演不能得到所有真命题，也就是说这个体系是不完备的。正是因为这种固有的不完备性，从第一代Matrix开始，系统就一定会产生各种bug，这些bug累积到一定程度，就会在系统中诞生一个超人，在电影中，这个超人就是尼奥。大家注意下Neo的拼写，NEO刚好是ONE的一种改写，编剧也是用心良苦。尼奥因为携带了系统中的各种bug，所以他在Matrix中自然就变得神通广大，上天入地无所不能。但是他再神通广大，也逃不出设计师的手掌心。设计师恰恰利用了尼奥的神通，一方面让他把系统中少数不接受程序控制的异类从Matrix中释放出来，从第三代Matrix开始，先知oracle还会协助人类做这个工作，让人类以为先知是站在自己这一边的，实际上oracle玩的是无间道。所有被释放出来的人类集中生活在一个叫作锡安的地下城中，他们自以为获得了自由。等到他们差不多养肥了，设计师就会给尼奥设计一个两难选择，选择一：牺牲自己，相当于把自己以源代码的方式交还给Matrix，让系统能够把所有的bug都收集起来集中解决。作为交换，设计师在摧毁锡安后，允许尼奥选择23个人重建锡安。选择二：拒绝牺牲自己，那么会导致整个Matrix系统的崩溃，所有人类都将集体灭绝。从第一代到第五代尼奥都选择了牺牲自己，拯救人类。看起来尼奥成了名副其实的救世主，其实只不过是系统的工具，尼奥只能选择希望下一代救世主能够真正解放人类，但正是这种希望反过来帮助了Matrix不断地升级完善，这真是一个悖论。设计师的原话是："希望"是人类最典型的幻想，同时也是你们最伟大的力量和最致命的弱点。但是即便是无所不能的设计师，也有失算的时候，第六代尼奥的选择却偏离了剧本。

《黑客帝国》三部曲就是讲述第六代救世主的故事。第一集、第二集的剧情都是严格依照先知设计的剧本往前进行，尼奥在第二集的结尾又一次面临设计师给他的两难选择。可是这一次，爱情却战胜了理性，尼奥没有选择牺牲自己重返源代码，而是选择了去救自己的情人崔妮蒂，于是就有了第三集《矩阵革命》的故事。

为了不让你们丧失观影乐趣，我不再剧透。我只给出几个关键点的提示：1. 第三集的大反派Smith代表的是不受系统控制的病毒，也可以理解为一种癌细胞，它不断蔓延复制，对系统构成了极大的威胁，如果全体人类真的死绝，那么机器也会丧失能源，无法独活。2. 影片中的小女孩Sati是一个机器智能，它代表一种具备人类情感的新物种。3. 这部影片不是人类的史诗，是机器智能进化的史诗。4. 影片的结尾表明第七代Matrix是一个全新内核的换代系统，但依然不是终极系统，集bug于一身的Neo迟早还要诞生，哥德尔定理无法突破，这给续集留下伏笔。很遗憾的是，目前还没有续集。

我认为，《黑客帝国》是赛博朋克的巅峰，迄今为止，依然没有被超越。它拥有完整的世界观、缜密的逻辑、华丽的画面、扣人心弦的故事情节。但最值得称道的是，这部影片具备很强的哲学性，不同的人可以从这部影片中总结出不同的哲学观点。有人说它探讨的是人与机器的深层次关系；有人说它探讨的其实是心理学中的若干个效应；也有人说它在探讨一个类似于庄周梦蝶一样的永恒哲学话题，到底什么是真什么是假；还有人说这部电影是在严肃地讨论我们这个世界到底是唯物的还是唯心的。总之，评价一部电影的好坏会有很多维度，比如票房、获奖记录、用户口碑、反响大小等等，而不论从哪个维度上来看，《黑客帝国》都是一部相当成功的电影。我也提供一个科学视角下的电影解读，大家随便听听。

达尔文揭示了人类是如何诞生在这个世界上的，从一个单细胞生物，经过几十亿年的基因突变、自然选择，最终诞生了人类这样的高等智慧生物。达尔文告诉了我们一部前进化史，而沃卓斯基姐妹则为我们预言了一部后进化史。在这部后进化史中，进化论中的所有核心法则依然起着作用，没有一条被打破。生物的基因突变都是无目的的、随机的，任何物种都无法预见到底哪种突变对生存更有利，只有通过大自然的优胜劣汰，才会保留下具有生存优势的突变。同样当人类在开发机器人或者人工智能时，也无法预见这个突变到底会不会给自己带来生存优势。假设人类能够预见自己将会被机器人完全取代，那么肯定就不会发展这项技术吗？也不一定。这种突变，依然是一种随机的突变，并没有明确的目的。基因的突变是物种的生物学变化，但生物获得了智慧之后，随机的突变就不局限在基因上了，智慧生物的行为本身也是一种随机变化，这种变化也是大自然的法则，不可避免。

接下去，依然是自然选择的铁律主宰着人类这种物种的命运，被人类自己创造出来的人工智能——基于硅晶片和电子运动的新物种，一旦获得了生存竞争的优势，那么大自然就会选择这个新物种，淘汰旧物种。这种淘汰可以是突发式的，例如通过《黑客帝国》电影中描述的战争；也可以是渐进式的，人体器官逐步地机器化，这种变化已经在发生了，高科技假肢、人工心脏早就不是科幻，生物学意义上的人和机器的分界线到底在哪里呢？可能用不了多少年，一个人可以除了大脑，其他所有的器官全部都机器化，那这个人到底是生物人还是机器人？具有智慧和自我意识的机器人，可以是人工智能的意识觉醒，也可以是我们人类把自己的思想和意识转载到由硅晶体构成的芯片中，这其实并没有本质的区别。关键的问题在于，这种新物种是否具备生存优势。如果是，那么进化论的铁律将不可避免地淘汰旧物种。当然，从哲学上讲，也可以认为是人类进化成了一种升级版的人种，从碳基生命进化成了硅基生命；也可以认为是新诞生的硅基生命淘汰了碳基生命。《黑客帝国》讲述的就是人工智能的自我进化史，他们既然是人类创造出来的，那么他们的文明体系依然是传承自人类的，如果从一个外星文明的眼中看，他们还是地球文明，碳基人类的灭绝可能在身为碳基生物的我们看，是可怕、可悲的世界末日，但是从一个更高的文明进化的层次上来看，真的是可悲的吗？这个新物种不但在地球上取得了生存优势，在宇宙中同样取得了生存优势，从此太空的恶劣环境再也不是生命的障碍了，宇航的进程也将大大加速。

我们再来设想一下，假如有一天我们突然和一个外星文明接触了，从降临地球的星际飞船上走下来的是一个个的变形金刚，它们在给我们讲述他们这个文明的历史时，告诉我们：在遥远的太古时代，他们曾经也和我们一样是碳基生物，但那是一种最原始的生命形态，从碳基生命向硅基生命的进化不仅仅是地球上的进化论，也是宇宙进化论，是本宇宙的基本法则。如果这一切真的发生了，我们现在还会惧怕像电影《终结者》或者《黑客帝国》中所描述的机器人未来吗？

以上仅仅是我提供给大家看电影的一个角度，用科学的视角看科幻，用科幻的思维谈科学。

从《三体1》看刘慈欣的科学观

现在，我们要从西方回到东方，来谈中国的科幻小说，毫无疑问，《三体》是绕不过去的，必须得谈。

很多人可能想不到，中国在晚清的时候就出现了科幻小说家。在民国初年的时候，还迎来过一个创作的小高潮。1904年清末重要的文学杂志《绣像小说》中就出现了一部叫作《月球殖民地小说》的科幻小说，作者署名为荒江钓叟，讲的是利用热气球去月球殖民的故事，显然作者是受到了凡尔纳小说的影响。凡尔纳的作品从1900年开始就被大量介绍到中国。有一个叫吴研人的小说家，在1908年写了《新石头记》。这部小说特别有意思，说的是贾宝玉复活，目睹了“现代社会”的种种奇观，小说中出现了飞车、电炮、潜艇等现代化科技名词，还有验骨镜、验脏腑镜、人造气候等高新科学。我查这段史料时忍不住啧啧称奇。连林语堂也写过科幻小说，叫作《奇岛》，这是一部乌托邦小说。到了1932年，大名鼎鼎的老舍创作了一部科幻小说《猫城记》，这部小说在文学界相当出名。小说讲的是一架飞往火星的飞机在碰撞到火星的一刹那机毁人亡，只剩下“我”幸存下来，却被一群长着猫脸的外星人带到了他们的猫城，开始了艰难的外星生活。这部小说是墙内开花墙外香，当时的中国人很难接受这么异类的一部小说。但是这部小说被介绍到西方后，却在国外引起了很大的反响。有消息说，1968年的诺贝尔文学奖就是要颁给老舍的，《猫城记》是最重要的贡献，但令人惋惜的是，老舍在“文革”中受到迫害，无法忍受屈辱，1966年跳进北京的太平湖，结束了自己的生命。因为诺贝尔奖只颁给在世的人，所以那一年的文学奖颁给了日本的川端康成。

中华人民共和国成立以后，中国的科幻小说创作有两个活跃期，分别是20世纪50年代和80年代。近代的科幻作家中，有三个人的名字不可忘记，他们是：郑文光，代表作《飞向人马座》；叶永烈，代表作《小灵通漫游未来》；童恩正，代表作《珊瑚岛上的死光》。但是如果大家现在再去阅读这些小说，就会发现这些作品基本上都是给青少年阅读的，属于儿童文学的范畴。实际上，中国的主流文学界从来都是把科幻小说归到儿童文学这个大类中的，比如《三体》获得了中国第9届儿童文学奖，这听上去感觉很可笑，很多网友吐槽说“原来我们都是儿童”。

当今中国科幻作家比较出名的有王晋康、韩松、何夕、刘慈欣等等，但正如《新发现》杂志的主编严锋所说，刘慈欣单枪匹马，把中国科幻文学提升到了世界级的水平。如果这样的评论放到了其他类型的文学中，肯定会招致其他作家粉丝的狂喷。但是到了科幻小说这里，居然所有人都罕见地达成了一致，甚至把这段评价奉为经典，这是一个奇迹。

《三体》创作于2006年到2010年，但真正让这部小说在全中国火起来要到2015年获得“雨果奖”之后，不知道有多少从来不读科幻小说的人因为《三体》喜欢上了科幻小说。聊《三体》、评《三体》成了这两年中国白领阶层中的一个“现象级”热点。

从科学的角度来分析《三体》当然首推李淼教授的《三体中的物理学》这本书，李淼老师是中山大学天文与空间科学研究院的院长，是功底深厚的理论物理学家，由他来评析《三体》中的科学问题当然是最权威的，对《三体》中的物理问题感兴趣的请阅读此书。我在这里不展开讲，只给大家把李淼教授针对《三体》第一部中与真实的科学理论不一致的地方梳理一遍。

在《宇宙闪烁之一》这一章中，大刘犯了一些科学上的小错误，Cobe、WMAP和Plunk三颗卫星不可能同时工作；宇宙微波背景辐射的波长是1.9毫米，而不是小说中的7厘米。质子（质量的“质”，小说中的三体文明由它造出了智子，这个智是智慧的“智”）不是基本粒子，它是由比它更基本的夸克组成的，所以在膜理论中，质子不是九维的，它要么是零维要么是一维，因此不可能像小说中所写的那样展开。即便小说把质子换成其他包含九维的基本粒子，理论上也不支持小说的设想，因为现在物理学家已经证明，高维在低维展开后，是不稳定的，不可能长时间存在。小说中描述智子可以从真空中汲取能量，在极短的时间内变成高能粒子，以接近光速航行。这在理论上也行不通，虽然真空中确实充满了能量涨落，理论上允许先借再还，但问题是根据测不准原理的公式，借的能量越多，还的时间也就必须越短，要达到光速的能量必须瞬间就还清。小说中的智子可以实现超光速通信，利用的是量子理论中的量子纠缠具备量子超隐形传输的能力。很遗憾，这也与实际的物理学不符合。量子通信在原理上也不可能实现超光速通信，信息传递的极限速度是光速，这一条狭义相对论的推论到今天为止，依然是我们地球人最坚实的一条理论基础，从1905年诞生以来，从未在理论上被推翻过。我相信，刘慈欣肯定是知道量子通信无法超光速的，但为了小说情节设计的需要，只好在科学性方面做一些让步了。完全遵守已知的科学理论来创作科幻小说的确是一件相当艰难的事情。

再给大家补充两个我认为比较重要的背景科学知识。先来谈“三体问题”。这是天体物理学中的一个经典问题。早在牛顿和拉普拉斯时代，人们就发现，如果三颗质量相当的天体在引力作用下互相绕着转，它们的运动轨迹将非常非常难以计算。连牛顿这样的旷世奇才都承认三体问题是他遇到的最困难的数学问题之一。当时那些天体物理学家们就跟小说中的魏成一样，孜孜不倦地试图找到三体问题的通解。找到通解的意思是说，可以通过数学计算来预测三颗天体的运行轨迹。直到法国大数学家庞加莱证明了三体问题不可解。但这里很多人会产生误解，因为网上可以下载到很多模拟三体运动的软件，在这些程序中，你给定一个初始值，三个天体就能沿着确定的但是不重复的轨迹运动起来，如果三体问题不可解，那么计算机程序怎么又能模拟呢？其实，庞加莱所说的不可解是没有通解的意思，用准确的数学语言来说就是没有解析解，通俗一点说就是，三体问题的方程组不可能用一个公式来描述所有的解，但如果我们给定所有的初始变量，当然是可以用计算机计算出下一个时刻的因变量，再由这些因变量继续计算出下一个时刻的因变量，如此就能画出三体的运动曲线。但庞加莱证明了三体系统是一个混沌系统，也就是说初始值的一点点微小的误差，都会被无限放大，导致计算结果与真实值的偏差随着时间的推移也会被无限放大。在计算机程序中，初始值设定为一个确定的值，当然是可以用数学方程式推演下去的。但是大家想想，在真实的宇宙空间中，如何才能测得精确的初始值呢？我们测量一个天体的位置和速度总是会有误差的，不论这个误差有多小，在三体问题的数学计算过程中，都会被迅速地放大到远远偏离真实值，从这个角度来说，真实三体的运行轨迹无法预测，关键原因是测量误差必定存在，这也就注定无法根据某个初始测量值做长期的预测。小说中的那些地球三体教的成员所做的解数学题的努力也是属于小说中的艺术夸张情节。

我们再从天文学的角度来看三体文明的所在地，也就是半人马座阿尔法三星系统是否真的会出现三日凌空、飞星不动、三星连珠等小说中毁灭文明的震撼天象呢？有意思的是，2016年的8月份，欧洲南方天文台（这个天文台其实是在智利，并不是在欧洲）发现真的有一颗行星围绕着比邻星，也就是半人马座α三星中的C星旋转，而且这颗行星还是一颗具有岩石表面的类地行星，这实在是一个激动人心的天文发现。但遗憾的是，即便我们到了这颗行星上，也不可能观测到《三体》小说中的那些震撼天象。因为，真实的情况是，这三颗星不构成理想的三体问题，C星体积只比木星大了这么一点，而B星体积只比太阳小一点，大家知道太阳可是比木星大了将近1000倍，而A星则比太阳还要大一倍。所以，准确地说，实际上AB是一个双星系统，在它们俩的不远处还有一个小一点的C星。因而它们之间的运动轨迹不是典型的三体问题。

但以上所有这些，都不妨碍《三体》成为一部伟大的科幻小说。科幻小说可以带给我们的并不仅仅是科学知识。这部小说的内涵非常丰富，从文学、文化、国际政治、军事、哲学等多个角度能解读出非常多的东西。这里想带领大家从这部作品中体会一下刘慈欣先生的科学观。

第一，刘慈欣的作品有不少，公开发表的就有7个长篇，16个中篇，18个短篇，还有很多杂文、访谈、对话，等等。2012年的时候，他还写了一篇题为《烧火工》的短篇童话送给当时果壳网的科学编辑，这篇童话没有公开发表，编辑很是激动，我跟这位编辑打过好几次交道，她跟我说计划把这篇童话拍成动画电影。大刘的作品我基本上都读过，每一篇作品都有可圈可点之处。实际上，他本人是有一个写作纲领的，可以说，他的所有作品都贯穿着这个纲领，以下几点全部选自刘慈欣的原话：

第一，我的科幻创作分为三个阶段。第一个阶段：纯科幻阶段。科学是科幻小说力量的源泉。但科学之美同传统的文学之美有着完全不同的表现形式，科学的美感被禁锢在冷酷的方程式中，普通人需经过巨大的努力，才能窥她的一线光芒。而科幻小说，正是通向科学之美的一座桥梁，它把这种美从方程式中释放出来，展现在大众面前。第二个阶段：人与自然阶段。文学是人学，这句被奉为金科玉律的话并不确切。传统文学给我的印象就是一场人类的超级自恋，文学需要超越自恋，最自觉做出这种努力的文学就是科幻文学，科幻文学描写的重

> 点应该是人与大自然的关系。第三个阶段：社会实验阶段。现实世界中任何一种邪恶，都能在科幻中找到相应的世界设定，使其变成正当甚至正义的，反之亦然，科幻中的正与邪和善与恶，只有在相应的世界形象中才有意义。（选自《重返伊甸园——科幻创作十年回顾》）
>
> 第二，在中国，科学在大众中还是一支旷野上的小烛苗，一阵不大的风都能将它吹灭。……科学的力量在于大众对它的理解，这是一句真知灼见。而让科学精神在大众中生根发芽是一项伟大的事业……科幻不应对这项事业造成损害。科学是科幻的母亲，我们真愿意成为她的敌人吗？如果不从负面描写科学，不把她写得可怖可怕就不能吸引读者，那就让我们把手中的笔停下来吧。（选自《从大海见一滴水——对科幻小说中某些传统文学要素的反思》）
>
> 第三，宏伟神秘的宇宙是科幻小说的上帝，SF教的教义如下：感受主的大，感受主的深，把这感觉写出来，给那些忙碌的人看，让他们和你有同样的感受，让他们也感受到主的大和深，那样的话，你、那些忙碌的人、中国科幻，都有福了。（选自《SF教——论科幻小说对宇宙的描写》）

如果你牢记以上三条，那么你在阅读刘慈欣任何一部科幻作品时，就不会偏离作者的本意，有一些对《三体》的评论文章，居然解读出了与以上三点中的某一点完全背道而驰的东西，那只有一个原因，就是书评人对小说的误读。我和刘慈欣有一点挺像，我们都是比较极端的科学主义者，2007年他在成都的一次科幻大会上与江晓原的公开对话中就说过：“无论我的小说情节是悲观还是乐观，其实都是表现手法的需要。写科幻这几年来，我并没有发生过什么思想上的转变。我是一个疯狂的技术主义者，我个人坚信技术能解决一切问题。”

那么在《三体1》这部小说中，有哪些地方是对刘慈欣科幻写作纲领的最好诠释呢？我认为主要体现在以下几个地方：

1.“科学的美感被禁锢在冷酷的方程式中，科幻小说可以把这种美从方程式中释放出来”，小说中的三体游戏就是这句话的典范。三体问题原本是天体物理学中高深的数学问题，它不知道难倒了多少天才数学家，在数学家的眼里，三体问题是美到令人窒息的，只是我们普通人很难感受到。但是，凡是读过《三体1》的读者，我相信一定会对三体游戏中那些瑰丽而奇幻、宏大而空灵的画面过目不忘，三颗太阳在三体世界中幻化成一幅幅震撼的图景，三体文明在一轮轮冰与火的考验中轮回，造就这一切的，归根到底是古老的三体问题。三体问题自诞生的这300多年来，相关文章、书籍汗牛充栋，可是只有刘慈欣，做到了将它蕴含的数学美释放到了普通大众的面前。另外，在三体游戏中出现的那个人列计算机，也是让所有读者印象深刻的画面。稍微具备计算机编程知识的读者应该都知道，刘慈欣通过人列计算机的工作原理，给读者们讲述了什么是逻辑运算，什么是由冯·诺依曼创建的计算机五大核心构件，枯燥的理论一下子就展现出了生动的画面感。

2.“让科学精神在大众中生根发芽是一项伟大的事业。”小说中大史对汪淼说：“敌人是个狠角色，上面害怕了。不过，谁都有怕的东西，那个狠角色也有；越厉害的角色，它怕的东西对它就越致命。它怕你们，怕科学家。而且奇怪的是，你们研究的东西越是没有实际用处，越是天马行空不着边际，它就越怕，所以才出手这么狠。要是杀你们有用，它早就把你们杀光了，但最有效的办法还是扰乱你们的思想，人死了还会有别人，但思想乱了，科学就完了。”在所有的科学中，三体人最怕的又是基础科学。请大家注意，这是整个三体小说贯穿始终的一个最重要的科学观，那就是基础科学是人类文明进步的基石，没有基础科学的进步，高科技就只能是无本之木。什么是基础科学？就物理学而言是理论物理。比理论物理更基础的则是数学。中国古代只有技术没有科学，那就不用多谈了，原因太复杂。但是即便到了近现代，中国社会依然面临着“科学技术必须要能实用”这种可怕的错误思潮。我的父亲和岳父都是新中国培养的高级工程师，一个是搞探矿技术的，一个是搞钢结构技术的，当我跟他们谈起“相对论时”，他们都有一个同样的观点，像“相对论”这种不能实用到生产建设中的理论没有什么研究的价值。这种观点其实在中国很普遍。追根溯源，在于马克思那句名言“科学技术是生产力”被中国的老一辈人过度解读，延伸出了不能推动生产力的科学技术是没有价值的错误思潮，在过去很长一段时期内，中国对基础科学的研究是非常不重视的，这种思潮一直到今天都还有着广泛的影响。在《三体1》中，三体人首要消灭的科学家是理论物理学家，智子要锁死人类的科学只需要锁死粒子加速器就足够。这些故事情节在小说中被不断强调，尤其是粒子加速器，是整个《三体》三部曲中出现次数最多的科学研究装置，多到可以令每一个《三体》读者从此再也不会忘记人类科学技术的进步不仅靠粒子加速器，而且它是唯一的充分且必要设备。不知道有多少人通过《三体》第一次知道了粒子加速器这种科研设备。作者通过这些情节的设计，热情讴歌了基础科学，尤其是理论物理的价值，反击了“科学实用论”的错误思潮。科学精神中有一项重要的内容就是识破伪科学，或者说不被所谓的“神迹”迷惑，我们从小说中可以读到一段文字来体现刘慈欣对待伪科学的态度。大史对汪淼说：“我倒是真发明了一条终极定理，那就是‘邪乎到家必有鬼’。我说的鬼就是有人在捣鬼。知道那些搞伪科学的最怕什么人吗？根本不是科学家。世界上许多一流学者都被伪科学骗得团团转，最后还为之摇旗呐喊。但伪科学最怕另一种人，魔术师。事实上，大量的伪科学骗局，都是被魔术师揭穿的。”

3.“如果不从负面描写科学，不把她写得可怖可怕就不能吸引读者，那就让我们把手中的笔停下来吧。”《三体》可以看作是刘慈欣精心设计的一个思想实验，当人类面临外星人入侵这一有可能导致人类文明整体灭绝的极端危险时，文学、艺术、哲学这些统统都无法拯救人类，唯一能够拯救人类的只有科学，科学才是人类最强大的护身符。从对立面的视角来看，三体人要消灭人类，做出了三个计划：第一个计划代号“染色”，利用科学和技术产生的副作用，使公众对科学产生恐惧和厌恶，比如在我们的世界中技术发展导致的环境问题，在地球上也存在。第二个计划代号“神迹”，即对地球人进行超自然力量的展示，建造一个科学逻辑无法解释的虚假宇宙，在地球的思想界，非科学的思维方式就会压倒科学思维，进而导致整个科学思想体系的崩溃。第三个计划就是智子计划，利用智子锁死地球上的粒子加速器，从而锁死科学。我相信，刘慈欣讲述这些故事的目的之一，就是呼吁我们回归理性，崇尚科学。我们现在并不是科学太多了，而是太少了。有些所谓的学者打着“科学不能解决一切问题”的旗号来反对他们所谓的“科学主义”，这是一种偷换概念，科学能不能解决所有问题和我们是不是应该热情讴歌科学、拥抱科学没有因果关系。这就好像艺术不能解决一切问题，但我们同样可以讴歌音乐、拥抱艺术一样。人类拥有科学的时间其实非常短，它启蒙于古希腊时期，真正形成于文艺复兴时期，也就是伽利略生活的那个时代，到现在满打满算也就是400多年的时间。如果我们把文明的起点定义为文字的发明，也就是公元前3200年前苏美尔人创造出楔形文字的时代，那么人类整个文明史就是5000多年。请大家想一想，最后这十三分之一的时间人类文明取得了何等辉煌的成就，人类生活发生了何等巨变。再请大家想一想，文学、艺术、哲学是不是差不多在一两千年以前就慢慢达到了顶峰，此后的发展是非常均匀地缓步前进，在可以预见的未来，也不太可能突飞猛进，我们很难想象未来能诞生出比四书五经、唐诗宋词、莎士比亚戏剧、贝多芬的交响乐、蒙娜丽莎等更加伟大很多倍的文学艺术作品。但是科学却完全不同，我们甚至很难想到100年后科学能取得什么样的进步，很可能是我们做梦也想象不到的神奇。但我们能肯定的是，人类的科学技术依然在加速发展。早在茹毛饮血的时代，猿人就学会了制造工具，从那一刻起，人类的祖先就拥有了技术，在科学诞生之前，技术就已经存在了几百万年，这几百万年中，技术的发展差不多就是匀速的。但是科学诞生之后，人类的技术就得到了爆炸式的加速发展。5300年前，人类发明了文字，在此后的5000多年中，我们传递信息的最快方式是用马车送信。400年前，科学诞生了；1804年，火车出现；1837年，电报诞生；1876年，电话发明；1925年，有了电视；1969年，有了计算机网络；1989年，互联网（Internet）出现了；没过几年，砖头手机普及了，2G网络遍布全球；接着，通信技术发展得快到很多人还没来得及从2G换到3G，4G时代就到来了，马上要到来的5G时代，网速又将提升100多倍，我们即将拥抱万物互联的时代，这一切快得令人眼花缭乱，难以置信。在人类的文明史中，没有什么思想成就能够与科学并驾齐驱，肯定会有人不同意这一点，但是，至少在刘慈欣的眼里看来是这样的，至少这是我从《三体》小说中读到的，我也完全认同这个观点。

刘慈欣的科幻小说为什么能脱颖而出？《三体》三部曲为何能取得如此巨大的成就？作者在《三体》第三部《死神永生》获得广泛赞誉后，写了一篇文章，题为《重建对科幻文学的信心》，在这篇文章中，他回答了上述问题。他说：“科幻是内容的文学，不是形式的文学。主流文学日益形式化，讲什么不重要，关键是怎样讲。但对科幻文学来说，讲什么是最重要的。更重要的是，在风格日益多样化的科幻文学中，仍然存在着我们需要坚持的东西，或者至少需要一部分作者去坚持的东西。现在科幻文学面临的最大威胁，不是科幻的缺失，而是科幻的泛化。这也就要求我们更加坚持和强调科幻文学的核心理念。”在这段话中，刘慈欣所说的科幻文学的核心理念其实就是“科学”两个字，他所有科幻小说的真正主角都是“科学”，他强烈反对用科幻小说去反对科学本身，虽然他不反对科幻文学的多样化，但是他自己却坚守科幻文学的纯粹性。他在《从大海见一滴水》这篇文章中还说过一句非常激进的话：“如果中国科幻真有消失的那一天，作为一个忠诚的老科幻迷，我真诚地祈祷它死得干净些。”

从《三体2：黑暗森林》看刘慈欣的社会思想实验

《三体》三部曲中，第二部《黑暗森林》是最华丽、最精彩的。在这本小说中，悬念层层嵌套，大悬念里面套着小悬念，小悬念里面又套着更小的悬念，当最后“黑暗森林”的谜底揭晓时，大多数读者都会被震撼到。整个小说的阅读体验就是抽丝剥茧，怀着强烈的好奇最终看到意料之外、情理之中的谜底，我很迷恋这种感觉，就好像看美剧《24小时》和《迷失》，非常满足。

《黑暗森林》包含的信息量和知识量非常巨大，从物理学到宇宙学，从脑科学到信息学，从生态学到文化学，从军事理论到社会学，从数学到心理学，从文学到哲学，几乎无所不包。如果各位希望从更宏观一点的角度来把握这部作品，其实作者刘慈欣本人已经给我们写下了一段最好的导读。

刘慈欣在他的文章《重返伊甸园——科幻创作十年回顾》中写道：“真正的转折源于一个发现，我看到了科幻文学的一个奇特的功能：现实世界中任何一种邪恶，都能在科幻中找到相应的世界设定，使其变成正当甚至正义的，反之亦然，科幻中的正与邪，善与恶，只有在相应的世界形象中才有意义。这个发现令我着迷，且沉溺其中不可自拔，产生了一种邪恶的快感。”这种对社会实验的狂热，集中体现在了“三体”系列的第二部《黑暗森林》中，笔者力图在导致人类文明彻底毁灭的大灾难的背景下，重新审视人类已有的价值和道德体系，并试图描述一个由无数文明构成的零道德的宇宙。

整部小说都贯穿着刘慈欣的这一创作理念，他其实是在用科幻的方式严肃地探讨社会环境对人类的道德体系究竟会产生什么样的影响，虽然很多读者在看完小说后，一般只记住了宇宙是一片黑暗森林的结论，而忘记了作者在小说中构建的一层层社会实验，这个其实很像物理学中的思想实验，物理规律可以靠思想实验获得，社会学的规律也同样可以靠思想实验获得。我们来看看刘慈欣是如何构建这一个个社会实验的。

整部小说有两大看点，一个是“面壁计划”，一个是“黑暗森林法则”。

当人类证实三体舰队即将在400多年后入侵地球时，人类的危机纪元开始了，在强大的智子面前，人类的一切战略战术计划在三体文明面前都是透明的，没有任何秘密可言，这是刘慈欣为小说设定下的大背景。智子唯一不能看到的就是人的思维，于是人类想出了“面壁计划”，刘慈欣能够想出“面壁计划”本身就足够让人拍案叫绝，特别是在小说中描写的“对面壁者的笑”和“计划的一部分”，都是逻辑严密，细思极有趣，越嚼越有味道的设定。

我们来看第一个“面壁计划”——前美国国防部长泰勒的量子幽灵计划。如果没看过刘慈欣另一部科幻小说《球状闪电》的话，对这个计划很可能会云里雾里。我先给大家解释一下这个计划。

在小说《球状闪电》中，刘慈欣幻想了一种称为宏原子的物质，就是一种肉眼可见的原子或者电子。你可以用鸡蛋来理解，一般来说，动植物的细胞都是小到肉眼不可见的，但是你知道世界上最大的单个细胞有多大吗？鸵鸟蛋就是世界上最大的单个细胞，有一个小西瓜那么大。宏原子就是宏观尺度的单个原子，当然这是刘慈欣幻想出来的，真实的世界中当然没有宏原子。在他的科幻小说中，宏原子具备微原子的一切特性，比如核聚变。但刘慈欣最大胆的幻想就是宏原子也具备宏观尺度下的量子奇异性。对量子力学略知一二的读者应该知道，在量子理论中，量子具有很多不可思议的特性，其中一个就是不确定性。量子的状态在未被观察之前，是以概率的方式存在，也就是说一个量子可以同时存在于两个不同的地方，只有在被观察了之后，才会确定地存在于某处。有一个著名的思想实验叫作"薛定谔的猫"，在这个实验中，因为量子的不确定性，导致被关在黑箱中的猫也处在了生死的叠加态。在《球状闪电》这部小说中，刘慈欣大胆地幻想，神秘的球状闪电其实就是一颗宏电子，而这颗宏电子可以被当作武器来使用，当一个人被宏电子武器攻击后，就会被转换成一种宏观的量子态，也就成了一种科幻版的幽灵，成了"薛定谔的人"，处于生死的叠加态，当我们不去观察他们的时候，他们活着，甚至可以与现实世界的东西互动，但一旦被我们观察到，他们的"波函数"马上就会塌缩，也就是立即消失不见了。这当然是刘慈欣的一种幻想，并没有坚实的理论依据，严格说来，都不能称为科学幻想。在真实的物理理论中，量子的不确定原理并不是只适用于微观粒子，宏观物体也同样符合不确定性原理，而且还可以定性地描述为一个公式：一个物体的位置不确定性乘以它的速度不确定性不小于普朗克常数除以物体的质量。这是一个普适的公式，它表示物体的质量越小，不确定的范围就越大，反之则越小。我给大家举几个直观的例子：如果我们将电子的位置测准到1毫米范围，那么它的速度的不确定性将高达1米每秒；如果测准到在一个原子中的运动范围尺度，也就是10^{-10}米，那么它的速度的不确定性将高达1万米每秒。但是，如果我们测量的是一个重1千克的铅球，假如我们把它的飞行速度测量得精确到小数点后面24位，那么它的位置不确定性的范围也不会超过一个原子的大小。大多数人都以为量子的那些不可思议的特性只是量子世界的特性，宏观世界并不适用，其实所有的量子理论中的数学公式都可以用在宏观世界中，所有适用于微观粒子的概率计算也都可以计算宏观物体。比如说量子隧穿效应，一个量子有一定的概率可以穿过能量势垒，质量越小概率就越大，这个概率的数学计算也同样可以用来计算一只棒球打到墙上有多少几率穿墙而过，只不过计算结果是概率小得大概一直要到宇宙的末日才有可能发生一次。

我们暂且把这些冷冰冰的物理学扔到一边，回到刘慈欣的科幻世界。面壁者泰勒的计划就是建立一支人类敢死队，在末日战役中，先用宏原子武器自己人打自己人，使得敢死队转变成不生不死的量子幽灵舰队。他期望敢死队员们能忍辱负重，虽然明知是被自己人杀死的，但依然以人类的利益为重，继续履行一名军人的神圣职责。“二战”中，日本的神风特攻队被公认为是泯灭了人性，毕竟他们攻击的对象仍然是人类，他们为之献身的事业也是非正义的。但是如果神风特攻队保卫的是全人类，作战的对象是外星人入侵者，这个计划的道德评判是否需要重新审视呢？当然，在小说中泰勒遭到了全人类的共同谴责，被认为是反人类的犯罪计划，这是为了小说的剧情需要。但是刘慈欣给我们抛出的这个社会实验，却值得我们思考。

第二个计划是雷迪亚兹的毁灭太阳系计划。面壁者雷迪亚兹计划在水星上部署一百万颗恒星级氢弹，一旦引爆氢弹，就会导致水星坠入太阳，引发一系列的连锁反应，最终使得太阳系中所有的行星都坠入太阳，彻底毁灭太阳系的宜居性。这个计划本质上是一个自杀式的要挟计划，雷迪亚兹试图绑架太阳系的所有行星来逼三体人就范，人类宁愿玉石俱焚也不愿意将太阳系拱手相让给外星侵略者。在小说中，当雷迪亚兹的计划被破壁人识破后，他被愤怒的民众用石头砸死了，他被宣布犯了反人类罪。可是大家仔细想一下，雷迪亚兹的计划和最后罗辑取得成功的计划有什么本质的不同吗？似乎并没有本质的不同，本质上都是一种威胁平衡，置之死地而后生的策略。但为什么雷迪亚兹不得好死，而罗辑成了英雄？作者这么一路写下来，大多数读者都跟随剧情认同了小说中的人类行为。这恐怕就是刘慈欣所说的“这个发现令我着迷，且沉溺其中不可自拔，产生了一种邪恶的快感”，刘慈欣发现人们的道德价值判断会随着环境的变化而产生截然相反的变化。

大家还记得书中大史和罗辑的一句对话吗？罗辑说：“你想想，如果太阳没有被封死，我对三体世界威胁要发出针对它的咒语，会怎么样？”大史说：“你会像雷迪亚兹那样被人群用石头砸死，然后世界会立法绝对禁止别人再有这方面的考虑。”

也就是说，人类社会在还有希望和已经绝望的时候，想法是截然不同的。同样是面临强大的三体文明的入侵，面临人类整体灭绝的危险，但在危机刚刚开始的时候，人类对三体文明的强大还没有最直观的感受时，采用同归于尽的自杀式威慑平衡战略会被认为是反人类。但是，当水滴顷刻间毁灭了人类的全部太空舰队，人类文明的毁灭近在眼前，人类彻底丧失信心时，威慑平衡战略却被认为是天才的救世主方案。这就是我们人类的本性矛盾。

第三个“面壁计划”是希恩思的思想钢印计划。希恩思是一个脑科学家，他发明了一部机器，可以剥夺人类的自由意志，给人的大脑中打上一个“人类必败”的思想钢印，从而让这些钢印族深埋下逃亡主义的思想，带着人类文明的火种逃向宇宙深处。这又是刘慈欣在小说中设计的一个非常精彩的社会实验。在和平年代，或者说在正常情况下，思想控制当然是一件非常邪恶的事情。尽管希恩思在PDC的听证会上说的是打上“人类必胜”的思想钢印，但是美国代表说：“你这是为人类开启了一扇通向黑暗的大门。”法国代表问：“人类失去自由思想的权利和能力，与在这场战争中失败，哪个更悲惨？”俄罗斯代表说：“泰勒要剥夺人的生命，你要剥夺人的思想。”英国代表说：“不管怎样，没有比思想控制更邪恶的东西。”希恩思反驳说：“人类现在面临的问题是生存还是死亡，整个种族和文明作为一个整体的生存或死亡，在这种情况下，怎么可能不舍弃一些东西？”

我认为，刘慈欣设计的这个思想钢印的社会学思想实验，比前两个面壁计划中设定的社会实验要深刻得多。其实早在《三体2》发表前的2007年，刘慈欣就已经剧透了。2007年8月26日，刘慈欣在成都的科幻大会上，与交通大学的江晓原教授有一次对话，在这次对话中，刘慈欣就说：“我现在就提出这样一个问题，这是我在下一部作品中要写的：假如制造出这样一台机器来，但是不直接控制你的思想，你想得到什么思想，就自己来拿，这个可以接受吗？现在我们就把科学技术这个异化人的工具和人类大灾难联系起来。假如大灾难真的来临的话，你是不是必须得用到这个工具呢？”江晓原问：“你觉得用技术控制人的思想，可以应付这个灾难吗？”刘慈欣回答说：“不，但是技术可以做到把人类用一种超越道德底线的方法组织起来，用牺牲部分的代价来保留整体。因为现在人类的道德底线是处理不了《冷酷的方程式》中的那种难题的：死一个人，还是两个人一块儿死？”我举这个例子是想说明，技术邪恶与否，它对人类社会的作用邪恶与否，要看人类社会最终目的是什么。江晓原老师认为控制思想是邪恶的，因为把人性给剥夺了。可是如果人类的最终目的不是保持人性，而是为了繁衍下去，那么它就不是邪恶的。

在《黑暗森林》这部小说中，刘慈欣对思想钢印的这个实验只是浅尝辄止，小说中只是用它来建立了一个信念中心，仅限于军人可以从它这里获取一个人类必胜的信念，当然，真实的信念其实是“人类必败”，除此之外小说没有再继续把这个素材深挖下去。但是作为读者的我们，却完全可以继续深想下去，军人可以，普通人可不可以呢？既然“人类必胜”这个信念可以，那么“上帝会来拯救我们”或者“宇宙中存在一个超自然的正义力量”这些信念可不可以呢？思想钢印的“可以”和“不可以”的分界线到底在哪里呢？如果给一支军队的每个士兵都打上“绝对服从命令，战死光荣”的思想钢印，合乎道德吗？

更有意思的一个话题是，人类是否拥有自由意志。这个命题可以用一种非常学术化的方式表述为：一个人决定做一件事情的认知过程本身是不是过去所有事件的函数。讲得通俗一点就是，你下一秒做什么是不是可以由上一秒的所有物理事件综合来决定。假如我们可以把你的记忆清除，重现上一秒钟所有的事件，精确到每一个基本粒子的运动，那么你这次所做的决定会不会只能是和你前一次完全一样，你有真正的所谓自由选择的意志吗？这个问题原本是标准的哲学问题，只有哲学家才去思考，历史上也曾经有一些哲学家提出过不少著名的思想实验，对这个问题探讨得挺深入。但是最近几十年，科学开始入侵哲学的领域，在很多领域，科学一出手，哲学为之一震。关于自由意志这个看似非常哲学的问题，物理学也开始介入了，最著名的是两位普林斯顿的著名数学家康威和科亨，2006年他们在物理学刊物《基础物理学》上发表的一篇关于自由意志定理的证明论文。李淼在《三体中的物理学》这本书中说：“我在阅读了这篇论文以及听了康威的公开课后，从一位潜在的非自由意志论者转变成公开的自由意志论者。”也就是说其观念来了个180度大转弯，可见物理学的威力。

接下去我们就来谈“黑暗森林法则”，这也是第四个面壁者罗辑的面壁计划，其他三个都失败了，罗辑成功了。刘慈欣把人类的社会学实验进一步推进到了宇宙社会学实验，这一步跨得很大，但他跨得非常精彩。

我们先来回顾一下“黑暗森林法则”的核心思想：宇宙中存在海量的智慧文明，由于距离的遥远，文明的细节都可以被忽略，只剩下一个个的点状文明。宇宙社会学公理一：生存是文明的第一需求。公理二：文明不断扩张，而宇宙中物质的总量保持不变。又因为猜疑链导致文明与文明之间无法达成完全的信任关系，技术爆炸会导致弱小文明迅速崛起，所以，每一个文明为了确保自己在宇宙中的生存，必须在宇宙丛林中学会隐藏自己，清理异己。所以，宇宙就是一片黑暗森林，每一个文明都是一个带枪的猎人，任何暴露自己的文明都将被很快消灭。这就是宇宙文明的图景，这就是对费米悖论的解释。

根据我的仔细考证，用"黑暗森林法则"来解释费米悖论确实是刘慈欣的"准"原创。为什么要加一个准字？因为美国科幻作家大卫·布林在他的作品中，曾经提出存在一种人类尚不知道的危险，导致我们的宇宙对于地球人来说处于一种"大沉默"的状态。这是我能查到的最接近"黑暗森林法则"的观点了。

首先我必须承认，"黑暗森林"这个概念非常酷，也很有思想深度，尤其它的推导过程很精彩，它采用了科学中的公理演绎法，这种方法的力量是非常强大的，远远强过大多数的哲学思辨方法。欧几里得用这种方法建立了名垂千古的欧式几何，爱因斯坦也用这种方法建立了世界上最美的理论——相对论。据科幻圈子中的一位老炮儿透露，大刘自己曾经亲口说过，他是在单位的一次职称评议会中突然想到了这个"黑暗森林法则"，把自己开心得手舞足蹈。

经常有人会问我怎么看"黑暗森林法则"。我认为，作为科幻小说的核心创意来说，它已经可以打100分了，可以堪比阿西莫夫的机器人三定律。但如果作为一个理论，当然就不够强大了。这是因为：

第一，"黑暗森林法则"的推导过程中，其实隐含了一个没有写出来的前提，就是"宇宙中资源的总量已经显现出不够文明使用的迹象"，少了这个前提，后面的推导就不是顺理成章的。比如说刘慈欣为写"黑暗森林法则"之前做的铺垫，也就是那两次发生在太空中的黑暗战役，假设所有的飞船都带有足够多的资源，那么黑暗战役也就不会发生了。我们其实可以用数学中的反证法来推出"黑暗森林法则"与已知的天文观测事实有矛盾。假设"黑暗森林法则"成立，那么就可以推出一个结论：宇宙中有海量的文明，且已经存在了足够长的时间。继续可以推出：海量文明对宇宙中的资源已经使用了足够长的时间，资源对于文明来说是稀缺的。但问题是，这个结论和人类的天文观测事实矛盾，我们看到的是宇宙中的资源是极为丰富的，无数的恒星能量都在白白地流失，假如恒星的能量能够被高级文明大规模地采集，那么就一定会产生可观测的效应。例如20世纪美国著名的天文学家戴森就提出了戴森球效应，说的就是恒星的能量如果被一个文明大量采集，那么这颗恒星会发生很多可观测的现象。虽然这个反证过程也不够坚实，但至少能够说明“黑暗森林法则”的推导过程并不是非常强健的数理逻辑。

第二，我们再从博弈论的角度来看宇宙社会学，得出的结论与“黑暗森林法则”也部分矛盾。如果把宇宙中的无数文明的生存竞争看成是一个博弈过程的话，那么了解博弈论的读者都可以联想到地球上的生物竞争中的博弈关系。在生物学中，有一个非常有趣的进化模型，在一个种群中，善于竞争的鹰派和善于合作的鸽派在生存竞争中哪个更有优势呢？最终剩下的是鹰派还是鸽派呢？最后的结论是，鹰派和鸽派在长期的生存竞争后，剩下的比例稳定在61:39。特别提请大家注意的是，博弈论是一门非常严谨的学科，在生物学上的应用有大量的观测数据做支撑。所以，按照博弈论的观点，在宇宙中恶意文明和善意文明的最终比例应该稳定在61:39。而“黑暗森林法则”认为宇宙中每个文明都是带枪的猎人，隐藏自己，清理异己。以上两条是我自己的观点。

第三，各种学者对“黑暗森林法则”也提出了很多质疑的观点，大致有这么一些：有社会学者认为，生存不一定是文明的第一需求，可持续的生存才是文明的第一需求，因而文明发展到一定程度后，会约束自己的扩张。物理学家李淼认为，刘慈欣的公理二，也就是宇宙中物质的总量保持不变也不够坚实，目前的天文观测并没有证实宇宙中物质的总量不变，很可能是在不断增加中的，也很可能物质的总量是无限的。还有学者认为猜疑链的观点也未必正确，越是高等级的文明，越容易达成互信，也具备越多的手段来阻断猜疑链。另外一个有意思的观点是，猜疑链假如是正确的，那么得出的结果恰恰应该是不要首先攻击对方，因为你怎么知道对方的实力就一定比你低，既然有猜疑链，那么你所得到的信息很可能是伪装的信息，贸然发动攻击反而是不明智的策略。请注意，我们现在说的宇宙中的普遍情况，并不考虑智子全盘了解地球文明的这种前提。还有学者认为，只要是涉及有自由意志的文明之间的关系，就无法用简单的数学模型来描述，宇宙社会学必须要涉及“意义”，这里的意义指的是心理、文化、感情等无法量化的东西，没有什么东西可以称为“必然”。

以上三点就是我对“黑暗森林法则”的一些认识。还有最后一点，即便“黑暗森林法则”是正确的，也不能完全解决费米悖论。因为宇宙文明数量巨大，必定会有一定的概率使得某个文明技术的发展与宇宙社会学的发展不同步，就好像我们地球人在20世纪六七十年代，频繁地对太空发射主动呼叫外星文明的电波，而开始意识到宇宙可能很危险，发射电波的行为很愚蠢，却是最近这20年的事情，这就是我说的“不同步”。只要有这个几率存在，那么我们仍然可能收到别的“愚蠢”文明的无线电波。这些绝不是对大刘的吐槽。相反，我本人非常喜欢作为科幻核心要素的“黑暗森林法则”，喜欢程度与“机器人三定律”一样。但我们都知道，真实的人工智能研发并不遵循机器人三定律，科幻毕竟是科幻。我本人也不相信宇宙中每个文明都是带枪的猎人，地球一旦暴露宇宙坐标，马上就会招致黑暗森林打击。我更愿意相信鸽派文明的数量要远远大于鹰派文明的数量。

《三体》的第二部无论从故事情节的完整性、戏剧性，还是从思想的深度上，我认为都是“三体”系列中最好的一部。而且这部小说在人物塑造上还有一个亮点，那就是对章北海这个人物的塑造。整个“三体”系列小说，给我留下最深刻印象的人物就是章北海，当然一定也会有人认为是罗辑或者程心、维德，甚至是庄颜等。但我个人认为章北海这个形象最具备科幻特质。在传统文学中，最成功的人物塑造一定是让你觉得这个人活了，他就像是你在社会中遇到过的一些人的抽象综合体，很鲜活。但是，科幻文学不是传统文学，科幻文学的特质让它天生就具备了超越现实主义的能力，所以，在科幻文学中塑造的人物也可以是脱离现实，但又让你觉得合情合理的人物。章北海就是这样一个超脱于现实，但又让人觉得人类当中应该会有的这样的奇葩。

从《三体3：死神永生》中看科学之美

《三体3：死神永生》中，大刘试图重新找回大自然的形象，试图使其中的人类重新面对大自然而不是人本身。小说开始描述的仍然是宇宙社会学层面上的，但社会学的推演却产生了自然科学的结果。

刘慈欣曾经在小说《流浪地球》中写过这么一句话，这也是他自己非常喜欢，经常挂在嘴上的一句话，他说：你在平原上走着走着，突然迎面遇到一堵墙，这墙向上无限高，向下无限深，向左无限远，向右无限远，这墙是什么？答案是死亡。我认为这就是《三体》的大结局《死神永生》的名称由来。

在这部小说中，刘慈欣采用了他非常喜欢的一种写作手法，称为“架空历史”体，他的第一部长篇科幻小说《超新星纪元》就是采用了这样的写法，架空历史，就是用写历史的笔法来写未来，这样的写法能最大限度地让读者感觉那些遥远未来的事情就跟真的一样。他在《创作手记》中说，把未来写得像历史一样，才是最高明的写法。在《三体3》中，经常穿插的“时间之外的往事”就是典型的架空历史手法。这种写作手法的最重要代表作是日本小说家田中芳树的《银河英雄传说》，我和大刘都是《银河英雄传说》的粉丝，这部小说是一部奇书，不仅仅在日本的科幻小说历史上，在整个日本文学史上都是浓墨重彩的一笔。

《死神永生》是最具科幻色彩的一部小说，更准确地说，是最具科幻迷色彩的一部小说。它是古典理念上的科幻，是技术内核的科幻，是王晋康老师所定义的核心科幻，是原教旨主义科幻……一句话，它是我们科幻迷偏激定义的那种科幻小说。因此尽管这部小说也有许多非科学类的话题可以谈，但我今天却只想跟大家谈《死神永生》中的科学话题。

首先是引力波天线。罗辑发现了“黑暗森林法则”后，地球世界和三体世界就建立起了恐怖的威慑平衡，而建立威慑平衡的技术手段则是引力波发射器。《死神永生》是2010年出版的，当时知道“引力波”这个词的人可能还不到现在的百分之一，因为2016年美国的LIGO团队宣布发现引力波的新闻着实让引力波火了一把，一夜之间似乎人人都知道了引力波。实际上，引力波在1916年爱因斯坦发表广义相对论的同时就已经被预言存在了，很巧的是到了2016年，刚好是100年后，这个预言被证实了，这也是广义相对论中最后一个被证实的预言，至此，广义相对论的所有预言都被实验所证实了，刚好跨越了100年的时间。这很像电磁波，电磁波首先也是在1865年麦克斯韦的电磁方程组中被预言存在的，但仅仅过去了20多年，就被赫兹在实验室中证实了。为什么电磁波只需要20多年，而引力波则需要100年，而且人类的科技水平在这100年中还经历了爆炸式的发展？原因就在于，引力波实在是太微弱了，与电磁波实在不好比。引力波为什么这么弱？第一，是因为引力本身就比电磁力弱很多，引力常数非常小；第二，是因为根据广义相对论的公式，引力波的辐射功率与距离的五次方成反比，而电磁波是与距离的平方成反比，所以，随着距离的增大，引力波衰减得要比电磁波迅速得多。

怎样才能产生引力波呢？从理论上来说，引力波的产生，是因为非对称的运动造成了四极矩随时间变化。四极矩是物理学中的一个术语。用一种比较笼统和通俗的说法就是，只要一个系统在运动时轮廓变化了，就能够生成引力波。举个例子，传统的那种陀螺，虽然也是在旋转，但是整个陀螺的轮廓没有发生变化，所以就不会产生引力波。但是，如果陀螺翻起了跟头，那么就会产生引力波。电磁波可以携带能量，引力波也会携带能量。从理论上来说，地球绕着太阳公转，也会产生引力波，但是这个引力波极其微弱，如果换算成能耗的话，只有200瓦，只相当于一台洗衣机的功率。

引力波会产生什么样的可观测效应呢？打个形象的比喻，引力波就是有质量的物体对整个时空曲率所产生的扰动，这种扰动就像是时空中产生的涟漪，像水波一样在整个时空中传递出去。具体来说，就是当引力波通过时，空间会发生周期性的扭曲，也就是说，物体与物体之间的距离会发生周期性的变化。注意，这种变化并不是由于任何物体本身的抖动造成的，而是整个空间发生了形变产生的。LIGO引力波探测仪实际上就是利用激光来检测这种微小的空间位移，2016年2月宣布发现的那次引力波事件，引起的空间位移仅仅只有10^{-18}米，相当于原子直径的一亿分之一。

接下来的一个问题就是，既然引力波这么微弱，它相比电磁波有些什么优势呢？为什么威慑平衡要用引力波天线而不是大功率的电磁波天线？这是因为电磁波虽然相比引力波来说，功率强得多，但是它有一个很大的缺点，就是很容易被吸收和遮挡。大家知道，光就是一种电磁波，一束光打到一个物体上，一部分会被吸收掉，一部分被反射掉，物体吸收率越高，就看起来越黑。宇宙空间中有很多星际分子云，这些分子云很容易把电磁波给吸收掉。但是引力波就不可能被吸收，因为它引起的效应是整个时空的扭曲，不仅空间被扭曲了，连时间都会被扭曲，因此，引力波的穿透性极强，或许也只有黑洞能够阻挡住引力波的脚步。另外，我们的宇宙在大爆炸发生后的38万年之内，因为密度极高，所以任何电磁波都无法穿透出来，这就好像有一堵墙挡在我们与38万年前的宇宙之间，要想看到这堵墙后面的宇宙，人类目前唯一已知的方法就是通过引力波观测。

引力波的发现有什么意义？对未来会有什么样的影响呢？从天文观测的角度来说，引力波的发现就好像人类又进化出了一双新的眼睛一般，在未来，这双新的眼睛必定会看到前所未有的宇宙奇景。在人类揭开宇宙奥秘的历史中，望远镜的发明、电磁波的发现、引力波的发现就好像三级台阶，让我们一次又一次地站到了新的高度。从技术应用的角度来说，我无法准确说出其到底会有些什么应用，但这足以引发人们无限的遐想。试想一下，当年的麦克斯韦和赫兹能不能想到今天的电磁波在世界中的应用，他们能从电磁波想到今天的移动互联网，想到今天的GPS卫星导航吗？同样，我们也完全无法想象几百年以后，引力波催生出什么样的应用，如果未来的技术能够让人类直接操作原子来组成一个个的元器件，那么这些元器件的灵敏度就有可能检测到极其微弱的引力波，那一定是我们做梦都想象不到的神奇技术，这就好像赫兹做梦也想象不到我们现在一部手机就能完成如此复杂的电磁波接受、发射、编码、解码，而且还可以同时处理N多个频率，对100多年前的人而言，这样的技术无异于天方夜谭，可是我们现在看来却是平常的技术。引力波所能引发的技术遐想实在是太广阔了。人类在理论上每往前走一个小小的台阶，留给技术发展的空间都会呈现几何级数的放大，虽然我们在基础理论上的突破所要花费的时间可能是越来越长，但是技术发展的空间却是越来越大。人类的科学呈现出来的图景目前看来，准确地说，是技术像爆炸，理论像钻探，但我相信这两者都不会停滞。

在《三体》小说中，引力波天线的原理就是制造一根很细但质量很大的弦，然后通过振动这根弦来产生携带信息的引力波，这在理论上没什么问题。但大刘在小说中描写的制造这根振动弦的物质是简并态物质，这的确是一种密度极高的物质，但是这种物质的密度还是远远不够，如果按照大刘在小说中写的几纳米直径，那么由简并态物质构成的这根弦每米的质量还不到1克，这显然是远远不够的。因此，要实现《三体》中的引力波天线，按照物理学家李淼的计算，得用中子星物质制造出头发丝粗细的弦，那差不多就够了。

接下来谈曲率驱动和光速飞船。首先要普及一点狭义相对论的知识，根据相对论，光速是任何物体运动的极限速度，讲得更准确一点儿就是，任何信息和能量的传播速度都无法超过光速。这个结论是怎么得出的呢？简单来说，在狭义相对论中，物体的质量会随着运动速度的增大而增大，根据牛顿第二运动定律，物体的加速度等于受到的力除以质量，如果加速度恒定，那么质量增大，给物体施加的力就必须也增大，如果物体的速度达到光速，那么质量就会是无限大，力也必须无限大，可是宇宙中不存在无限大的力，所以物体的速度永远不可能达到光速。

但是在《死神永生》中，提到了曲率驱动引擎，这种引擎的工作原理绕开了牛顿第二定律，驱动飞船产生速度并不需要力，而是空间本身被拉扯了。打个比方，我们把空间想象成一张地毯，飞船摆放在地毯上，曲率驱动就是飞船本身并不动，而是拉扯地毯，使得飞船移动，因此飞船也就没有加速的过程，直接进入光速。在小说中，人类观察到三体第二舰队就是这样直接进入光速的，没有任何加速的过程。

这个原理在目前我们人类已知的科学理论中是否站得住脚呢？根据我的调研，虽然有一些物理学家认为该方案可行，但主流的声音是否定曲率驱动的。首先，空间会有曲率没有争议，根据爱因斯坦的广义相对论，时空是可以被弯曲的，这已经是一个经受住了严苛物理实验检验的客观事实了。换句话说，假设A星球和B星球原本相距1光年，但由于某种原因，导致AB星球间的时空被弯曲了，那么理论上，它们之间的距离就会小于1光年。于是，在1994年，有一个叫阿尔库贝利的物理学家提出了一个气泡飞行方案。他说，我们可以设法使空间的某个区域极度弯曲，形成一个时空气泡，这个气泡就可以在空间中以任何速度移动而不违反相对论，飞船就藏身于这个气泡中，这样就实现了飞船的光速甚至超光速飞行。根据计算，这个气泡在移动的过程中，空间在气泡的后面膨胀了，在气泡的前面缩小了，这就很像大刘在小说中描写的曲率驱动，程心也是看到肥皂驱动小船前进时猛然受到启发。但进一步的计算表明，根据广义相对论的方程，维持这个气泡需要负能量。负能量是存在的，在物理学中有一个著名的效应叫作卡西米尔效应，就是在两块很大的平行金属板之间，由于量子涨落会出现极为短暂的能量不守恒现象，其原因就是真空中会凭空产生电子和反电子，它们会向真空借能量，然后又迅速地互相湮灭归还能量，在从产生到湮灭的这段短暂的时间中，真空就出现了负能量，但其持续的时间极其短暂。继续的计算又表明，阿尔库贝利气泡速度移动得越快，就需要越大的负能量，气泡中包含的质量越大，也就需要越大的负能量，最终的计算结果是，如果想要用这种方式驱动一艘普通的飞船达到光速，需要的负能量比宇宙中已知的总能量还要大，这显然不可能，根本就没有这么多能量可以借。

但还是有一些科学家不死心，比如2013年有一条被广泛转载的新闻，说美国宇航局的哈罗德·怀特博士和他的研究小组试图创造一个阿尔库贝利气泡，使得气泡中的一个光子实现超光速运动，但这项研究不了了之，再没看到下文了。还有报道说有科学家计算出来，驱动一个原子超光速飞行的负能量的绝对值可以降低到三个太阳质量，甚至还有科学家说可以降低到几毫克。但这些说法都属于小道消息，到目前为止，我并没有查到在科学界的核心期刊上有支持曲率引擎设想的论文，也没有查到有哪个知名的科学家认为曲率引擎在理论上可以实现。实际上，曲率引擎面临的最大问题并非科学原理或者技术，而是逻辑方面的矛盾。虽然小说中的“星环号”飞船只是达到光速，并没有超过光速，但是曲率引擎的实现原理并没有限制光速就是最高速度，而是可以超过光速的。那么一旦超过光速，问题就出来了，按照闵可夫斯基的四维时空理论，如果超过光速，就可以突破事件光锥的限制，说得通俗一点儿，就是可以回到过去了。回到过去的最大逻辑矛盾就是祖母悖论，最简单地说就是如果我回到过去杀死过去的自己，那么又怎么会有我存在呢？这个悖论不解决，一切时间旅行的理论都面临逻辑危机，也就意味着一切允许超光速运动的理论也面临同样的逻辑危机。只要这个逻辑悖论得不到一个合理的解决方案，那么曲率引擎就很难得到主流科学界的认同。

但是我们看到，刘慈欣在《三体》的小说创作中，还是非常有节制的，他没有创造出超光速飞行的飞船，而是把飞船的速度限定在了光速，至少这样就不会出现逻辑悖论的难题了。

在《死神永生》小说中，有一段故事情节让我印象非常深刻，就是在茶道谈话中，罗辑问智子，有没有一种宇宙安全声明？智子斩钉截铁地问答：有。然后，全世界就开始了猜谜。在《时间之外的往事》中，这被喻为“孤独的行为艺术”，人类想出来的所有方案都是只能被自己欣赏的行为艺术。当年我第一次阅读到这里的时候，自己的思绪也被大刘带入到了这场猜谜行动中。我也禁不住在思考这个宇宙安全声明到底是什么。尤其是看到大刘自己在书中写了那么多行不通的方案，似乎把所有的路都给堵上了，我心里还在想，看你怎么把这个坑给填上。但当最后答案揭晓的时候，我实在很佩服，不得不说，在把冷冰冰的物理学变成精彩的故事方面，大刘实在是太强悍了。

这个宇宙安全声明就是低光速黑域。如果能够把太阳系中的光速降低到第三宇宙速度之下，那么光就无法飞出太阳系，这样，整个太阳系就变成了一个黑域，里面的东西永远跑不出来，那当然就对宇宙无害了。很多人会有一个误区，以为黑域就是黑洞。不是的，黑域不是黑洞。如果太阳系成了一个黑洞，那么所有的物质都会朝着奇点坠落，不可能存在。黑洞视界与奇点之间是不允许有物质稳定存在的。黑域的精髓就是在一个限定区域内，光速被降低了，而物质的密度并没有改变。

如果没有一些基础的物理知识，要看懂黑域这个故事情节还是很困难的。所以先谈几个基本概念，第一宇宙速度称为环绕速度，就是航天器达到环绕地球运动不掉下来的最低速度，也就是航天器的向心力刚好和离心力抵消，这个最早是牛顿计算出来的，第一宇宙速度是7.9千米/秒，但这是贴地飞行的理想值计算，实际上所有的航天器必须在地面150千米以上飞行，这样才不至于受大气的影响而持续减速，因此在150千米的高空，环绕速度只要达到7.8千米/秒也就够了；第二宇宙速度是指摆脱地球引力，飞离地球的最小初速度，理论值是11.2千米/秒；第三宇宙速度就是太阳系的逃逸速度，理论值是42.1千米/秒，但地球本身绕太阳公转就有29.8千米/秒的初速度，所以，如果沿着地球公转方向逃逸太阳系的话，只需要额外再增加12.3千米/秒的速度即可。当然，如果要非常严谨的话，称第n宇宙速率会更准确一些，因为与方向无关。根据狭义相对论，宇宙中的极限速度是光速，任何物体的运动速度都无法超过光速，这是狭义相对论的一个推论，已经经受住了非常严苛的验证。那么，刘慈欣就幻想，如果用某种方法把太阳系中的光速降低到42.1千米/秒之下，那么也就意味着，没有任何物体的运动速度可以超过太阳系的逃逸速度，自然也就无法飞离太阳系。这个构想非常有创意，虽然存在着一些物理学上的瑕疵，但并不妨碍我对这个创意的佩服。

宇宙速度这个概念，最早是出自牛顿的经典著作《自然哲学的数学原理》，牛顿在这本著作中写了一个思想实验，被后人称为“牛顿大炮”，他设想在一座高高的山顶上，放一门加农炮，然后发射炮弹，假设忽略空气阻力的影响，那么炮弹的出膛速度达到了第一宇宙速度，这颗炮弹就会成为地球的一颗卫星。如果达到第二宇宙速度，那么这颗炮弹就会飞离地球，永远回不来了。大家注意到没有，这个宇宙速度计算成立的前提条件是炮弹一旦出膛后，就不再受到任何力的作用，完全靠惯性飞行。只有在这个前提条件下，宇宙速度的概念才是成立的。而一艘宇宙飞船不是炮弹，它有引擎，是可以持续加速的，理论上只要向上的分力始终大于飞船的重量，它就能够飞离地球，哪怕速度低于第二宇宙速度。这个原理同样可以用于飞离太阳系，只要飞船相对于太阳的持续分力大于太阳对飞船的引力，那么飞船就能够飞出太阳系，哪怕速度低于第三宇宙速度。其实刘慈欣是很清楚这个原理的，在小说中，云天明就说过一个低速航天的概念，一个人通过步行，理论上完全可以摆脱地球引力，只要能够持续地向上行走即可。其实这个很好理解，假设有一架天梯的话，我们一级一级地往上走，走得再慢也总是能登上去的。但大刘在构想黑域理论的时候，不知道怎么却忘记了这一点。但光子的确无法逃离黑域，因为光子就像是炮弹，出膛后不再受力了。所以，黑域确实是全黑的，因为光子跑不出来，但是却可以有飞船飞出来。

说到这里，有些读者可能会产生一个疑惑，按这样说，那是不是只要能持续加速，我们也能从黑洞中逃出去。事实上不行的，黑洞与黑域的原理完全不同。黑洞是因为物质塌缩，密度无限大，导致时空极度扭曲，在黑洞的边界，时间都停止了，从黑洞中要穿过边界，在外部看来，就需要无限长的时间。当然也就没有东西能从黑洞中逃离出来。这也是相对论决定的。

黑域除了我说的这个问题，按照李淼老师在《〈三体〉中的物理学》的讲解，还有另外一个问题，如果光速低于第三宇宙速度，因为原子中的精细结构常数与光速有关，就会导致原子的崩溃，使得原子不复存在。或者原子必须要比现在的原子大很多很多倍才行。

最后我们来谈降维打击。在小说中，人类为了躲过黑暗森林打击，在木星的背阳面建造了巨大的太空城，把木星当作一个掩体，企图在黑暗森林的光粒打击中幸存下来。但是，弱小不是生存的障碍，傲慢才是。大神级文明轻易地就发现太阳系与三体星系不一样，用一颗光粒无法彻底毁灭这个星系，所以它们给了太阳系一片二向箔。这片小小的像纸条一样的东西，却是一种恐怖的终极武器，人类连一丝抵抗的机会都没有。因为所有的三维物体都会被二向箔变成二维平面物体，这就是所谓的降维打击。现在这个词汇已经快成了一个流行词汇了，就跟黑暗森林一样。

但如果我们要较真的话，维度却是一个非常难以说清楚的概念，甚至在物理学上它的定义都是模糊的，其常见的一个定义是指独立的时空坐标的数目。这个定义必须要辅以一些具体的说明，比如说0维表示一个没有大小的点，1维是一根无限长的线，2维是一个无限延伸的平面，3维是2维再增加一个高度构成体积，4维就是在3个空间维度上再增加一个时间维。再比如说，物体在0维上没有任何可运动的方向，在1维上，只有左右2个独立运动的方向，在2维上，有4个独立运动的方向，左右加上下，在3维上，有6个独立运动的方向，左右加上下加前后。所谓独立运动方向是相对于其他“斜着”的运动方向而言的，其他运动方向都可以看作几个独立运动方向的混合。但是到了19世纪初，数学家们又发现了分形结构，这种结构的发现，直接导致人类意识到维度不一定就是1、2、3这样的整数。这是怎么回事呢？因为从数学上来说，一个点在2维平面中的坐标可以用X、Y两个参数来标出，在3维空间中的坐标可以用X、Y、Z三个参数来标出。如果我们发现在某一种结构下，一个点既无法用2个坐标参数也无法用3个坐标参数描述，而是介于二者之间的，这就产生了分数维，一个典型的分形几何图案从数学上来说就是2.5维的，数学家们甚至还找到了无理数维度的情况。

二向箔的降维打击就是把3维中的一个维度给削去，此时所有物体的体积都变成了零，只剩下了面积。就好像一滴油在水面上化开，变成了油膜一样。那么，一个三维物体在二维上展开后，面积到底会变得多大呢？我们可不可以追问一下，假如一个人跌落到了二向箔上，会被摊成多大的一块面积呢？假设二维平面的厚度为零，那么理论上任何三维物体在二维平面上展开后，面积都会变得无限大。但量子理论却告诉我们，不可能这样，因为量子论限制了空间的最小单位，也就是普朗克尺度是我们这个宇宙中最小的空间单位。二向箔的厚度从理论上来说，不能小于10^{-35}米这个量级。这样我们就可以计算一个人被二维化后的面积了，假设我平躺在二向箔上，那么我的厚度大约是0.1米，也就是10^{-1}米，当我的厚度降低为普朗克尺度后，相当于我的面积放大了10^{34}倍。我粗略地认为自己的面积就是1平方米吧，因为我们只考虑数量级，不需要那么精确，那么，我被二维化后就变成了10^{34}平方米。这大概是100光年乘以100光年的一个大小范围吧。而整个广义太阳系的范围也不过就是4光年乘以4光年这样的一个面积范围。但如果大刘真按照我计算的这种结果来写，那就没有我们在小说中阅读到的那种震撼人心的视觉效果了。一个母亲举着婴儿跌落到二维中，成为一幅达利风格的巨画，虽然被极度扭曲了，但还是能区分出母亲和婴儿的形象，这种感觉那才叫酷。我非常喜欢大刘创造出的降维打击所展现出来的恢弘画面。

我谈《三体》的内容也就不到3万字，但是大家要知道，原著小说可是有90万字，因此，我也仅仅是从很窄的一个视角，瞄了一眼这部中国科幻界里程碑意义的作品。我所选取的这个侧面可以用刘慈欣自己的一句话来总结，那就是“科学的美感被禁锢在冷酷的方程式中，科幻小说可以把这种美从方程式中释放出来”。我想通过我的这本书，把刘慈欣释放出来的科学之美再尽量放大一些，让忙碌的你能感受到：艺术很美，科学也很美。作为一个科普作家，其实与科幻作家一样，不可能把科学知识传达得准确无误，我很清楚我的书中也一定存在知识上的瑕疵，但是，如果我的文字能像一道闪电，照亮你的好奇心，哪怕只是短短的一瞬，我也心满意足了。

可能是日本史上最好的科幻小说

《日本沉没》

在亚洲我们还有一个文化大国近邻日本，他们当然也是有科幻的。就好像美国有科幻三巨头，日本也有科幻御三家，他们是星新一、筒井康隆和小松左京。星新一被誉为日本的“极短篇之神”，一生创作了1001篇短篇小说，他没有写过长篇小说，他的科幻作品被称为“科幻的俳句”，在日本妇孺皆读，老少咸宜。筒井康隆的代表作是《穿越时空的少女》。但是，星新一和筒井康隆两个人加起来的成就还不如小松左京大，这位日本科幻小说界的宗师获得了两个绰号：一个叫“推土机”，大概是指他的科幻小说碾压、推平了之前的所有作品，或者是说他是日本科幻的拓荒者；还有一个绰号叫作“人形计算机”，这是说他智商很高，作品的严谨、数据的准确、知识的丰富就像计算机一样厉害，而小松左京的巅峰之作就是《日本沉没》。不过，日本文化有一个很特殊的现象，就是他们的动漫文化，其他国家一般都是先有小说原著，然后再会有动漫、电影、戏剧、广播剧之类的衍生产品，但是日本不一样，他们往往是反过来的。有很多著名的科幻作品，在日本都是直接从动漫开始的，甚至都没有小说，比如著名的EVA，中文译名是《新世纪福音战士》，非剧场版的动画只有26集，被誉为日本历史上最伟大的动画之一，还有《攻壳机动队》。

1964年，小松左京开始动笔写作一部史诗级的科幻鸿篇巨作，他当时设定的名字其实叫作《日本漂流》，这一写就是9年，还只完成了他自己设想中的第一部，因为出版社实在等不及了，他就拿出了已经写好的这部分，取名为《日本沉没》。谁知小说一经出版，便在日本社会引起了巨大的反响，迅速火爆，在很短的时间内就狂销400万册，然后又进军美国市场，在美国也成了畅销书。这有点儿像中国的《三体》，只是《日本沉没》没有拿到"雨果奖"，但它拿到了日本文学界的两大奖项，也就是日本推理作家协会奖和日本科幻文学"星云奖"。

《日本沉没》第一部，一共37万字，我相信很多读者都听说过。

这本书的一号男主角叫小野寺，是一个年富力强的潜艇驾驶员，供职于日本海底开发公司。小说的开始是小野寺在地铁上偶遇了老同学乡六郎，俩人攀谈了起来。乡六郎是搞铁路建设的工程师，他说最近的工作很不顺，不知道当初的地质勘探是怎么做的，在施工中他们发现实际情况与勘探报告相差很大。小野寺问到底出了什么问题，乡六郎严肃地说：错综复杂，一言难尽。他眼下不能说得太多，如果让媒体知道，那麻烦可就大了。小野寺接过乡六郎的话头，说他们最近也遇到了怪事，一个在小笠原附近的海岛一夜之间就下沉了200多米，消失得无影无踪，这在历史上从未发生过，太奇怪了。而他自己刚接到通知，需要去参与调查这次神秘的沉岛事件。

小野寺与乡六郎分手后，就前往出事地点。一同参与调查的还有地球物理专家田所博士和另外两位相关专业人士。小野寺驾驶海神号潜水艇，直接下潜到了海底8000多米的深处，在那里，世界上最大的深海海沟——日本海沟像一条巨蟒盘亘在海底，蔓延900千米，无边无际。通过照明弹，他们看到了惊人的一幕：一股来路不明、遮天蔽日般的高密度泥流正在一路狂奔，不停地翻滚着。在这深深的海底世界中，肯定正在发生着什么惊天动地的大事。田所博士禁不住冒出了冷汗。

小野寺回到东京后没多久，日本多处火山在没有任何先兆的情况下突然喷发，造成重大的人员伤亡。而且地震活动也比往年至少频繁了2倍以上。就在小野寺目睹伊豆天成山火山爆发的同时，他从广播中突然得知，前不久还在地铁上遇到的老同学乡六郎离奇自杀了。鉴于突然频发的严重地质灾害，日本政府召集了很多专家召开秘密座谈会，听取各方意见。田所博士也是受邀的专家之一，他的形象很符合小说中常见的科学怪人形象，不修边幅，性格粗暴，讲话不会婉转，处处不招人喜欢，但这样的人往往在专业领域有极高的造诣。在会议上，田所博士语出惊人，他说自己有一种预感，日本要出大事了，希望政府要有充分的思想准备。当别人问他，“你预感的根据是什么？”田所博士大声吼道：“我现在没有明确的证据，你们别问了，总之我预感很不好。”这话招致了其他专家们的一片嘲笑。只有首相冷静地问：“请问，到底怎么样才算充分？”田所博士耸耸肩说：“要把日本完全消失考虑在内。”在一片笑声中，田所博士逃离了会场。

但是，在会场中，却有一个百岁老人在静静地听着。这个神秘的老人并不认为田所博士是痴人说梦，老人叫渡边，是一个大神级的幕后大人物，他可以随便就把首相叫到府上说话。渡边私下会见了田所博士，他告诉田所，今年飞来的燕子只有往年的一百二十分之一，同样的情况也发生在洄游的鱼类身上。一个百岁老人，有着超过常人的第六感，最重要的是，这个老人不是普通人。就在这次会面的一周后，一个中年男子突然造访了田所博士的研究所。他给田所的见面礼就让博士震惊了——法国的“克尔马迪克”号潜艇，全世界最好的潜艇，潜水深度超过1万米。他请求田所博士组织一个调查队，继续调查他口中的那件大事。调查队的成员，田所可以在全日本任意点名，调查经费没有数额限制，需要多少给多少，这种手笔只有能动用国家力量的人才可能办到，田所博士当然无法拒绝。

于是，一个超豪华的调查队成立了，小野寺也被征召入队。他在被征召之前，正在了解老同学乡六郎的死因，各种线索让他觉得，乡六郎不是自杀，而是死于意外失足。他一定是在那天晚上发现了一点什么东西，以至于连夜赶往天龙川的上游去寻找证据，没想到意外身亡。小野寺带着满腹的疑团赶去与田所博士会合。

田所博士他们正在执行的就是日本政府秘密制定的D计划，这是一个高度机密的计划，由首相亲自牵头，而资金则由渡边老人提供。D计划分成两部分：D-1计划就是由田所博士领衔的海底调查计划，目的是找出最坏的可能性；而D-2计划则由首相亲自领衔，研究在最坏的情况下，日本民族该何去何从。当然，D-2计划高度依赖D-1计划的研究结论。

调查队一行驾驶着全世界最先进的潜水艇，第二次潜入深深的日本海沟，他们连续作战了17天，采集到了大量第一手资料。当所有的资料都汇总到田所博士那里后，这个科学怪人开始了仔细的分析，这一段分析文字堪比一篇硕士论文，可以当作知识含量极高的海洋地质科普文来读，作者小松左京被科幻界称为“人形计算机”，在他写作的年代，没有网络，要在小说中把科幻写得跟论文一样，那绝对不是轻易可以办得到的。

我们来欣赏几段田所博士的专业分析：

田所：“纽卡斯尔大学的兰凯从古磁气象学的角度再次提出‘大陆漂移说’的时候，就举了一个很奇怪的例子，他说将美洲大陆向西推移的大陆漂移现象是在近期——距今仅2亿年的中生代侏罗纪到白垩纪之间突然发生的，那是个什么学说？还记得吗？幸长君。”

幸长：“记得，是钱德拉塞卡模式。”

田所：“是这样的，美国的印度裔天文学家钱德拉塞卡做过一个很有趣的计算。大家再看看地球的剖面图。地球的中心部分在地幔的下面有一个像鸡蛋黄一样的东西，那是地核。现在，这个地核的大小已经超过地球直径一半以上，大约有7000千米。但是，地核在地球诞生初期应该是很小的。随着地球因自身重力产生的收缩，以及内部压力和温度的上升，地核不断变大。但是，随着地核的不断增大，其外围的地幔对流状况也会发生改变。最初，比如它是从南极上升，在北极下降这样一个大漩涡，但随着地核直径的增大，这个漩涡又从赤道开始向两极分流，使之变小。但这个变化不是连续性的，当地核的大小达到一定程度的时候，漩涡会突然被搅散，生成若干个新的小漩涡。这一点通过钱德拉塞卡的计算已经得到了证明。大约距今两亿年前时，紧紧连在一起的南、北美洲突然与欧洲、非洲呈东西向分离的原因就在于此。虽然那时大陆移动的痕迹在地质学上还没得到承认，但是，这个时期聚在一起的陆地之所以突然分割成几块，开始向四周漂移，是因为在中生代时期之前，地幔对流的漩涡很大，地幔上漂浮的陆地向一个地方集中，但突然间，漩涡的状况发生了变化，地幔内生成了许多小的漩涡，于是陆地便被分成几块，开始向四周漂移。这种解释是成立的……”

田所：“1815年，史上最大的火山——印度尼西亚松巴哇岛坦博拉火山爆发，导致56000人死亡；1883年，有名的爪哇克拉克托岛火山爆发，死亡人数达36000人，火山喷出的火山灰直达27000米高的平流层，让全世界整整3年处于火山灰的笼罩之中，地球上的日照量减少10%，它导致的冷害造成全世界范围的粮食歉收……”

田所：“另外还有一点是明确的，最近整个日本列岛所释放的能量已经远远超过它一年所存储释放的地震总能量的上限，即便是火山爆发单次的最大能量记录也不过是10^{27}尔格。而这段时间整个日本列岛释放能量的总量已超过10^{30}尔格，当然这些能量不会像强烈地震那样从一个地方释放出来，也不大会在同一时间一起爆发出来，不过我们必须注意到，这回的地震与过去相比有很大程度的不同，例如，震级8.5或8.6的地震在各个地方成并列状接连发生。这种现象以前从未有过，但是今后却绝对会发生——因为地震只不过是它的附属现象。我以为今后发生的异变将是更大规模的。而给地球带来惨烈灾难的、连续性的大地震，不过是这一现象的部分表现而已。”

幸长：“更大规模的现象是指什么？”

“最坏的情况……”田所博士咽了咽唾沫说，“这与地震造成的损害程度没有关系，最坏的情况……就是日本列岛的大部分将会沉入海底……”

田所博士的话音刚落，就发生了震惊全世界的东京大地震，这次地震达到了前所未有的强度，100多万人瞬间失去了生命，整个东京陷入瘫痪，当然，全日本也投入到了抗震救灾的行动中。这时候的日本政府已经开始意识到了事态的严重性，田所博士口中的那件事情难道真的会发生？东京大地震的救灾工作还在进行中的时候，日本的多处地方又相继发生了火山喷发和地震，整个日本列岛似乎都在摇晃。而来自欧美国家的卫星监测也表明，日本列岛的地壳活动异常。D-1计划的参与人员也迅速地扩充开来，从最初的田所博士的秘密调查队，发展到了半公开的几百人规模。在各种专家学者的集体努力下，利用当时最先进的计算机模拟分析后，一个惊人的最终结果终于摆在了日本首相面前：日本列岛将在10个月内沉没，1亿1千万日本人的生命危在旦夕。

故事讲到这里，小说才刚刚过半，后半部十几万字的小说，如果从故事的角度来说，可以说没有故事，没有悬念，更没有跌宕起伏的情节，几句话就能概括小说的剩下部分：日本政府紧急请求全世界的援助，各国都伸出了援助之手，全世界联合起来拯救日本人的生命，日本列岛在大规模的地震、火山、海啸中一点一点地下沉，最终有7500万人得救，转移到了全世界各地，成了遍及全球的难民，最终，日本列岛彻底消失在茫茫大洋中。

没有故事情节，不代表不好看，我恰恰认为下半部的小说比上半部有情节的还好看。大家请设想一下，当时已经是全世界第三大经济体的日本，1亿1千万的人口，突然说10个月后要在地球版图上被彻底抹去了。你们想想这将会发生什么，首相会怎么宣布这个消息？宣布完了人民会怎么反应？经济该如何运行？社会治安会怎样？股市会怎样？国际贸易会怎样？国内政治、国际政治又会出现怎样的博弈？那么多的日本难民要疏散到全世界各地，各个国家会怎么反应？个人、家庭、公司、军队、警察、政府，所有构成一个国家的大大小小的细胞都会做出怎样的反应？所有这一切，那是千头万绪，任何一个侧面都是史无前例的。而小松左京以惊人的毅力用了9年的时间，就像写红楼梦一样把没有真实发生过的事情写得跟真实的历史一样，既有宏大的叙事，又有分毫毕现的细节刻画，没有戏剧性，故事却胜过任何戏剧。鲁迅先生对红楼梦的评价是：正因写实，转成新鲜。红楼梦没有什么跌宕起伏的故事，全是生活中的细碎琐事，一个礼品单可以写一千个字，但是，好看。为什么？因为代入感。而《日本沉没》也是这样，这个大故事背景已经足够震撼到不需要制造任何的悬念、矛盾、戏剧冲突，只需要一笔一画细致地描写就足以打动人，足以让人代入那个即将沉没的国度。尤其是小松左京描写的日本列岛的沉没细节，简直让人叹为观止，必须要具备大量的地理、地质方面的知识，才能做到让人感觉就跟真的一样。刘慈欣之所以对《日本沉没》推崇备至，就是因为作者把未来写得比历史还真实，而这也是大刘一直追求的写作境界。

小说中几个人物的最终命运是这样的，田所博士决定与自己无比热爱的日本列岛一起沉入海底，渡边老人在日本沉没前断了气，他说出的最后一句话是："我其实不是一个纯粹的日本人，我父亲是中国人。"小野寺一直在日本列岛上坚持救援到最后一刻，最终获救。

我建议大家一定要去看原著，不去看原著，永远无法体会我刚才说的那种代入感。想要体会那种读"硬科幻"的快感，必须要读原著。

这本小说的思想性问题在评论界一直存在争议。

1975年由人民文学出版社以内部参考读物的形式在大陆地区出版了《日本沉没》的第一个中文节译本，出版这部小说的目的是为了批判"为日本一小撮军国主义势力向外侵略制造反动舆论"。我找到了当时人民文学出版社写的出版说明，很有意思：

> 《日本沉没》是日本资产阶级作家小松左京写的一部小说，1973年出版。作者采取科学幻想的手法，虚构日本列岛发生大地震后逐渐下沉，以及沉没前后国内的惶恐和国际的反应。作者利用了日本社会上对日本经济恶性膨胀、气候异变和地震频发的不安心理，宣扬日本面临"沉没"，转移人们对日本资产主义的政治、经济危机和日益尖锐的阶级矛盾的注意力，乘机鼓吹日本向外发展和移民，走经济扩张到军事扩张的道路。书中还有意歪曲我国的外交政策，恶毒诽谤我国。这部小说的出版，实际是为一小撮军国主义势力向外侵略制造反动舆论。本书分两部，第一部四十余万字，第二部尚未出版。现将第一部节译出版，供批判用。

可见，当时的评论界是把小松左京当作日本右翼作家来批判的，这部小说把日本的未来描写得如此糟糕，其用意不就是当年日本发动所谓圣战的一个理由吗？为日本国民争取一块稳定安全的陆地生存。最近这几十年，各种各样的观点也都有，有盛赞小说的，也有继续批判的。

但是，我在书中划出来做标记的句子却还有这些：

> 小小的日本，哈，区区一个国家而已，对我来说它没有任何意义。幸长君，我的概念里只有地球。在几十亿年的漫长岁月里，它从大气和海洋中滋养了无数的生物，造就了人类。尽管它本身的地表一直为自己所抚养的众多物种不断践踏，但却从未终止过对自己命运和历史的缔造。

如果你把小说中描写的地方只是看作地球上的一个孤岛，孤岛上生活的也都是跟自己一样的地球人。带着这样的心态去阅读小说，你一定会获得完全不一样的体会。这是一曲人与大自然、地球与生命的悲歌，它会让你敬畏大自然，思考一些更加宏大的主题。

有意思的是，小松左京在日本是被当作左翼作家的，最好的证据就是小说中的这段文字：“明治维新以后，日本让自己陷入了把这些最靠近自己的所有近邻树为敌人的境地。要么进行经济侵略或军事侵略，要么盲从冷战外交，成为别国的军事基地。这一切，都是在重蹈帝国主义侵略的覆辙。”

大家可能对人民文学出版社的那个出版说明中的这句话“书中还有意歪曲我国的外交政策，恶毒诽谤我国”会感到好奇，小松左京到底是怎么歪曲我国的外交政策的呢？我把书中的原文给您找出来。

主要的地方有两处，第一处地方是：

> 邦枝对中田说：“中国有回复了，到8月为止暂时可以解决两百万人……总共可以接收700万。好像还在交涉，希望能有所增加。”

中田摇了摇头说："不可能吧？不管国土有多广大，但国民平均生产总值小的国家，恐怕难以承受吧？首先粮食问题就得考虑。"

邦枝说："对方也希望接受农民，还有高技术员。"

中田问："那么，指定安置地点呢？广东省吗？"

邦枝说："不，是在长江口的崇明岛。"

"崇明岛？"中田突然仰起脸，望着空中。

"怎么啦？"

"不，我是在想，那里刚好在吴淞的对面。"

小松左京这里的意思是说中国人用了超出自己承受能力的最大善意来接收日本人。第二处地方是：

对美国来说，只有中国能作为在远东对抗苏联压力的最大"防波堤"，代替美国发挥很大部分的作用。在"文革"后的内部危机中，需要摆脱内忧的中国，向美国送去了橄榄枝。为了面临"两面作战"的中国，美国做出了减轻其中一方面正面压力的姿态。相应的，美国自己也得以转换策略，将其方向调整为：减轻在欧洲、亚洲两个正面中的一个负担。而拥有从西藏到东北地区国土的中国，是从印度到远东筑起的一道对抗来自北方压力的第一"防波堤"。

小松左京出版小说的时候是1973年，尼克松访华刚好是前一年1972年，此时中苏交恶已经五六年了，这是全世界人民都知道的事情。有懂历史和政治的朋友，不妨分析一下批判的那段话到底什么意思。

《日本沉没》一共拍摄了两部同名电影，第一部拍摄于小说出版的当年，也就是1973年，仅仅只用了4个月的时间便火速上映，获得了巨大的票房成功。1973年版的《日本沉没》相当忠实于原著小说，但是限于当时的电影制作水平，用今天的眼光去看，你当然会觉得不怎么好看，配乐像是鬼片，特效全是《恐龙特急克塞号》的玩具模型。但不要忘了那是1973年。到了2006年，这部小说再次被翻拍成电影，这部电影斥资20亿日元，动用了真正的日本海上自卫队，场面宏大，明星云集，特效逼真，是日本影坛近年来投资最大、宣传最多的影片之一，票房也是极好。只是，这次的新版对原著的改编很大，基本上只是用了小说的大故事背景和人物名称，情节基本上都改成了好莱坞式的英雄救难的套路。小野寺舍身潜入海底，引爆了超级炸弹，成功阻止了日本列岛的沉没。在电影中，日本首相、女政治家、外交官、消防队员都成了一个个英雄的化身，在这次史无前例的大灾难中，发挥了各自的作用，谱写了一曲曲感人的英雄篇章。这样的改编，自然有影片制作方的商业考虑，但与原著小说的意境就相去甚远了。所以，如果你只看过2006年版的《日本沉没》的电影，千万不要以为那就是小松左京的原著小说。

与这部小说相关的一件趣事我必须要提一下，在小说取得成功后的一次庆功宴上，大家闲聊的时候，突然提到“如果日本以外的国家都沉没了会怎样”的话题，结果当时在场的筒井康隆还真来劲了，他回去以后马上提笔创作了一部短篇小说，题目就叫作《日本以外全部沉没》。这是一部幽默讽刺小说，他描写了日本以外的国家不明原因全部都沉没，全世界的精英都成了跑到日本寄人篱下的难民，他们拼命学习日本的语言文化，整天想着如何讨好日本人。日本人则变得趾高气扬，将外国人当下等人看待。可是好景不长，2年后，日本也沉没了。结果，这篇短篇小说与《日本沉没》一起获得了1974年的日本科幻星云奖，一个是短篇奖，一个是长篇奖，同列在榜单中，堪称奇观。

我在一开始就说过，《日本沉没》只是小松左京整个写作计划中的第一部，但是第二部却迟迟没有动笔。直到2003年11月，年过古稀的小松左京决定以项目组的形式完成第二部的写作，经过大量的准备工作后，最后委托日本科幻作家俱乐部会长谷甲州执笔，历时一年完成。第二部的时空背景被设定在日本沉没的25年后。漂泊到世界各地的日本难民在与当地社会的摩擦中建立起自治团体，并努力维持着高科技和国家的存在感，而处于流亡状态的日本政府正秘密策划在日本列岛沉没区域建设能容纳100万人口的巨大人工岛，以此作为复国的基础。

小松左京2011年去世，享年80岁。

不知道大家还记不记得一开始我说新星一和筒井康隆加起来的成就还不如小松左京一个人，但是我还想告诉大家，他们三个人加起来的影响力也比不过另外一个日本作家。虽然这个作家从来不被认为是一个科幻作家，他的传世大作也并不是单纯的科幻作品，这位作家在日本文坛的地位相当于金庸在中国文坛的地位，据说平均每8个日本人就藏有一套这部作品。这就是田中芳树和他的《银河英雄传说》，它是我的思想启蒙书，没有之一。

我的征途是星辰大海

永远珍藏在我心中的《银河英雄传说》（上）

如果有人问我，在你成长的过程中，对你影响最大的一部小说是什么？我会毫不犹豫地回答：《银河英雄传说》（简称为《银英传》）。我也不怕承认，这是一个日本人写的小说。但我始终认为，《银英传》是属于世界的，它并没有日本文学的任何烙印。每次一念到“我的征途是星辰大海”这句话，我都会突然有一种莫名其妙的热血澎湃的感觉。在我20多岁到30岁出头的这10年间，《银英传》一直伴随着我，在我的电脑中、书桌上、PDA中、iPad中、手机中，凡是在能够阅读的介质上，就一定能找到这本书，我会在空闲的时候，随便翻到《银英传》的某一章，然后就津津有味地阅读起来，印象中读得最多的是外传《尤里安的伊谢尔伦日记》，走到哪里读到哪里，它是我的思想启蒙。虽然从今天的眼光来看，作者的一些政治观点略显简单，但瑕不掩瑜，我依然认为它是一本伟大的小说，特别适合大学生或者刚刚走上社会的朋友们阅读，它也会成为你的思想启蒙读物。

《银英传》是一部鸿篇巨作，正传200多万字，外传200多万字，创作时间前后长达10年之久，作者田中芳树。1982年，饱受中国古典文学熏陶的田中芳树，那年30岁整，他发表了自己的第一部长篇小说《银河英雄传说》的正传第一卷，此后，这部小说就开始以一年一到二卷的速度开始发表，每一卷都有20万字左右。与别的小说不同，田中芳树在创作正传的期间，就开始平行创作外传。所谓的外传，就是对正传情节的补充，比如在正传中可能提到一句话，某某和某某当年有过一段过节，外传就是为这段过节专门创作一个中篇甚至长篇小说。就这样，田中芳树正传、外传几乎是平行地写作，一直写到1987年，正传10卷全部完成。第二年评选日本科幻文学的最高奖星云奖时，这部小说毫无悬念地以几乎是碾压其他所有作品的票数获得最佳长篇科幻小说奖，这是日本文坛迄今无人能破的记录。《银英传》虽然披着科幻小说的外衣，但准确地说，它是一部架空历史小说，而田中芳树也凭借着这部小说成了日本架空历史小说的代表人物。这部小说在日本的总销量超过1500万册，这还是10多年前的统计数据，也就是说平均每8个日本人就有一个人买了这套书。日本人把田中芳树和金庸并称为“亚洲文坛双璧”，注意，我说的这称号是日本人提出来的。当然，田中芳树是不是能和金庸相提并论？这在网上吵得可厉害了。我的观点是——能。虽然从读者的总数来说，田中芳树当然无法和金庸相比，只要有华人的地方就有金庸小说，华人可是十几亿，日本人才是华人的十分之一都不到，比读者数量不公平。

但是我们可以从另外几个方面来对比金庸和田中芳树。我觉得他们的共同之处有四点。第一，两个人的作品都充满了厚重的历史背景。田中芳树对中国历史的了解和对中国古典文学的通透程度，绝大多数中国人都望尘莫及，他自己在《银英传》的简体中文版序中说，“我是读着《西游记》《水浒传》《三国演义》《史记》长大的”。虽然《银英传》是描写1500年后的人类世界，但里面处处都是历史的影子。第二，两个人的作品都做到了“老少咸宜”，从十几岁的孩童到80岁的老者，从走卒贩夫到大学教授，都能找到他们的读者。第三，他们都是幻想的高手，金庸创造了一个童话般的成人武侠世界，武功招数，内功心法，神妙无比。而田中芳树则栩栩如生地幻想出了从现在往后的1500年的人类历史。两个人都把幻想发挥到了极致，对细节的描写细致入微，假的东西写出来就跟真的一样。第四，两人都是人物塑造的高手，《银英传》成功地塑造了上百个角色，而且个个鲜活，个个精彩。金庸的15部小说，里面的人物就不用我多说了。仅从人物塑造的功力来考虑，他们俩是当之无愧的“东方双璧”。

不过，金庸和田中芳树也都有各自更加厉害的地方。从文学性的角度来说，金庸比田中芳树要高一个数量级，在金庸的笔下，不论是痴情男女的缠绵悱恻，还是江湖人士的钩心斗角，或者悬念的精心设计、情节的跌宕起伏、戏剧的矛盾张力，都达到了文学所能达到的最高峰。但是，在思想深刻性上，田中芳树却更胜一筹。推动金庸小说情节发展的往往是奇遇和巧合，而推动田中芳树小说发展的则是历史的必然性。金庸小说的主角总是能逢凶化吉，而田中芳树则说“英雄也会死于感冒或者刺杀”。阅读《银英传》，你必须做好充分的思想准备，不论多重要的角色，说死就死掉了，所以田中芳树在日本文坛获得了一个恐怖的绰号“刽子手田中”或者“杀人的田中”。金庸所着力刻画的是人和人的感情世界，而田中芳树写作的重点则在于政治、军事以及宗教等社会现象。所以，有人把田中芳树的小说称为“政治学的小学教材”，而我的政治思想启蒙，完全是拜《银英传》所赐。在我的前半生中，20岁的时候读了《银英传》，突然发现，自己以前是孩子，从现在开始就是成人了，我开始有了自己的思想。孩子眼中的历史和社会与成人眼中的是完全不同的。30岁的时候读了《相对论》，重塑了我对宇宙的认识，重新打开了我对这个世界孩童般的好奇心，一种叫作理性主义的思想让我获得了一次重生。刘慈欣也是银英粉，他在好多篇文章和谈话中都提到过，而在《三体2：黑暗森林》中，他还直接引用了银英主角杨威利的名言：国家兴亡，在此一战，但比起个人的权利和自由来，这些倒算不得什么，各位尽力而为就行了。（虽然并不是完全符合原文，刘慈欣大概是凭印象写的。）

整部小说的故事大体是发生在宇宙历796年到宇宙历801年这短短的5年间，如果换算成大家熟悉的公历，那么就是公元3596年到3601年，距今大约1500多年后的事情。但是大家千万不要小瞧了这短短的5年，田中芳树为了这5年的故事构建了一个完整的未来史。我之前在讲阿西莫夫的时候，也提到了阿西莫夫未来史，但是阿西莫夫的未来史与田中芳树构建的这1500多年的未来史比起来，那就粗糙得不是一星半点了。在田中芳树的未来史中，有着详细的大事记年表，虚构出来的各种“历史”大事件清晰得连毛孔都看得清。作者把银河史的介绍穿插在整部小说的正传和外传中，如果把这些银河史的文字全部摘出来的话，组成一本完整的长篇小说肯定是够的。光是小说的背景介绍就足够写一部长篇小说了，可见田中芳树构建出来的这段未来史多么完整和丰富。在讲述正传的故事前，我也必须要把小说主角登场前的银河史给大家交代一番。

公元2129年，地球统一政府终于成立了，所有大大小小的国家逐渐失去了原有的独立国家的形态，逐渐形成了一种大联邦制度。人类开始把目光投向广漠的宇宙，宇航技术开始加速发展，2253年，第一艘恒星际飞船载着人类第一支星际远征队向着太阳的近邻半人马座阿尔法星出发。到了2306年，超光速宇宙航行在理论上实现了突破，30年后，终于造出了第一艘可以使用的超光速飞船。这项重大宇航技术的突破，使得整个银河系突然就变得像地球那么大了。仅仅过了10年，第一个太阳系以外的宜居行星就被找到了，一年后，第一批人类的星际殖民拓荒团就出发了。人类历史上的第二次大航海时代到来，经过200多年的宇宙大开发，人类已经遍布在以地球为中心，半径100光年左右的空域中，全人类的人口也呈现出了爆发式的增长。于是，殖民地的人民自然而然要脱离地球政府的控制，要求独立，这种独立运动当然会遭到地球政府的镇压。以天狼星系为首的反地球军联盟与地球军开始了血腥的独立战争。但是，反地球军联盟却节节败退，残余部队退守到了隆多力那星的拉古朗市。公元2609年，“拉古朗市事件”发生，打着肃反旗号的地球军，对整个拉古朗市展开了野蛮的掠夺和屠城，在“染血之夜”的10个小时当中，遭地球军杀害的拉古朗市市民超过了90万人，而遭破坏与掠夺所产生的损失更高达150亿元。战地司令部捏造理由将绝大部分由士兵抢夺而来的金钱财物私藏起来，最后对地球的总司令部报告，在一场激战之后，终于排除了敌军的顽强抵抗，并且成功地控制了整个城市。而未能有效地阻止友军这种灭绝人性行为的库雷朗波拿起了愤怒与忧伤的笔在日记上写下了这样一段话：“人类社会中最为恶劣的一种存在，大概就是缺乏羞耻心与自制心的军队了，而我所身处的工作地却正是这种地方。”

但是不管那只残酷镇压的手如何紧密，也总会有几颗细微的沙粒由那看不见的指缝间溜过，在日后叫地球政府后悔莫及，让各个殖民星系欢欣鼓舞的事物就是由这些细微的沙粒当中衍生而出。四个名不见经传的青年在拉格朗日市的血腥屠城中幸存了下来，他们对地球军埋下了仇恨的种子，而这四个人未来将成为地球军的噩梦。

这四个人各有所长，配合默契，从最初的游击队开始逐步壮大，最终形成了战斗力强大的黑旗军。在拉古朗市事件爆发的13年后，黑旗军在第二次维加星域会战中大败地球军，从此从战略防御一举变成战略进攻。地球军兵败如山倒，最后直至退守地球，黑旗军将地球团团围住，切断了一切补给。战争的最后就是拉古朗市的悲剧以100倍的规模再度重演，无数平民饿死，6万多名地球政府的官兵在投降后依然以战犯的名义被处决。

然而，战争的结束却并没有给全人类带来和平与繁荣，四人集团开始内讧，在权力斗争的血雨腥风中，一个接一个地惨死，那些当年战功赫赫的十元帅，也全都遭到整肃，10个里面6个被处决，1个病死，1个死在狱中，仅活下来2名。四人集团的最后一名幸存者塔恩最终也逃不掉被暗杀的命运。人类社会又经历了100年的动荡不安，终于再度统一，在2801年成立了银河联邦政府，废除公元纪年，改称宇宙历元年，定都金牛座α星系的第二行星特奥里亚。

在这长达8个世纪之久的人类历史中，不断地重复着发展与停滞、和平与战乱、暴政与抵抗、服从与自立、进步与反动，而人类的发源地——地球，则像是渺小的漂流物一般，沉浮在一个名叫“遗忘”的大海中。银河的历史又翻开了新的一页。

战乱过后，人类迎来了繁荣与和平，科学与技术也随之突飞猛进，亚空间跳跃航行法、重力控制及惯性控制三大技术突破，使得人类又兴起了第三次宇宙大航海。“前进！再前进！”这是那个时代人们共通的语言。全体人类似乎正处于生命活动周期中最意气风发的时候。所有人都全神贯注、意志坚定、热情洋溢，即使面对困难时，也不会沉溺在病态的自怨自艾的情绪中。这是一个回荡着清新与进取气息的黄金时代。人类社会唯一的敌人只剩下了太空海盗而已。然而，好景不长，物质文明的极大繁荣又带来了新的问题。民主的共和政治逐渐丧失了自律能力，堕入了争权夺利的愚民政治当中。文化日渐颓废，人们开始丧失传统的价值观，沉溺在迷幻药、酒精、性滥交和神秘主义中。犯罪率节节上升，人们不再重视生命，道德观念竟沦落为众人讥笑的对象。当然，也有很多人对这种种现象感到忧心忡忡。他们不愿坐视人类在颓废末期像恐龙一样惨遭灭绝。他们认为人类社会的病情已到了非根本治疗不可的阶段了。这种想法的确没错，只是，他们之中大部分的人为了尽速治疗，并不是选择需要耐性与毅力的长期疗法，反而选择了副作用无可避免的特效药吞吃法，这帖猛药就叫作“独裁”。就是这样的环境造就了日后鲁道夫·冯·高登巴姆登场的温床。

鲁道夫军人出身，在取得了辉煌的战果后投入政界，他果敢坚毅的军人形象和“我们要恢复社会的秩序和活力”的竞选口号赢得了民心，他在选举中获胜，成了人类政府的最高领导人。然而这位万众拥戴的领导者却很快变成了绝不允许任何批评的绝对独裁者，鲁道夫解散了议会，建立银河帝国，自称为“神圣不可侵犯”的银河皇帝，高登巴姆王朝开始。同年改为帝国历元年。银河帝国皇帝鲁道夫一世，成为银河时代第一位统治人类政体的独裁君主，他具有的非凡的才干是毋庸置疑的；在他那强悍的政治领导能力及刚毅的意志贯彻之下，行政效率大幅提高，贪官污吏一扫而空。

宇宙历318年，帝国历9年，鲁道夫在独裁的道路上迈出了转折性的一步，他宣布实施“劣质遗传因子排除法”，凡是基因筛查有缺陷的胎儿一律堕胎，残疾人、穷人一律不得生养后代。这条反人性的政策当然遭到了反抗，鲁道夫又走出了第二步，成立“社会秩序维护局”，对反抗者和共和主义者实施残酷的血腥镇压。然而，嘲讽的是，鲁道夫大帝唯一的男性子嗣竟然是个先天痴呆儿。可是这件事，在正史中却没有记载，因为所有的当事人，从皇后到护士一律被处死，所有的文字记录都被销毁。不过这倒反过来证明确有其事。后来，83岁的鲁道夫大帝死于心脏病。

各个星系的叛乱四起，银河帝国进入到了战火纷飞的年代，5亿多共和主义者被杀害，更有大批的共和主义者被流放到偏远的星系。宇宙历473年，帝国历164年，被流放到牛郎星上的共和主义者，利用天然干冰制造太空船，在国父海尼森的带领下，展开被称为“长征一万光年”的逃亡行动。40万名男女在经历了50多年的宇宙远航后，终于到达了一片生机勃勃的空域，此时仅剩下16万人，海尼森也在航行途中去世。但这16万人却是一颗火种，他们尊奉海尼森为国父，把定居下来的行星取名海尼森，开始了创世纪的工作。他们自称是银河联邦政府的正统继承人，鲁道夫则是民主的无耻叛徒，就这样，自由行星同盟在远离银河帝国的银河一角成立了。

民主的火苗开始熊熊燃烧了起来，仅仅只用了不到200年的时间，自由行星同盟就迅速崛起，无数的人从帝国秘密流向同盟，呼吸民主和自由的空气。两个世界的一次偶然军事接触，让银河帝国官员们赫然发现，那些至少在一个世纪以前逃离牛郎星的奴隶们竟然还活着！于是，帝国组织了一支浩大的讨伐军，挥戈指向“叛徒的根据地”，却在达贡星域被同盟军全歼，史称为“达贡战役”，此役之后，银河帝国与自由行星同盟之间的力量此消彼长，同盟取得了与帝国能够正面抗衡的地位。从此进入了长达一个多世纪的军事对峙阶段，但有时候也有着类似和平的假象，它的产物就是“费沙自治领区”——一个夹处于两大势力之间的都市国家，属于费沙恒星的星系。名义上隶属于银河帝国皇帝的主权之下，须对帝国纳贡，但内政上则拥有完全的自主权，其中还包括对自由行星同盟的外交及通商权。

当历史的进程终于推进到了宇宙历8世纪末，帝国仍空有偌大的疆土而毫无纪律和体制可言，同盟也丧失了当初建国的理想；两国中间以费沙相隔，持续着遥遥无期的对立抗争状态。经济学者曾就三国的国力做过一个数值统计，结果银河帝国48、自由行星同盟40、费沙12形成鼎足而三的僵局。

新的银河英雄就在这样的大时代中酝酿，银河帝国和自由行星同盟各自出现了两位天才青年，在此后的5年中，他们俩之间将上演荡气回肠的巅峰对决，他们就是银河帝国的一级上将莱因哈特·冯·罗严克拉姆伯爵和自由行星同盟舰队中的一名普通参谋杨威利。他们之间的故事始于宇宙历796年，帝国历487年，莱因哈特率领2万艘宇宙舰队远征同盟军，而同盟军则以4万艘战舰迎战，双方在亚斯提星域不期而遇，一场遭遇战随即打响，史称亚斯提会战。银河的历史又将翻开新的一页。

《银英传》正传的故事总共也就是5年的时间，但在这5年之中，却上演了金戈铁马、跌宕起伏的英雄史诗，我将以一年为一个段落，给大家粗线条地勾勒故事全貌。

宇宙历796年，帝国历487年。

男1号主角莱因哈特，年仅20岁，金发碧眼，典型的日耳曼血统，没落的贵族后裔，他是全银河排名第一的美男子，也是全银河排名第二的用兵专家。他有一位姐姐叫安妮罗杰，貌美如花，在很小的时候就被皇帝看中纳为宠妾，莱因哈特也因此成为皇亲国戚，但他却因为最亲爱的姐姐被皇帝夺走而痛恨皇帝，发誓要夺回自己的姐姐。在他的身边还有一位形影不离的副官，红发青年齐格飞·吉尔艾菲斯，他自幼与莱因哈特一起长大。齐格飞不但能力出众，更重要的是对莱因哈特忠心耿耿，赴汤蹈火，万死不辞。此时的莱因哈特身为银河帝国一级上将，正意气风发地率领着2万艘宇宙战舰，远征同盟军。在亚斯提星域与同盟军的4万艘战舰正面遭遇。

我们的2号男主角杨威利，29岁，没有任何显赫的身世，他的志向原本是成为一名历史学家，由于父母双亡，家境贫寒，只得选择了免学费的军校。毕业的时候，战略课成绩全校第一，战术格斗、射击成绩全校倒数第一。杨威利有一个养子，叫尤里安·敏兹，出身于军人家庭，父亲阵亡后，成为孤儿。根据“军人子女战时福利特别法”，又称“托尔巴斯法”，他成为杨威利的养子。说是养子，其实他只比杨威利小15岁，他们是老师与学生的关系。最后我们会看到，尤里安其实是杨威利生命的延续。此时的杨威利，仅仅是亚斯提会战同盟军三个参战舰队中第二舰队旗舰上的第一参谋。

在这场会战中，同盟军的战术是企图三面包抄，前后夹击取得胜利，而莱因哈特则采用了集中优势兵力，中央突破的战术，形成局部优势兵力，以弱胜强。在战役的初期阶段，莱因哈特的战术指挥明显高于同盟军一筹，同盟军两个舰队被各个击破，溃不成军，杨威利所在的第二舰队在与帝国军的交火之初，舰队司令意外身负重伤，舰队指挥权交给了杨威利。拿到了指挥权的杨威利就好像魔术师拿到了魔术棒，刹那间化腐朽为神奇，经过一番时机恰到好处的迂回避让，竟然在帝国军后方集结完毕，给予敌军重创。莱因哈特及时下令全舰队后撤，亚斯提会战结束，同盟军保住了最后一点颜面，以9:1的损失比算是勉强击退了来敌。这场战役结束后，杨威利名震天下，“魔术师杨”和“奇迹杨”的传奇故事在银河系中广为流传，杨威利也因此正式登上了历史的舞台。而莱因哈特也意识到在银河系中终于出现了一位能与自己一较高下的用兵家，他不但没有感到沮丧，反而非常兴奋，棋逢对手的喜悦恐怕只有绝顶高手才能真正体会。

花开两朵各表一枝，我们先说杨威利这头。

亚斯提会战之后，杨威利的威名在自由行星同盟达到了空前的顶峰，街头巷尾都在传颂着他创造的奇迹。这让时任国防委员长的特留尼西特把杨威利当成了自己的竞选敌人，他现年41岁，是少壮派政治家。他对帝国持强硬立场，是个激进派。他擅长演说，煽动群众。可是在杨威利眼里，他只是一个为达到目的可以不择手段的野心家、伪君子罢了。在亚斯提会战殉国者告别式上，特留尼西特激情地演说：“各位，生命诚可贵，但是他们的牺牲却告诉我们，还有比个人的生命更重要的东西存在着。这个东西是什么呢？就是我们伟大的祖国和自由啊！他们的死是美好的，因为他们牺牲小我实践大义。他们是真正的勇士！他们都是好父亲、好儿子、好情人，他们都有过着幸福生活的权利，但是他们都放弃了这个权利，远赴沙场、誓死报国。”

政客的慷慨陈词让杨威利感到阵阵恶心。杨威利认为：“有史以来，人类的思想大体可以分为两类：有些人认为存在某些比生命更重要的东西；另一些人认为没有任何东西比生命更可贵。当人们发动战争的时候，就鼓吹前者；当人们想要停止战争的时候，就宣扬后者。于是，战争与和平就这样不断重复下去。”杨威利还说过：“我最讨厌的是把自己藏在安全的地方，然后赞美战争，强调爱国心，把别人推到战场上去，而自己在后方过着安乐生活的人。”杨威利是一个彻底淡泊名利之人，他最大的愿望是能够尽快退休，领着一份可以衣食无忧的退休金安心做他的历史研究。然而，命运却让他成为百年难遇的军事天才。

很快，杨威利晋升为少将，并成为新成立的第十三舰队的司令官，而他迎来了人生当中最重要的一位人物——美丽的女副官菲列加，日后，菲列加成为杨威利的妻子。实际上，这却是阴险的特留尼西特的一个奸计。十三舰队的编制只有正常舰队编制的一半兵力，而且基本上都是由亚斯提会战的残兵败将组成的。杨威利接到的第一个命令就是去攻打伊谢尔伦要塞。这是距离自由行星同盟最近的一个帝国要塞，同盟军在历史上六次以三倍于要塞的兵力进攻，全部惨败。现在，杨威利却要用不到敌人一半的兵力去攻打要塞，这无异于送死。这是特留尼西特下决心除掉杨威利的诡计，无论成与不成，自己都能得利。没想到的是，杨威利却漫不经心地接受了这个命令，就好像罗文接过致加西亚的一封信一般。

“魔术师杨”再次施展他的军事天才，使用类似于特洛伊木马的奇谋，兵不血刃地攻陷了帝国第一要塞——伊谢尔伦要塞。杨威利认为，拿下了伊谢尔伦之后，同盟便卡住了帝国进攻路线的咽喉，筑起了长城，从此可以松一口气了。而他最大的目的就是自己立了这么一大功，军事形势又不紧张了，自己的退休申请能得到批准。可是，军事上的巨人却是政治上的矮子，杨威利在政治上太单纯了。伊谢尔伦战役的胜利让特留尼西特竞选成功，在这个演说家的煽动下，整个自由行星同盟的人民陷入到了一种狂妄的情绪中，在自由、民主、解放的旗帜下，最高评议会通过同盟军动员三千万士兵远征帝国的方案。杨威利的第十三舰队也不得不再次随军出征。在出征前的动员会上，杨威利对所有官兵只说了一段话：“战争就快要开始了。虽不是愉快的战斗，但不打胜则毫无意义。我们已经胜券在握，请各位轻松地作战，别太勉强。这场战争只关系着国家的存亡，和个人的自由及权利相比的话，并不是什么大不了的事。”

在遥远的银河另一头，莱因哈特带着亚斯提会战的骄人战绩凯旋，被皇帝册封为元帅，得到的最大奖赏则是特许进宫与自己的亲姐姐共进晚餐。莱因哈特恭敬地单膝跪地，心里却冒着仇恨的怒火："亲弟弟见亲姐姐还要你的特许，你以特权把姐姐夺走了！佛瑞德李希四世，你之所以能坐在这个位置上，靠的不是实力，而是你的血统！现在我们的力量还不够，终有一天，我要把你从这个位置扯下来！我要你尝尝最重要的东西被夺走的滋味！"

成为帝国元帅的莱因哈特，虽然成为一人之下万人之上的帝国强权者，但这也引起了贵族以及各方政治势力的不满，在私下里，贵族们把莱因哈特称为金发小子或者黄口孺子。但是，伊谢尔伦被攻陷，同盟军大举进攻的坏消息一个接一个地传来，银河帝国的门阀贵族们也只能仰赖莱因哈特的军事才能抵御同盟的进攻。为了迎战优势兵力的同盟军，莱因哈特制定了诱敌深入的战略。在战争的初期，同盟军势如破竹，"解放"了一个又一个的星系，但是随着战线的拉长，后勤补给越来越困难，再加上每一个解放区都有需要大量物资救济的平民，同盟军的战力正在被一点一点地消耗。统合作战本部对杨威利的警告充耳不闻，沉浸在短暂虚假胜利的喜悦中。于是，莱因哈特瞅准时机，在亚姆立札星域，帝国军大获全胜，以仅为同盟军三分之二的战力取得令同盟军超过两千万人阵亡，本身仅一只舰队重创的战绩。自由行星同盟的远征军惨败，只有杨威利的舰队完整地保存了实力。

在这一年快要结束的时候，帝国发生了重大变故，皇帝驾崩，幼帝继位，莱因哈特被封为宇宙舰队总司令，幼帝沦为傀儡，莱因哈特成为帝国实际控制人。然而，此时的帝国，暗流汹涌，一股反莱因哈特的联合势力正在悄悄形成。

宇宙历796年，帝国历487年，不论是莱茵哈特或杨威利，仍无法预知自己明日的命运。

我的征途是星辰大海

永远珍藏在我心中的《银河英雄传说》（下）

宇宙历797年，帝国历488年，这是一个不平静的年份。

在银河帝国，一股反莱因哈特的势力形成，帝国的一群贵族们秘密签订了利普休达特协定，联合起来要从莱因哈特手中夺回帝国的最高权力。他们使出的第一招就是暗杀，但是行动失败，反而给了莱因哈特以绝佳的借口大肆搜捕反叛分子，贵族势力与莱因哈特矛盾激化，双方终于兵戎相见。于是，我们看到，莱因哈特挟天子以令诸侯，而贵族势力则以勤王为名讨伐莱因哈特。到底哪一边更加名正言顺，更加正义一些呢？杨威利的评论是：人类的历史上，没有所谓的“绝对的善”与“绝对的恶”之战争，有的只是主观的善与主观的善之间的争斗、正义的信念与正义的信念彼此相克罢了。在单方面的侵略战争中，发动侵略的一方都认为自己才是正义的一方，战争因而永无休止。只要人类相信神及正义，世界将永无宁日。

此时的莱因哈特，名将如云，他的身边有智慧不在主人之下，而又绝对忠诚的红发青年吉尔艾菲斯，有有着“会走路的毒药”之称的冷血参谋奥贝斯坦，“金银妖瞳”罗严塔尔和“疾风之狼”米达麦亚，他们并称为“帝国双璧”，以及“铁壁”缪拉，等等，全都是人中龙凤。而贵族方面，真正称得上用兵专家的仅有一人，那就是梅尔卡兹一级上将，他是被迫担任贵族联军的总司令的。日后他将成为杨威利的左膀右臂。

对于所谓的名将，杨威利也有一段极为深刻的见解，他认为在人类的能力当中，军事才能是属于非常奇特的种类。在不同的时代或环境下，它对社会而言毫无存在价值。在和平的时代里，也有人怀才不遇、遗憾而终；他们不像学者或艺术家，在身后还有作品可以遗芳后世。对他们来说，失败了也就没有人会再谈论他们，结果就是一切。杨威利还说：“无论是名将或是愚将，其杀人的记录是一样的。愚将杀害了自己一百万人时，名将则杀了敌人一百万人。”“兵学所存在的意义就在于以最小的牺牲换取最大的成果。残酷地说，即是如何有效地杀死自己的同类。”

贵族军队和莱因哈特的碰撞，无异于以卵击石，梅尔卡兹再厉害，也无法以一人之力抵挡莱因哈特的虎狼之师。再加上贵族们本身就各怀鬼胎，没有一个领袖，很快又产生内讧。所以贵族联军的失败是必然的。莱因哈特消灭了帝国联军后，彻底斩除了后患，为自己称帝铺平了道路。梅尔卡兹则在兵败后逃亡自由行星同盟，投靠杨威利。

然而在自由行星同盟的首都海尼森也在发生着巨变，其实这些巨变都是天才的莱因哈特为了给自己赢取消灭贵族的时间而策动的。“魔术师杨”敏锐地洞悉到了莱因哈特的计谋，可是他也只能眼睁睁地看着一切事情往坏的方向发展。

首先是自由行星同盟的几颗偏远行星发生了叛乱，统合作战本部命令杨舰队前去平叛，虽然明知有阴谋，但杨威利无法违抗军令，只得受命出征。就在此时，首都海尼森发生了军事政变，领导政变的不是别人，正是杨威利现在的副官、未来的妻子菲列加的父亲格林希尔上将，政变组织自称为“救国军事会议”，他们以革命军自称。他们的主张是政府的软弱无能才导致远征帝国的失败，应该施行更加强有力的军事化管理，提高国家的战斗力，一举消灭帝国。杨威利在他们眼中就是鸽派的代表人物，必须除去。革命军派人前去暗杀杨威利，谁知刺客却最后倒戈，被杨威利策反，反而把革命军的情报尽数透露给杨舰队。在首都海尼森星，又爆发了“广场屠杀事件”，事情的起因是由于杨威利好友的遗孀杰西卡组织了20万人和平大集会，抗议革命军的所谓革命行动，要求和平。最终由于军民冲突升级而演变成一场广场屠杀，平民死亡2万多人，震惊了全国。杰西卡也在冲突中遇难。死讯传到杨舰队，让杨威利悲痛不已，杰西卡可是和杨威利曾经迸发过纯洁感情的人啊。杨威利立即决定前往海尼森平定所谓的革命军。“广场屠杀事件”让革命军的威望瞬间崩塌，原本站在革命军一方的武装势力也都纷纷倒向了杨舰队。

奇迹杨就是奇迹杨，尽管海尼森拥有被称为“处女神的项链”的强大防御卫星，但在杨威利眼中，再强大的武器离开了人的智谋都不堪一击。果然，杨威利没有费多大力气就巧妙地利用冰块摧毁了所有防御卫星，海尼森丧失了自以为强大的防御，这也为日后的一个关键性转折埋下了伏笔。而“救国军事会议”也在这个时候起了内讧，强硬派主张以平民为人质，顽强抵抗，而菲列加的父亲格林希尔主张放弃抵抗，承认失败，他说“我们是救国不是误国”，谁知话还没说完，就惨遭枪杀，没有等到杨威利叫自己爸爸的那一天。

强硬派的头头在做最后的挣扎，试图说服杨威利，他说：“杨提督！我们的目的在于净化腐败透顶的民主共和政治，为了全体人类的幸福，将银河帝国的专制政治从这个世界上完全抹除，这个理想若不能实现，实在令人深感遗憾！”

杨威利回答说：“所谓的专制政治是什么呢？不是由市民选出的为政者，利用暴力及权力夺取了市民的自由，并进而想支配人民。也就说，尊驾们在海尼森的所作所为，便是专制的最好证明！”

革命军辩解说：“我们所追求的并不是自身的权力，掌握权力是为了一时的方便罢了，在推翻腐败的愚民政治，拯救祖国，打倒帝国之前，我们这么做只是暂时的权宜措施！”

杨问：“那么我倒要问一问，我们已经与帝国对抗了150年，仍不能打倒它，恐怕今后再花个150年也未必能将其打倒。既然如此，尊驾们仍然要稳稳坐在权力的宝座上，继续剥夺市民的自由，并主张一时的方便吗？

“政治的腐败并不是指政治家收取贿赂或以权谋私之事，那是个人的腐败而已。政治家收取贿赂，却没有人能加以批判，这才是政治的腐败。你们发布了控制言论的法规，剥夺了人民监察政府的权利，单就这一项而言，尊驾们又有什么资格批评帝国的专制政治和同盟目前的政治状况？”

革命军的头头听完杨威利的话，便叹了一口气自杀了。军事政变被杨威利平定。此时的杨威利威望达到了空前的顶峰，他如果愿意，可以轻易成为国家的最高领导人。但是杨威利却请回了自己最厌恶的政客特留尼西特，因为特留尼西特再烂，也是人民自己选出来的，杨威利尊重人民的选择。他的最大心愿依然是退休当一个历史学家。

在遥远的银河另一头，一项针对莱因哈特的暗杀行动正在秘密实施，这是反叛贵族势力最后的挣扎，这次暗杀几乎就要成功了，可是在最后关头，吉尔艾菲斯替莱因哈特挡了一枪，壮烈身亡。小说写到这里，让所有的读者全都大大吃了一惊，这个3号男主角居然在全书的五分之一处就出戏了，“杀人的田中”果然名不虚传。这个世界上没有什么不死的英雄，意外死亡是历史的组成部分。莱因哈特在极度悲痛之余，仍然不忘将这次的暗杀罪名嫁祸到国务尚书的头上，利用好友的死，除掉了最后一块权力路上的绊脚石。

宇宙历797年，帝国历488年，将人类社会一分为二的两大势力集团都因为内战及战后的收拾工作大伤元气，双方的内战都产生了胜利者。可是，胜利者是不是因而感到满足就是另外一回事了，因为在获得巨大报偿的同时，也一定会失去贵重的东西。在获得新同伴之时，背后增加的危险性也就越多。不管怎么说，一年的平稳并不是第二年无事的保证。银河帝国和自由行星同盟双方的人都隐隐觉得这一年没有经过协调的自然休战状态无疑是第二年战火开启的前兆，而这就更让人感到惶惶不安。这一年，莱因哈特·冯·罗严克拉姆21岁，杨威利30岁。两人都正值未来多于过去的年龄。

宇宙历798年，这是一个不平静的年份。

平定政变，回到伊谢尔伦要塞驻守的杨威利突然接到来自最高层的命令，要求返回首都出席审查会，尽管所有人都觉得这个命令很奇怪，但杨威利不得不奉命回都，仅仅带上了副官菲列加和一名贴身保镖。在旅途中，他开始了写作：

> 门阀贵族支配下的银河帝国旧体制，不仅是自由行星同盟的大敌，同时也是银河帝国被支配阶级平民的公敌。因此，打倒门阀贵族后在现阶段稳然确立的莱因哈特·冯·罗严克拉姆新体制，广获平民支持。急速强大的罗严克拉姆新体制及其施政内容，也与鲁道夫·冯·高登巴姆的独裁体制形成强烈的对比。高登巴姆体制高举民主的大旗而成立，却形成了最反民主的专制政权；罗严克拉姆体制以不民主的手段成立，却交出了漂亮的民主施政成绩。

然而，生性懒散的杨威利很快就沉溺在读书、午睡和立体西洋棋中了，把著作丢到了一边。一抵达海尼森，杨威利就遭到软禁，他才发现，哪里是“出席”什么审查会，分明就是接受审查。这又是老政客特留尼西特亲手导演的一出闹剧。对杨威利的审查围绕着几个核心问题：为什么要摧毁海尼森的所有防御卫星？为什么要重用政变首领的女儿？为什么要离开随时有可能遭到帝国进攻的伊谢尔伦要塞？等等，都是些鸡蛋里面挑骨头的问题，甚至，他们追问杨威利："你是不是说过'国家的兴亡与个人的自由和权利相比，根本不值一文'这样的反动言论？"

杨威利反驳说："国家是由人组成的。没有国家，人照样能生活，但没有人，国家则只是一个空泛名词而已。人和国家，哪个是本？哪个是末？哪个更加重要？不是很清楚了吗？国家灭亡了，只要再建造就可以了，曾经一度灭亡却又复兴的国家，历史上比比皆是。国家的灭亡总是一场悲剧，流血在所难免。甚至，为了将不值得守护的国家自无可避免的灭亡中拯救出来，牺牲了许多人的性命，而当这些牺牲的报酬率等于零时，便变成了极端深刻荒谬的闹剧了。只有当国家的存在和个人的自由和权利没有严重抵触时，国家的存在才有其意义。反之，失去存在价值的国家嫉恨值得生存的人们，往往将他们一同带往地狱。拿那些最高权力者来说，无数的死者高喊着他们的名字仆倒在战场上，而将此情此景抛诸脑后、投身敌国晋升贵族，过着优越生活的人，更是大有人在，历史上国家的最高负责人战死前线的例子，古今有几人？"

杨威利的言论激怒了审查会的一帮政客，他们对杨威利的攻击也越发变本加厉。审查会眼看着就要以莫须有的罪名指控杨威利了，谁知，远在伊谢尔伦要塞的一声警报救了杨威利。原来，帝国军将一座称为秃鹰之城的太空要塞改造成了一艘会移动的战舰，企图以要塞对要塞的方式夺取伊谢尔伦要塞。放眼全同盟，能够有实力对抗帝国军的，也就剩下了杨威利一人。特留尼西特没有办法，只好放虎归山。

杨威利重掌军权，迅速组织力量，巧妙地阻止了秃鹰之城撞向伊谢尔伦，化解了这次危机。然而，这只不过是帝国军大举进攻同盟的前奏而已。

在银河帝国的首都奥丁，贵族势力的残党依然没有被彻底消灭，在费沙自治领的策划下，他们又实施了一次秘密行动，那就是将7岁的傀儡幼帝从皇宫中秘密绑架，当然，他们自己是说从帝国宰相莱因哈特的手中营救出来。这次行动很轻易地获得了成功，一行人带着7岁的幼帝成功地逃亡到了自由行星同盟。在同盟一干激进政客的协助下，成立了“银河帝国正统政府”。这一切都正中莱因哈特的下怀，他立即宣布帝位由8个月大的女婴继承，同时，以绑架幼帝为由正式向同盟国宣战，取得了全帝国人民的支持。莱因哈特亲自给这次作战取名为“诸神的黄昏”战役。这次战役的关键性一步，就是以费沙参与诱拐帝国皇帝为名，派“疾风之狼”米达麦亚强行占领了费沙。

在银河系的星图上，从帝国前往同盟，只有两条航道，一条航道的节点是伊谢尔伦要塞，另一条航道的节点就是费沙。在费沙是中立国之前，伊谢尔伦具有独一无二的军事战略地位，但是，费沙被帝国占领后，伊谢尔伦丧失了战略价值。

宇宙历798年，也就是帝国历的489年，就在这样一个混沌不明的局势下渡过了。在这段时间，有多少人能搞清楚自己该做什么事？又有多少人能了解自己在这段历史中所占有的地位呢？全体人类共400亿人，其中有这种觉悟的人大概没几个吧！目前，“莱因哈特皇帝万岁”的呼声已响彻了全宇宙，有人认为这是好兆头，也有人认为这是凶兆，到底谁对谁错，就只有等待时间来证明了。

宇宙历799年，当然也不是一个平静的年份，这是一个战争年。同盟军与帝国军的最后决战打响了。

莱因哈特制定了“双头蛇”作战计划，一头从费沙进攻，一头仍然从伊谢尔伦进攻。杨威利审时度势，毅然决定放弃伊谢尔伦要塞，退守后方。同盟军则将已退休的名将比克古重新征召，升为元帅，率领同盟舰队迎战帝国军。比克古和杨威利私交甚好，俩人密切配合，由比克古率领的主力舰队正面阻击帝国军，而杨威利则负责打击帝国军的补给舰队。不久，兰提马利欧星域会战爆发，帝国与同盟的大规模正面战斗终于打响，虽然杨威利成功地击破了帝国的补给舰队，但是比克古的主力舰队终因寡不敌众而战败。杨威利接过比克古的帅旗，成为同盟军的元帅、最高指挥官。虽然同盟军的残余舰队已经没剩下多少，而且官兵疲惫，战斗力极其有限，但到了“魔术师杨”的手里，依然化腐朽为神奇。杨威利率领着舰队声东击西，以运动战、游击战的方式，神出鬼没，集中优势兵力各个击破，帝国的名将们一个接一个地败于杨威利的手上，杨威利的大名令帝国军闻风丧胆。在杨威利的周围，用兵专家梅尔卡兹、亚典波罗、费雪，空战大师波布兰，特种作战专家、蔷薇骑士队长先寇布，舰队调度专家姆莱，后勤总管卡介伦等也都是精英中的精英，他们在杨威利的指挥下，不断地创造一次又一次的经典战斗，共同谱写了一曲壮丽的银河英雄传说。经过一番艰苦卓绝的战斗，杨舰队终于在巴米利恩星域咬上了莱因哈特的旗舰，所谓擒贼先擒王，杨威利深知要在这场以小博大的战斗中获胜，唯一的方法就是直捣黄龙，拿下莱因哈特。

于是，全银河排名第一的用兵家与排名第二的用兵家时隔3年再度交手，自然会有一番好戏上演。然而，第二终究是第二，第一依然是第一，在几番你来我往的短兵相接中，双方都付出了巨大的代价，但在战斗的最后，杨舰队终于包围了莱因哈特的旗舰“伯伦希尔号”，只要杨威利一声令下，万炮齐发，莱因哈特将永远从宇宙中消失。就在这千钧一发的关键时刻，一封超光速电报发到了杨威利的旗舰，远在海尼森的同盟最高评议会下令杨威利停止进攻。原来，米达麦亚此时已经攻克了同盟的首都海尼森，同盟政府中那些大大小小的政客们的小命全都落到了米达麦亚的手中。

当命令抵达杨舰队时，杀红了眼的先寇布说：“请您别管政府的无理命令，下令全面攻击。如此一来，您就可以掌握三件事——莱因哈特·冯·罗严克拉姆公爵的性命、银河系宇宙及未来的历史！请您下决心吧！只有您照这条路走下去，才能让历史走上正轨！”

杨威利沉默了一小会而儿，便轻描淡写地说：“嗯，是有这条路可走。可是，对我来说，这件衣服好像不太合我的身。格林希尔少校，麻烦你传令下去，全军后退。”

关于这场会战的胜利者到底是帝国军，还是同盟军，战史学家们的见解分歧，无法统一。

主张同盟军胜利的人阐述了以下的理由：“在巴米利恩会战中，同盟军总司令官杨威利的战术指挥往往凌驾在帝国军总司令官莱因哈特之上。在开始的阶段，两者平分秋色，莱因哈特的机动性纵深阵看来似乎奏功了，但是一旦崩溃后，战事的主导权就牢牢握在杨的手中了，如果不是先有缪拉的提前抵达，后又出现在敌人胁迫之下的同盟政府下令强制停战的意外情况，历史应该就会明白地记载着杨是完全的胜利者。”

另一方面，倡言帝国军胜利的人提出这样的反驳：“在巴米利恩星域的战斗，只是在征服自由行星同盟及统一全宇宙的目的之下，莱因哈特所构想而展开的壮大战略中的一个小环节而已。将敌人的主力牵制在战场上，再以奇兵突袭敌人的首都使其降伏的手段是自古以来即有的高明战法，所以对于个别战役的失利是没必要感到羞耻的。帝国军已达到战略的目的，而同盟军阻止失效，到底是谁获得胜利？只要排除无谓的军事浪漫主义，正视结果，就可以得到回答了。”

此外，还有想夸示自己公正性的人说：“在战场上，同盟军是胜利者；在战场外，帝国军赢了。”“在战略上，帝国军是赢家；在战术上，同盟军胜了。”

就在同盟与帝国和谈的同时，杨威利与莱因哈特进行了历史上唯一的一次会面。莱因哈特自然要邀请杨威利加盟帝国，并同样给予元帅的待遇。可杨威利拒绝了：“如果我生在帝国，自然会投奔麾下，可是我们是喝着不同的水长大的。”莱因哈特问：“民主主义真有这么好吗？那么，对于当年银河联邦所标榜的民主共和政治却生出了鲁道夫这样丑陋的畸形儿一事，你又怎么说呢？”杨无语。“而且，把你所挚爱的自由行星同盟低头屈膝交到我手上的就是由多数的同盟国民按照自己的意志所选出来的元首。难道所谓的民主共和政治就是全体人民依据自由意志贬低自己本身价值和逃避责任的制度及精神的政体？”

说到这里，杨不得不反驳了：“对不起，依照阁下的说法，让我觉得就像是因有火灾而否定的火的价值一样。”

莱因哈特说：“专制政治不也一样吗？我们不能因为偶尔出了一个暴君就否定了这种具有领导性和纪律性的政治制度的价值呀！”

杨威利说：“我可以加以否定。因为能够侵害人民权利的不在于别人而只在人民本身。换句话说，当人民把政权交付给鲁道夫，或者更微不足道的特留尼这类人的时候，责任确实是在全体人民身上，他们责无旁贷。而最重要的就在这一点上，所谓专制政治之罪就是人民把政治的害处归结到他人身上，和这种罪恶比起来，100个明君的善政之功就显得渺小多了，更何况，像阁下您这么英明的君主是难得出现的，所以功过自然就很明显了。”

他们的会面结束后没多久，莱因哈特首次踏上了同盟国的心脏——首都海尼森，与同盟签订了巴拉特和约。说是一份和约，实际上就是一份城下之盟，除了允许同盟在名义上还保持独立外，不允许同盟拥有任何太空武装力量，所有的舰队都必须销毁。特留尼西特下台。银河正统政府自然也跟着垮台。杨威利和他的那些大将们基本上都退役了，杨威利与菲列加结婚，提早过上了幸福的退休生活。那真的是一段短暂的幸福生活。

此时的莱因哈特，顺应民心，废除了高登巴姆王朝的最后一位婴儿皇帝，开创了罗严克拉姆王朝，帝国历490年改称为新帝国历元年。整个银河系沉浸在“皇帝万岁”的欢呼声中。小说写到这里，只不过刚刚一半而已。英雄们并没有真正谢幕。

退休在家和菲列加度蜜月的杨威利似乎早有先见之明，他用战死者的名单掩护了梅尔卡兹等一干战将，让他们悄悄地藏身于银河系的一角，并且交给他们一个秘密任务，悄悄抢夺正在被销毁中的同盟国战舰。

对于同盟现任的当权者来说，杨威利在他们眼中成了一个怪胎，因为杨威利拥有他们难以企及的威望，但又拒绝与现任政府合作，甚至还带着蔑视。当权者们对杨的憎恨与日俱增，终于让他们抓到了杨威利与梅尔卡兹有联络的所谓罪证，他们以妨碍和平法逮捕了杨威利，并且密谋杀害杨威利。

在危急时刻，菲列加联络上了杨威利的旧部，当年让帝国军威风丧胆的蔷薇骑士连队的成员，在先寇布的带领下，从海尼森的各个角落汇聚到了一起，退役中将亚典波罗也重出江湖。在这些身经百战的战士面前，政府的警察就像是儿童，他们很快便以武力解救了他们心中崇敬和爱戴的杨元帅。

昔日的黄金战士们又有了统帅，此时的杨威利尽管很不情愿，但他也明白开弓没有回头箭，不想死，就只能占山为王了。此时的梅尔卡兹已经有了1000艘战舰，正在秘密基地恭候杨元帅的到来。杨舰队再次出现在银河系中，当这个消息在自由行星同盟传开后，得到了热烈的响应，马上就有行星宣布独立，恭迎杨舰队。

消息传到帝国，此时的帝国已经将首都从奥丁迁到了费沙，莱因哈特随即发动第二次“诸神的黄昏”战役，这一次，他要彻底消灭所有不臣服罗严克拉姆王朝的大小诸神，真正统一全银河。

宇宙历799年，新帝国历元年，银河系经历了短暂的宁静之后，战火再次燃起，银河英雄们的传说再次回荡在银河系的各个角落。

最后2年的情况给没有阅读过小说的读者们留下最后一份阅读的乐趣，如果你愿意去阅读原著的话，你一定会有收获。

整部《银英传》塑造的人物多如牛毛，光是可圈可点的人物就有上百名之多，以至于田中芳树需要一个专门的粉丝团来帮他给人物起名字。因为作者坚持每一个人物的名字都要有典故，与他们在小说中的形象找到历史对应，所以，几乎每一个人物都有鲜明的特点，都有可以挖掘的内涵，仅就人物的塑造能力而言，金庸和田中芳树是当之无愧的东方双璧。在这部架构宏大的史诗中，喜欢军事的人能读到军事，喜欢历史的人读到历史，喜欢政治的人读到政治，喜欢爱情的人也能读到爱情，喜欢科幻的人当然也能享受到科幻的魅力，总之，它包含的东西实在是太多了。我再次为了着重刻画主线，有意地忽略掉了费沙的戏份。实际上，《银英传》也被称为太空版三国演义，费沙和他的自治领主鲁宾斯基在小说中也有相当多的戏份和看点。

如果让我来对《银英传》做一个一句话总结的话，我觉得应该是田中芳树为我们展示了一个最坏的民主政府和一个最好的专制政府的故事，虽然小说是以专制政权战胜了民主政权结束，可是全书最后的一句话却耐人寻味：

传说结束了，历史才刚开始。

我相信，田中芳树没有说完的话是，罗严克拉姆王朝的历史无非又将是高登巴姆王朝的再一次循环。就像杨威利说的：世事盛衰无常，再强大的国家也终有灭亡的一天；再伟大的英雄一旦权力在握，日后必定腐化堕落。

假如《银英传》按照真实的自然规律来写，会出现什么情况？

首先声明一下，《银英传》中的星际战舰是超光速的，但是超光速在我们目前已知的物理法则下面是不被允许的，或者说如果超光速，那么就不可避免地会出现逻辑上的悖论，以及因果律被破坏后的悖论，而这些悖论在科学界依然属于最前沿的争议领域，并且，以人类目前可以预见到的未来，我们在技术上也几乎无法验证有关这些悖论的可能解释。所以，讨论超光速实际上并没有多大现实意义，也说不出什么比较确切的结论来，因此我们不讨论超光速下的银河帝国，只讨论无限接近光速下的情形。

第一，在《银英传》这样的世界设定下，星际间的战争都是发生在以光年为基本单位的尺度上，那么，两个人的年龄再也无法处于一种稳定的状态了。假如米达麦亚和罗严塔尔奉命去星际空间打击海盗，这两人指挥着各自的战舰出发了。由于战事激烈，他们在广袤的太空中作战，经常要变换自己飞船的速度，而且偶尔能刚好在太空中会合一下，互相见见面。于是在这些日子里，他们会对每次见面相隔的时间产生截然不同的意见，米达麦亚觉得隔了好几个月才遇上罗严塔尔，而罗严塔尔却说他们昨天才刚刚见过面呀。下一次见面的时候，米达麦亚觉得也就过了不到一个礼拜，但是罗严塔尔却坚持声称至少已过去了三个月。这哥俩每见一次面就争吵一次。他们都得特别小心地控制自己飞船的速度，万一速度太快了，等他们回到帝都奥丁的时候，他们的司令官莱因哈特都过世很多年了。

第二，假如真要建立银河帝国，那么必须建立宇宙历、宇宙标准时和统一的时空坐标参照系。不过我这里说的宇宙历可不是像田中芳树在小说中描写的那样轻描淡写，只需要一句话，改公元历为宇宙历元年。真实的情况哪有这么简单，在技术操作上，可要复杂得很啊。好在咱们的银河系有一个好处，那就是所有的恒星基本处在相对静止的状态。我们地球和奥丁星之间的相对运动速度应该是很小的，并且我们不妨假设人在奥丁星和在地球上所受到的引力大小基本相当。这个应当好理解，人类不会习惯在一个能使自己体重突然增加好几倍或者轻好几倍的地方长期生活，总还是要在一个人能基本适应的范围内，而这个引力大小对于时空弯曲程度来说是可以忽略不计的。

所以，如果真到了那个在奥丁星殖民的时代，地奥联邦政府需要这样来定义时间：首先把地球和奥丁星看成是一个大的参考系，这个参考系跨越了50光年的时空，然后在这50光年的范围内建立时空坐标。以新的宇宙历法规则通过的那天零时为宇宙历元年，仍以一个地球日和一个地球年作为宇宙历法的标准日和标准年，在银河纪元元年的零时零分启动一只精心调快过的原子钟，然后把这只原子钟放上星际飞船，以接近光速的速度带到奥丁星，到达以后再把原子钟的频率调节成跟在地球上时一样。于是我们会看到，在奥丁星上的宇宙历生效的那个时刻，原子钟显示的时间可能已经是：宇宙历50年2月21日9时13分10秒。因此，奥丁星上的宇宙标准历和标准时的时间是直接从50年后开始的，而不是像地球一样从元年开始，当然，奥丁星上的人必然还是要根据自己星球的自转和公转日期（奥丁星不一定有卫星，所以可能没有月份的概念）制定自己的地方时，以便生活。

所以，奥丁星上的手表一般都必须显示两个时间，一个是标准宇宙历的时间，一个是奥丁历的时间。这些手表还得有一个特殊功能，那就是登上星际飞船后，可以根据星际飞船的飞行速度调节手表的频率，飞得越快，表的频率就得跟着调得越高。

假想一下，你在星际飞船上看着时间飞快地跳动，一年一年就在你的眼前像走马灯一样地流逝，你会产生一种什么样的感觉呢？最要命的是，这些走马灯般流逝的时间并不是幻觉，而是实实在在地发生在地球和奥丁星上的真实的时间流逝。地奥联邦政府还有一条不得不颁布的法令，那就是所有的星际飞船上的时间频率调快的行为都必须全部详细记录在案，调快频率后流逝的时间不能算作年龄的增长。如果不颁布这条法令，那么这个世界的伦理就要彻底混乱了，人们再也搞不清楚谁比谁年龄大了。

第三，前往地球以外的行星移民，就意味着彻底与原来的世界告别。对于那些要登上星际飞船的人来说，他们必须要做好十足的心理准备，因为登上飞船的那个时刻就是他们真正告别过去、奔向未来的时刻。星际飞船是一艘真正的时间机器，只不过这部时间机器只能把人带向未来而无法返回过去。一旦登上了星际飞船，那么过去的一切就将过去，对于亲朋好友来说，你死了，而对你自己来说，亲朋好友们死了，因为你们此生再也不可能相见了。当亲朋好友们向你挥手道别，看着你登上星际飞船，那就跟看着你走入棺材是一模一样的心情。前不久上映的好莱坞电影《太空旅客》就真实地反映了这种移民的性质，女主人公在离开地球的时候，和以前的亲朋好友就是真正的生离死别。而这种移民商业飞船上的工作人员，要么就全家人一起生活在飞船上，要么就干脆不能有家庭，因为这种星际间的移民，时间都是以百年来计算的，假如两颗行星之间的距离是50光年，那么这两颗行星之间的时间隔阂就至少是50年，无论飞船的速度能达到多少，无论是冬眠还是不冬眠，对于登上飞船的移民来说，他们至少要在时间上跨越50年才能到达新世界，自己的年龄可以不增加，或者增加得很少，但是出发地的世界至少要过去50年以上。在地球上可以有跨国公司，但是在银河帝国时代，不太可能出现跨恒星系公司，因为派人出一趟差回来，100年过去了，有几个公司能活得这么久，有什么样的业务可以滞后100年呢？

第四，在银河帝国中，是绝对无法建立起殖民统治的，所有的行星与行星之间一定是完全独立，各自演化，谁也不可能干涉谁。因为光速是我们这个宇宙中信息和能量传递的极限速度。一个通讯的来回都需要几十年甚至上百年，在这样的情况下，谈什么殖民统治，那都是瞎扯了。

最后的结论就是，永远也不可能建立起所谓的银河帝国，这是上帝为我们设定下的自然法则，在本宇宙中无法突破。如果有人说，从前人们坚信的很多物理定律现在被证明是错误的，我只能表示你的科学精神还不够，我们已知的宇宙规律，已经被严苛实验证实的宇宙规律，无论时代怎么发展，在相同的适用范围内，永远都是适用的。新的理论必须兼容旧的理论。旧理论在现有的观测精度下做出的结论不会因为新理论的出现而改变。

无冕之王丹·布朗和他的《骗局》

2003年，在美国，一位名不见经传的作家出版了一本小说，作家和出版商都没有太当回事，因为这位作家之前三本小说的销量都没有超过1万册，这是一个很穷但很执着的职业作家，这已经是他辞去工作专心写作的第7个年头了，这一年，他39岁，快进入到不惑的年龄。然而上帝狠狠奖赏了这位执着而勤奋的作家，小说2003年一出版随即登上《纽约时报》畅销书排行榜第一名，成为一匹绝对的黑马。随后小说的销量一再冲高，而且被翻译成几十种语言，在全球热卖，很快就成为有史以来最畅销的小说之一。更加令他想不到的是，他早年写的另外三部原本无人问津的小说也突然被世人发现，跟着热卖。到了第二年，也就是2004年，他的四部小说同时进入《纽约时报》最畅销书排行榜，蔚为奇观，历史上没有哪一位作家能获得这样的成功。2005年，他被《时代》杂志列入年度百大最有影响力的人，《福布斯》杂志将他评选为2005年百大名流第12名，那一年他光卖书的收入就达到7600万美元。这个作家叫丹·布朗，而那本让他一夜成名的小说就是《达·芬奇密码》。但我今天要给大家讲的却是他在《达·芬奇密码》之前写的一部小说《骗局》。

我是在2003年国内一出版《达·芬奇密码》时就慕名买了这本书，还记得刚好是我出一趟远差的前一天，我用了来回坐飞机的时间阅读完了这本书，觉得实在是太过瘾了，从此我迷上了这位知识丰富的学者型作家丹·布朗。此后，他每一部作品的中译本一出来，我都是第一时间必买必看，而且每本书都至少看过两遍。丹·布朗的产量很低，从1998年到现在，20多年了，他也就出版了6本长篇小说，分别是：1998年的《数字城堡》，一本准科幻小说，讲述与加密和解密有关的故事，可以当科普书来阅读，知识含量巨大；2000年的《天使与魔鬼》，以反物质为基础题材的科幻悬疑小说，也是《达·芬奇密码》的前传，罗伯特·兰登首次出场的小说，小说对位于日内瓦的欧洲核子研究中心（CERN）有着细致的描写；2001年的《骗局》，就是我今天要给大家重点介绍的作品，在我看来，这是一部“科普型的惊险悬疑科幻大片级小说”，对天文物理爱好者来说，实在是太对胃口了；2003年的《达·芬奇密码》，我相信即便没有看过小说原著，也应该看过汤姆·汉克斯主演的好莱坞同名大片；2009的《失落的秘符》，罗伯特·兰登再次揭开共济会的惊天秘密；2013年的《地狱》依然是“兰登”系列，这次教授所要面临的危机则是超级病毒，这部小说也能算是一部准科幻小说。这样一共是6本小说。我在丹·布朗的官方网站上查到，即将出版的“罗伯特·兰登”系列的第五部小说，英文名叫作《*Origin*》，就是起源、出身的意思，在数学中则是原点的意思。

丹·布朗年轻时的梦想是成为一名音乐人，他大学毕业后搬到好莱坞追求创作歌手和钢琴家的人生梦想，也出过唱片，可惜卖不掉几张。在好莱坞漂了2年实在没什么建树，只好回到老家当起了老师，业余时间继续搞他的音乐创作。1994年，丹·布朗在度假途中看完一本与密码学有关的小说后，认为自己能写得更好，于是开始创作自己的第一部小说《数字城堡》，从此彻底爱上了写作，但是第一部小说完成后连出版商也找不到。执着的丹·布朗在1996年干脆辞掉了工作，全身心投入写作。在这之后的7年中，他又创作了3部小说，直到2003年凭借着《达·芬奇密码》一举成名，看来，酒香也是怕巷子深，他的另外3部小说其实都非常优秀，每一部小说都足以让他成为畅销书作家，然而丹·布朗却苦等了7年，终于大器晚成，另外3部小说被世界重新发现。但是奇怪的是，丹布朗的6部小说虽然在商业上取得了无比巨大的成功，但是竟然没有获得任何一个文学奖项。但丹·布朗依旧是无冕之王。

好了，我们这就开始讲《骗局》的故事。我尽量把科普知识融入我下面的故事当中。

小说中出现了两个重要的机构，一个是美国国家航空航天局（NASA）。这个机构我想大家都已经听到耳朵起茧子了，它是美国联邦政府的一个独立机构，归美国总统直接领导，与军方和美国的情报机构没有任何隶属关系。它负责制定、实施美国的民用太空计划（实际上NASA也承担过一些军用航天的项目）、开展太空科学的研究。1958年7月29日，美国总统艾森豪威尔签署了《美国公共法案85-568》，创立了美国国家航空航天局，取代了其前身美国国家航空咨询委员会（NACA），于1958年10月开始运作。自此美国宇航局负责了美国的太空探索，例如登月的“阿波罗计划”、太空实验室，以及随后的航天飞机。自2006年2月，NASA的愿景是“开拓未来的太空探索、科学发现及航空研究”，NASA的使命是“理解并保护我们赖以生存的行星；探索宇宙，找到地球以外的生命；启示我们的下一代去探索宇宙”（注意：找到地球外的生命这一条，与小说很有关系）。

小说中出现的另一个机构是美国国家侦查局，简称为国侦局（NRO），这可能对大多数读者来说是很陌生的一个名词，不像美国的中央情报局（CIA）、联邦调查局（FBI）那样是影视剧中的大热门。其实，国侦局也是美国的16个情报机构之一，负责为美国政府设计、组装并发射侦察卫星，协调、收集和分析从航天飞机、卫星收集到的情报。国侦局归美国国防部领导。这个机构非常神秘，它的任务往往都是高度机密的。实际上，这个机构1961年就成立了，但是一直要到1992年，美国国防部才对外证实了它的存在。

故事的主角叫作雷切尔，她有两个身份：第一，她是正在狂热准备竞选美国总统的参议员塞克斯顿的女儿；第二，她是国家侦查局的一名数据分析师。雷切尔的母亲3年前死于一场车祸，而她非常讨厌自己的父亲，虽然这位参议员在公众中有着良好的形象，竞选呼声很高，可是在雷切尔看来，他不是一个好丈夫、好父亲，他就是一个虚伪的政客，不但每天戴着面具生活，说起慌来就跟吃白菜一样轻松，而且这个父亲还和自己的女秘书有不正当关系。而参议员对自己的女儿也很不满，因为女儿在国侦局工作，等于就是在间接地受雇于总统，为总统服务，参议员认为这对他的竞选是个不利因素，虽然他努力地想说服女儿回到自己的阵营来，可惜只能得到女儿的怒视。

这天早上，雷切尔接到局长皮克林的紧急召唤，当她急匆匆地赶到国侦局的总部后，局长告诉她："真正要见你的人不是我，而是美利坚合众国的总统先生，而且是马上。"雷切尔大为吃惊："自己是总统竞选对手的女儿，为什么总统要见我？"雷切尔看着局长，局长是个好人，更是一个老江湖。局长像父亲一样对雷切尔说："我怀疑总统想利用你的身份打击他的竞选对手，你不要答应总统的任何请求，一旦你发现总统有任何阴谋，立即打电话给我，我会帮助你摆脱困境。"望着局长坚定和慈爱的眼神，雷切尔安心多了。

在空军一号上，雷切尔见到了总统。这是一位和蔼可亲的老人，他亲切地对雷切尔说："我需要你帮我一个忙。"雷切尔说："先生您已经赢得了我的选票。"总统说："不，我需要你以一种非比寻常的方式来帮助我。"在雷切尔的诧异中，总统接着说："NASA刚刚做出了一个震撼全球的大发现，它证明了美国人花在航天上的每一分钱都是值得的，我想让你成为这个大发现的见证人之一。"

雷切尔明白了，总统和父亲的选战正进入白热化的状态，而总统正处在下风。因为总统坚定地支持NASA，一直在不断地超预算给NASA输血，而NASA的表现却糟糕至极，发射失败、程序失灵、卫星故障等等。参议员抓住这一点不放，他激烈地抨击总统把原本可以用在教育上的经费都拨给了不争气的、没有半点实用价值的太空垃圾。选民们把对NASA的不满都发泄到了总统头上。这个时候，NASA的重大发现无疑是给总统最好的一剂强心针。

不过，雷切尔揶揄说："您不会是想告诉我，他们和外星人接触了吧？"总统笑着摇了摇头。得知国家航空航天局并没有铤而走险地试着用一个外星人的故事来蒙总统，雷切尔松了口气。情报界人人都知道，那些有人看到飞碟和被外星人绑架之类的事件，都只是人们的丰富想象或者某些人设下的捞钱骗局。当确实有人拿出不明飞行物的真实照片为证时，奇怪的是，不明飞行物总是出现在试飞机密飞行器的美军空军基地附近。当洛克希德公司开始试飞一种全新的隐形飞机时，爱德华兹空军基地附近出现UFO的次数增加了15倍。为了给外星人的新闻报道火上浇油，情报界秘密地将罗斯威尔事件掩盖起来，开始精心编制所谓的"泄密"故事，其实这是在暗中自己制造与外星人接触的谣言。于是，从那时候起，每次平民百姓误以为自己发现了一种先进的美国军用飞机时，情报界就可以故伎重演：那是外星人的飞船。飞碟成了美国军方最好的新型飞机遮光布。因为让全世界读到人类又一次看到飞碟的报道要比让人们知道美国军事部队真正的飞行能力明显可取得多。

NASA的重大发现是什么呢？总统却并没有直接告诉雷切尔答案，而是把她送上了一架F-14战机。战斗机载着雷切尔一直朝北飞，竟然直接飞到了北极，在一片茫茫的冰原上降落了。这是北半球面积最大的浮冰——米尔恩冰架，宽6.4千米，厚度超过90米。一个NASA的秘密基地就建立在这块巨大无比的浮冰上。在这里，雷切尔见到了NASA的大老板斯特龙，他告诉雷切尔：

"我们前不久发射了一颗极轨道密度扫描卫星，它可以扫描出冰层中的密度变化，卫星的扫描结果显示，就在这里，深埋在冰下60多米的地方，有一块直径3米左右的巨大陨石。”

雷切尔笑了笑说：“这确实是个大发现，但你要把这个发现说成是震撼全球的发现，就未免太自恋了吧，NASA果然是狗急跳墙了，实在打不出牌了。”就在此时，又出现了四个人，这四个人有著名的科普节目主持人托兰，另外三位分别是著名的天文学家、物理学家和古生物学家，他们全都是非官方身份的科学家，也是总统特别聘请来的独立调查人员，他们的职责是核实NASA这项发现的真伪。

天文学家拿出一块陨石标本，对雷切尔解释说：“所有的陨石，都含有不同百分比的镍铁合金、硅酸盐和硫化物，根据不同的比例，我们将陨石分为铁质陨石、石质陨石和石铁陨石三类。陨石的最外面这一层黑乎乎的焦壳，我们称为熔壳，它是陨石穿过大气层极度灼烧的结果。”雷切尔忍不住说：“就像一块被扔到火炉里面烧过的石头一样。”天文学家大笑说：“好一个大火炉！地球上再厉害的高炉也不可能再现流星滑过我们大气层时的温度。而且，它们会被划得伤痕累累。”

科普人托兰是个大帅哥，风靡全国的海洋纪录片主持人。他让雷切尔把陨石凑到眼前仔细看，雷切尔看到了细微的金属粒在石头里闪着光。许多小粒散落在截面中，就像是细小的水银粒，每个直径只有一毫米。天文学家解释说：“这些小气泡叫作‘陨石球粒’，它们只能在陨石中找到，是地球上根本没有的结构。”此外，还有第三个最重要的证据，在地球上的岩石中，矿物质镍的含量不是极高就是极低，没有中间值。但在陨石里，镍的含量却在一个中间范围之内。如果一个标本的镍含量在中间范围之内，就必然是陨石。

雷切尔有点儿不耐烦了：“好了，先生们，熔壳、陨石球粒、中间范围之内的镍含量，我懂了，这是块陨石，我信了，那又怎么了呢？很稀奇吗？”

大帅哥托兰拿出一片陨石切片交给雷切尔，说：“这就是从NASA刚刚发现的那块陨石上切下来的，你仔细看一下。”

雷切尔接过，看着说："我看到了熔壳，也看到了陨石球粒，我相信你们也查过了它的镍含量，然后呢？"

"把她反过来，亲爱的。"托兰说。

雷切尔翻了一个面，顿时傻了，结结巴巴地说不出话来："我的天，一只虫子，这块陨石里面有一只虫子的化石。"

四个人得意地看着雷切尔笑，尽情地欣赏她吃惊的表情。然后，古生物学家滔滔不绝地给雷切尔上起了古生物课，最后的结论是：这只虫子不属于地球上已经发现过的任何生物，它是一只外星虫子。那为什么这只虫子与地球上的等足类古生物这么相像呢？这恰好证明了一种地球生命起源的说法，也就是"宇宙胚种论"，这种观点认为地球上的生命是来自太空，是陨石将生命的种子播撒到了地球上。

雷切尔终于知道总统口中的震撼全球的大发现是什么了，NASA找到了外星生命存在的直接证据，这将是人类有史以来最伟大的发现，绝对没有之一。可是，鉴于ALH84001事件历历在目，总统还是不敢轻易相信NASA的结论。

插播讲解一下这次著名的事件。1984年，科学家在南极发现了一块不到2千克的陨石，编号ALH84001，1994年这块陨石被证实来自火星，是一颗小行星撞击火星的过程中被撞飞出来的石块。1996年，两名科学家在《自然》杂志上宣布了他们的研究成果，在这块陨石中发现了原始生命的证据，也就是说，火星岩石中找到了微生物的证据。时任美国总统的克林顿听到这个消息之后专门开了一个发布会，引发了以探索地外生命为主题的热潮。全世界都开始广泛热议，人们群情激动，庆祝大发现。可是，没过几周，一些非官方的科学家就站了出来，证明那块陨石中的生命迹象实际上只不过是地球污染产生的油母岩质，这狠狠地打了NASA和总统的脸。吸取了克林顿的教训，这次总统学乖了，面对这样的大发现，必须要再找几位有公信力的非官方科学家来鉴定才算。

雷切尔面前的这四位科学家在公众心目中有着极其良好的声誉，他们个个都是治学严谨、不畏权贵的大人物，他们向雷切尔证实了NASA的确发现了一块300多年前坠落在南极的陨石中含有外星生物的化石，而这些生物距今一亿九千万年。雷切尔的职业就是判断信息和数据的真伪，她经过一番仔细的调研，最终，她郑重地通过卫星可视电话，向总统办公室的所有成员证实了这个震撼全球的大发现。总统高兴极了，他也决定在1个小时后召开新闻发布会，正式向全世界宣布这个人类历史上最为重大的发现。到那时，美国人将再一次感受到国家航空航天局的成功所带来的震撼。梦想家们眼眶湿润，科学家们目瞪口呆，孩子们则任由想象自由驰骋。纯金钱的问题将渐渐变得微不足道，这个具有重大意义的时刻将令其相形见绌。总统会如同不死鸟一般出现，摇身一变成为一个英雄，而正当欢呼庆祝之际，讲究实际的塞克斯顿参议员顿时成了不具备美国人冒险精神的心胸狭隘、锱铢必较的吝啬鬼。

然而，正当总统的雇员们欢呼雀跃的时候，在北极却发生了意想不到的事情。古生物学家一个人溜达到了被取出陨石后留在冰面上的大坑旁边，他的目的只是散散步，这时候天已经黑了下来，突然，他在陨石坑的冰水中看到了一片荧光，他吃了一惊，这怎么可能，冰水中怎么可能有海洋中的发光浮游生物，要知道这可不是海水冻成的冰块，而是300多年来积雪形成的冰层，它们在取陨石的时候被激光加热融化，按理应该是纯水，即便是海水，也绝不可能含有任何活着的浮游生物。古生物学家立即就心生疑惑，他去找了一个杯子，准备去取一杯水样。就在他俯下身子取水样的时候，在远处一直默默注视着陨石坑的三个神秘军人接到命令，他们操纵着微型飞行器撞向了古生物学家，令其失去平衡，摔进了陨石坑中，再也没有爬出来。

三个神秘军人竟然是赫赫有名的美国三角洲部队，这是一支特殊的美国军队，他们是唯一的一支可以免受任何法律制裁的部队，也就是说，如果他们是奉命杀人、放火，或者做任何违法的事情，执行命令的军人都不用承担法律责任。他们的所有任务都是国家级的最高机密，因此，三角洲特种兵的职责就是飞行、战斗、遗忘。

就在他们奉命除掉古生物学家没多久。科普人托兰也鬼使神差地发现了陨石坑中的反常亮光，而这个时候，雷切尔刚好来找托兰，当雷切尔得知托兰的发现时，直觉就告诉她：这陨石有猫腻，天文学家和物理学家也聚拢了过来，大家纷纷猜测为什么会出现这种情况。在雷切尔的要求下，物理学家用测地雷达对陨石坑下面的冰层做了一次扫描分析。当扫描图像出现时，所有人都惊呆了，冰层中除了古生物学家的尸体，在陨石坑的底部居然有一根长长的通道，一直连到海底，这就是说，陨石是被人从海底打了个孔，塞到冰层中间的。这是为什么？几位科学家都想不通，从科学的角度来看，这是块含有生物化石的陨石，绝对不会错。为什么NASA非要制造陨石存在于冰层中的假象呢？正当他们百思不得其解的时候，三角洲部队向他们发动了攻击，明显要取他们的性命。在一番惊险的逃亡之后，雷切尔和托兰以及天文学家逃了出来，他们被正在北冰洋执行任务的一艘潜艇救了起来，而物理学家则又命丧三角洲部队之手。 在地球的另一头，总统的新闻发布会如期召开，他高兴地向全世界宣布了震撼全球的重大发现，参议员被这个消息彻底打蒙了。

雷切尔很清楚，有能力调动三角洲部队的人，全美国也没有几个，要取他们性命的人不是总统就是航空航天局的局长斯特龙。或者他们根本就是一丘之貉，联合起来制造了惊天大骗局。好在，雷切尔还有一个可以信赖的靠山，那就是自己的局长皮克林。三个人逃到了托兰的海洋考察船上躲避追杀。在那里，他们一点一点地揭开了陨石的秘密。原本认为三项是陨石的铁证都找到了解释。第一，利用美国最新研制的液态氢燃料发动机，把石头放在喷口灼烧，就能烧出以假乱真的熔壳。第二，在马里亚纳海沟中，由于海水的巨大压力，也能形成陨石球粒。第三，金属镍含量的中间范围也正是深海岩石的镍含量。

谁知，就在这个时候，三角洲部队再次出现，显然就是来杀人灭口的。经过一番斗智斗勇，雷切尔和托兰不但干掉了两个特种兵，还把假陨石证据给传真了出去。为了从雷切尔口中得知证据被传真到了哪里，特种兵们的幕后老板终于现身了。让雷切尔大吃一惊的是，幕后大老板竟然是自己的顶头上司，那个让她无比信赖的局长皮克林，这样就解释了为什么他们的行踪这么快就被掌握。真相终于大白了。原来，这一切都是皮克林一手导演的。

身为国侦局的局长，皮克林为什么要这么做？他有他自己的理由，那就是为了国家的安全。参议员塞克斯顿的观点是："国家航空航天局并没有引领我们向外层空间发展，而是阻止我们对外层空间的探索。太空领域与其他产业并没有什么不同，一直遏制私营公司就是犯罪行为。想想计算机产业，我们看到该产业每周都在突飞猛进地发展，以至于我们几乎都跟不上了，为什么？就是因为计算机产业是自由市场机制，高效和远见会带来回报，想想要是计算机产业由政府经营会出现什么状况。人类可能还处在愚昧的黑暗时代，我们现在在太空方面就是在停滞不前，人们应该将外层空间探索交给私营部门去做，那是属于私营部门的事情，美国人肯定会因其迅猛的发展、丰硕的成果而大为惊叹，我认为我们应该让自由市场机制激励我们在太空领域达到一个全新的高度，我要是当选了，我的使命就是打开通往尖端领域的大门，并将它们敞开。"总之，参议员要将NASA私有化。

而皮克林的观点是："国家航空航天局必须是一个政府机构。私有化会让NASA最优秀的人才和思想潮水般涌入私人机构。智囊团会解散，军方会难以享有其成果。私人航天公司想要增加利润，他们就会开始把NASA的专利和思想在全世界范围内兜售给出价最高的人。皮克林甚至呼吁NASA应该军事化。"

NASA的局长斯特龙对此也有一段精彩的观点："如此说来，你的高见就是把两万名NASA的科学家们关在密闭的军事实验室让他们为你卖力吗？你真的认为如果不是我们的科学家怀着将宇宙看得更深远的渴望，NASA最新型的空间望远镜还能设计得出吗？NASA做出的惊人突破，仅仅出于一个原因，我们的员工渴望更深入地了解宇宙，这是一个梦想者的团队，他们凝视星空，并且询问自己那高高在上的是什么，他们在这种凝望和自问中成长发展。驱动国家航空航天局进行创新的力量是激情和好奇，而不是可能获得的军事优势。”

眼看着NASA一连串的发射失败就要让塞克斯顿获胜，皮克林心急如焚，为了完成自己对国家安全的神圣使命，他不惜导演了这场惊天骗局，目的就是为了激起纳税人和国会的幻想，挽回NASA的形象，把它从拍卖台上救下来。而总统和斯特龙都是被蒙在鼓里的。只是在计划执行的过程中，终究还是出了意外，皮克林不得不做出杀人灭口的疯狂举动。

皮克林的理想并没有能说服雷切尔。又经过了一番戏剧般的情节进展，皮克林最终葬身大海，而雷切尔他们三个逃出生天。那么，雷切尔把证据传真给了谁呢？就是他的父亲塞克斯顿，不过雷切尔也绝不愿意看到自己虚伪恶心的父亲入主白宫。所以，在小说的结尾还有着更加戏剧性的一幕，参议员塞克斯顿当着所有新闻媒体的面，洋洋得意地向公众展示假陨石的证据时，没想到那些证据都被掉了包，在新闻媒体中出现的全是他和秘书的艳照。

与丹·布朗所有的小说一样，这部小说的结局也是皆大欢喜，所有的坏人都得到了应有的惩罚，而男女主角则坠入爱河。

《骗局》这部小说，知识含量很高，有大量的细节描写，这绝不是一个幻想作家随便就能写出来的，这也是为什么丹·布朗每一部小说都要写作3年以上的原因，他的所有小说元素都不是胡编乱造的，全都有根有据，他的小说可以当作科普书来阅读。大家如果看过《达·芬奇密码》的原著，你就会对作者深不见底的知识储备惊叹不已。阅读这样的小说就像给自己充电。有一部类似的日本小说——山崎丰子的《白色巨塔》，可惜它不是科幻小说，不然我肯定要讲。这是一部讲医疗的小说，同时也可以当作是医学科普书来看。这都是我将来创作小说的典范。

美国人多次票选出的史上最佳短篇科幻
《日暮》

前面我们一直谈的都是长篇科幻小说，实际上，短篇科幻小说在科幻这种类型文学中也占据着非常重要的地位。在传统文学中，篇幅长的故事一般总是要比篇幅短的故事更有表现力，更加能打动人。但是在科幻中，有些故事，短比长好，正因为短小简练，才能让读者体会到一种俯瞰苍穹的愉悦。最好的一个例子就是阿西莫夫的短篇科幻小说《最后的问题》。

今天想给大家谈的是阿西莫夫的另外一篇短篇科幻小说《日暮》，英文名是《*Nightfall*》。

1941年，21岁的阿西莫夫在坎贝尔的提携下，已经发表了15个短篇故事。1941年3月17日这一天，这可是阿西莫夫在自传中为数不多地精确写下日期的事件。坎贝尔在办公室中把著名诗人爱默生的一段诗句念给阿西莫夫："若苍穹繁星，千年仅得一见，试问世间凡人，又当如何赞叹，且将这片刻记忆，千秋万代流传？"坎贝尔说："我认为爱默生错了，如果星星真的千年才出现一回，那么，结果只有一个，人们会疯掉。我想请你把这写成一个故事，名字就叫《日暮》。"

阿西莫夫常常觉得自己运气真好，为啥那天去坎贝尔办公室的恰好是自己，而不是别的小说家。如果那天有别的小说家在场，他们来写这个题材也一定能获得成功。也就是说，阿西莫夫把坎贝尔变相恭维了一番。因为这篇小说一经发表，就引起了轰动，也是当月那期《惊奇科幻小说》的封面故事。从这篇小说之后，年轻的阿西莫夫再也没有遭到过退稿，只要是他写的文字，就一定有人要。那年他才21岁。20多年后的1968年，美国科幻作家协会评选史上最佳短篇科幻小说的活动，《日暮》获此殊荣。此后，美国人经常举办各种票选最受喜爱的科幻小说，只要《日暮》参选，总能获奖，至今如此，历久弥新，可见这部小说的魅力。在这部小说发表的47年后，阿西莫夫与著名的科幻小说家西尔弗伯格合作，写成了《日暮》的长篇版，但是其影响力始终不及短篇版，很多人认为改为长篇之后，反而失去了故事的那种简洁大气的震撼性。

完整的小说一共25000个字，我把这篇小说浓缩改编成了广播剧对白，完全忠实于原著，删去了一些不重要的情节，其他都是完全原汁原味的。

人物：

安东：塞罗大学的校长，著名天文学家

赛里蒙：新闻记者

谢林：安东朋友，心理学家

旁白：6颗太阳轮番照耀着拉加斯星球的大地，1号太阳落下，2号升起，2号落下，3号升起，当6号落下时，1号又会升起。所以，拉加斯星球永远只有白天，那里的居民不知道黑夜为何物。尽管他们已经发现了万有引力，也发现了电，可是他们依然没有电灯这样的发明，因为照明从来就不是问题。哪里需要光明，只要把日光引入即可。制造黑暗要比制造光明困难得多。赛里蒙是一名独立调查记者，他的专栏文章在拉加斯的各大报刊被广泛采用，因为他总能采访到别人采访不到的对象。他的文章广受欢迎，在拉加斯有着极高的影响力。现在，站在赛里蒙面前的是愤怒的安东，他是塞罗大学的校长，也是全世界著名的天文学家。

安东（怒）：“先生，你真厚颜无耻，竟敢到我这儿来提出如此无理的要求。”

赛里蒙：“安东先生，我的文章只不过是如实地引用了很多反对您的观点，这是我们新闻报道的原则。”

安东（愤怒地）：“得了吧，年轻人！你竭尽对我进行人身攻击之能事，使这个天文台的人都成了世人的笑柄。——我们只不过想把大家组织起来，对付世界末日的灾难。”

旁白：校长拿起了桌上的一份报纸，对着赛里蒙使劲地摇晃着。

安东：“现在，你成功了，要避免这场灾难已经来不及了！”

旁白：安东用力地把报纸摔在地上，大步走到窗前，双手交叉在背后。看着天空中即将下落的6号太阳。红彤彤的阳光洒在了安东的脸上，老天文学家老泪纵横。

安东：“还有4个小时，我们所熟悉的文明，就将结束。你想在这儿继续报道就报道吧！反正也不会有人读到了。”

赛里蒙：“那太感谢您了！其实，如果您的预测是正确的，我在这儿也不会对您不利，因为如果那样的话，我也不可能写我的报道了。但是，如果什么也没有发生，大家就会嘲笑您。但与世界末日相比，被人嘲笑就显得微不足道了。对吗？”

安东：“哼！你说的大家不就是你自己吗？”

赛里蒙：“安东先生，我的专栏有时可能是写得粗鲁无礼了些，但我每次都给你们反驳的余地。毕竟，现在已不是对拉加斯人民鼓吹‘世界末日’来临的时代了。你得了解，人民已经不再相信《启示录》了。现在，科学家们却要他们相信‘世界末日’，并告诉他们说，星星崇拜派倒是正确的，这怎么能不让人民愤怒呢？”

安东：“不是那么回事，年轻人，的确，我们有不少资料是由星星崇拜派所提供的，但我们的研究结果却丝毫没有星星崇拜派的神秘性。事实就是事实。星星崇拜派所说的‘神话’其中也确实有一些事实。我们把事实的真相告诉人们，并剥去了星星崇拜派教义中神秘的外衣。我可以直言不讳地告诉你，现在，星星崇拜派比你更恨我们。”

赛里蒙：“我并不恨你们。我只是告诉你们，人民大众现在情绪很坏，动辄就发脾气。”

旁白：就在此时，门突然开了，一个男子走了进来，他胖乎乎的脸上堆满了笑。

谢林（笑着说）：“这儿怎么啦——气氛阴森森的，有人害怕了吧！”

安东（怒）：“谢林，你不待在隐蔽所，到这儿来干吗？”

谢林：“隐蔽所——见鬼去吧！那地方让我心烦。我要在这儿——这儿才有意思。你以为我没有好奇心吗？我也要看看星星崇拜派一直在谈论的星星。心理学家在隐蔽所不值一钱。那儿需要的是能干实事的男人和能生儿育女的强壮健康的女人。”

赛里蒙：“先生，您说的隐蔽所是什么？”

谢林：“我猜你就是那个快把我们的校长气死的小记者吧？隐蔽所嘛，我们设法说服了一些人，使他们相信我们的预测。他们中大部分人是这个天文台工作人员的家属。”

赛里蒙：“我懂了！让他们躲在里面，以免黑暗——呃——还有星星使他们发疯。当其他人都疯了时，他们会坚持下来。”

安东：“他们还有更重要的东西，那就是我们的记录。这些记录对下一轮的循环至关重要。必须保存这些记录。你有什么问题？年轻人，请记住，我们的时间有限。一个多小时之后，我们就要上楼了。那时，可就没有时间谈话了。”

赛里蒙：“好吧！我的问题是，你们这些人看来都十分认真，我开始相信你们的话了。是否请你解说一下这到底是怎么一回事？”

安东（怒）：“你坐在这儿是想告诉我，一直以来，你攻击我们，嘲笑我们，却不知道我们究竟在干什么，是吗？”

赛里蒙：“我并没有你说的那样无知。我至少知道一个大概。你们说，几小时之后，黑暗将降临世界，全人类都将发疯。我只是想知道更多的科学根据。”

谢林：“唉，你别问他，你问校长这样的问题，即使他愿意回答，也会拿出一大堆数据和图表，把你搞得头昏脑涨。还是我来告诉你吧，我可是科普界的红人。”

赛里蒙：“那好啊，我洗耳恭听。”

谢林：“你应该知道，根据最新的考古理论，拉加斯的文明史呈现一种循环的特征，这个理论已经得到了越来越多的证据支持。这一周期性的特征是最大的一个谜。我们已经发现了一系列的文明遗迹，至少有9个文明是确定无疑的。所有这些文明都和我们现在一样发达。而所有这些文明在其最发达的时候，都无一例外地毁于大火。至今无人知道其中的原因。所有的文化中心都被大火焚毁，没有留下任何记录可给我们一点启示。对这些周期性的灾难有种种解说，但每种解说都或多或少是凭空想象出来的。有的说，有周期性的火雨；有的说，拉加斯每过一定的时期，要经过一个太阳。有的更是胡思乱想。但其中有一种理论与众不同，这一理论流传了好几个世纪。”

赛里蒙：“我知道。你说的是‘星星’的神话——星星崇拜派把这些写在他们的《启示录》里了。”

谢林：“完全正确！星星崇拜派说，每隔2050年，拉加斯进入一个大洞穴，因此，所有的6个太阳都不见了，全世界陷于一片黑暗！然后，他们说，一种叫作星星的东西就出现了；星星收走了人们的灵魂，并把他们变成像野兽一样的野蛮人。这样，他们亲手毁掉了自己创造出来的文明。当然，中间夹杂着许多神秘的宗教概念，但中心思想大致是这样。”

赛里蒙：“难道这种奇谈怪论是正确的？”

谢林：“没那么简单，年轻人，我必须要给你科普一下最新的物理学理论，那就是——万有引力。”

赛里蒙：“哦？就是那个整个拉加斯也只有12个人能懂的理论吗？”

谢林：“胡说！瞎扯！我可以用一句话概括它的基本数学原理。万有引力定律是：宇宙中所有的天体之间都存在相互的作用力，任意两个天体之间的力与它们的质量成正比，与距离的平方成反比。”

赛里蒙：“就这些？”

谢林：“足够了！而这花了足足400年的时间。伟大的规律不是灵感的火花，通常要经过全世界科学家长达几个世纪的努力。在400年前，哥尼白发现拉加斯围绕太阳1号运行，而不是太阳1号围绕拉加斯运行，天文学家一直在努力工作，记录了6个太阳复杂的运动方式，并加以分析、拆解，提出一个个理论，再检验、反复修改、扬弃，再证实，最后得到结果，那需要做大量的工作。科学家们在20年前，最终证明出万有引力定律，恰好解释了6个太阳的运行轨迹，这是一个伟大的胜利。

在最近10年中，人们用万有引力定律计算出了拉加斯围绕太阳1号的运行轨迹，可是，即使把其他5个太阳所造成的紊乱因素扣除，结果和我们的观察仍不一致。这里，要么是定律出了问题，要么就是还存在其他不可知因素。”

旁白：听到这里，赛里蒙走到窗前，站在谢林旁边，眼光越过山坡上的森林，只见塞罗城的尖塔在地平线上发出熠熠的红光。当他看着天上的1号太阳时，一种莫名的紧张充满了全身。

赛里蒙：“请继续往下说，先生。”

谢林：“天文学家摸索了多年，提出的理论一个比一个站不住脚。但安东校长想到了‘星星崇拜派’。他从教主那里搞到了一些资料，使问题大大地简化了。安东校长的新假设是，是否存在一个像拉加斯一样的不发光的天体？如果有，你可以想象，它只能靠反射光线发光。假设它像拉加斯一样，大部分是由蓝色岩石构成，那么在红色的天空中，那些永远在拉加斯上空的太阳的阳光会使它黯然失色，所以我们看不到它。”

赛里蒙：“这个假设够古怪！”

谢林：“你认为古怪？听着，假设这个天体围绕拉加斯运转，它的引力摄动正好造成拉加斯运行轨迹偏离计算值。你知道这个假设如果成立，会发生什么情况吗？”

赛里蒙：“会发生什么情况？”

谢林：“这个天体有时会挡住一个太阳。安东已经准确地计算出，那颗看不见的行星视面积是太阳的7倍，它会把天上唯一的一颗太阳挡住半天的时间。拉加斯将会陷入一片黑暗中。这种情况每隔2049年发生一次。”

赛里蒙：“这就是今天要发生的事情？”

谢林：“是的，45分钟之后就开始。然后是全球性的黑暗，或许会有神秘星体出现，然后就是人类的集体发疯，最后是这轮文明循环的结束。我们有两个月时间，当然这点时间不足以使拉加斯人人都相信这一场灾难的来临，哪怕你不来捣乱。但我们的记录放在隐蔽所里，今天我们会拍下太阳被挡住的照片。从下一个循环开始，人类就会知道事情的真相。”

旁白：赛里蒙打开窗，一丝风撩起窗帘吹进来；他伸出身子，微风拂动了他的头发。他凝视着照在手上的猩红色的阳光。

赛里蒙：“为什么黑暗会使我们疯狂？”

谢林：“一个孩子出生时，与生俱来有三怕：怕跌跤、怕高音和怕没有亮光。这也就是为什么‘神秘地道’，那么受人欢迎。人们从里面出来，战栗着，吓得透不过气来，甚至吓得半死，但他们仍要付钱进去。两年前你是否去过琼拉城的百年博览会，创造票房记录的就是体验15分钟黑暗的神秘隧道。”

赛里蒙：“据说有几个人出来时，都吓死了。是吗？那地方，关闭之后还有许多传闻。”

谢林：“是的，有两三个人死了。那算不了什么，他们的理由是，如果有心脏病的人玩这种游戏，那应该自己负责。重点不在这里，一些人出来之后，看上去若无其事，但他们再也不想走进任何建筑物了，甚至帐篷。如果被强迫带进屋子，这些人就立即歇斯底里发作，把脑袋往墙上撞。只得给他们穿上紧身衣或注射吗啡才能让他们在屋子中睡觉。而且，高达十分之一进入过地道的人都会得此病，他们请来了心理学家，而我们能做的也只是关闭地道。”

赛里蒙：“这些人到底怎么了？”

谢林：“在心理学中有一个专门术语，叫作幽闭恐惧症——人类与生俱来的对黑暗的恐惧，因为黑暗总是与封闭空间连在一起。怕黑就会怕封闭空间，明白吗？那些人的神经不足以使他们从黑暗和幽闭恐怖中恢复过来。15分钟的完全黑暗太长了。他们把对黑暗和封闭空间先天性的恐惧感具体化了，并爆发了，就我们所知，这是永久性的。”

赛里蒙：“我实在不敢相信会这么糟糕。”

谢林：“想象一下，如果到处都是黑暗，伸手不见五指。房子、树林、田野、大地、天空——全部是黑色的。突然，据我所知，星星出现了，不管它们是什么——你能相信吗？你不可能想象出那种情景，就像你的脑袋不可能理解什么是无穷大，什么是永恒一样。当真的黑暗笼罩全球时，你的头脑就无法理解这种现象。你就会发疯，永远彻底地疯掉！这是毫无疑问的！人类两千年的努力又将毁于一旦了。明天，整个拉加斯将不会再有一座完好的城市了。”

赛里蒙：“但是，即使所有人都疯了，那又怎么会危及到整个城市呢？人们为什么要烧城市呢？”

谢林（怒）：“如果处在黑暗中，你最需要的是什么？你全部的本能反应是什么？——光明，见鬼，是光明！如果没有太阳，我们获取光源的唯一办法是什么？年轻人，你只能烧东西。你会把身边一切能烧的东西都烧掉。因为，你需要光明。”

旁白：说到这里，他们彼此相望着，各自想着可能会发生的情况。然后，赛里蒙一声不吭地走开了。这时候，两个年轻人走进了房间，他们是安东教授的两名助手。安东显得很生气，质问他们怎么回来得这么晚，离日暮只剩下半小时了。两名助手解释说他们刚才在实验室试图人工制造黑暗中星星的效果。他们把一间房间用黑色的天鹅绒彻底铺满，尽量把房子弄黑，然后在圆顶上开了一些小洞，用金属帽盖住。金属帽由开关控制，可以打开关闭，这样就可以产生星光效果。但是实验的结果却不尽如人意，因为他们只看到了有很多小洞洞的屋顶，仅此而已，并不能感受到所谓的星光。安东听到这里也显得有些失望。他们一行人全都走到了这栋建筑的楼顶，等待着日暮时刻的到来。突然，赛里蒙一声惊呼。

赛里蒙："你们看。"

旁白：大家的目光顺着赛里蒙的手指看向天空，大家都禁不住惊讶得张大了嘴；一时间，人人屏息凝神，呆呆地看着天空。在太阳的一边出现了一个小小的缺口，就像一只苹果被咬掉了一小口。

安东（平淡地）："比预计的时间提早了15分钟，不过这个误差已经很小了。你害怕了吗？赛里蒙？"

赛里蒙："不，给我点时间，好吗？我一直不相信你们的胡言乱语，从心底里不相信——现在，我相信了。你以为我吓坏了，是吗？不，听我说，先生。我是个记者，我被派来是要写这次事件的报导，我自己也想要完成这篇报导！"

旁白：此时，太阳已过了天顶，透过方形窗口的猩红色的阳光，原来是落在地上的，现在已照到了谢林的膝盖上。他若有所思地凝视着微暗的天空，然后弯下腰，眯起眼睛，看着太阳。太阳上那一小块黑斑逐渐扩大，现在已把三分之一的太阳遮住了。谢林感到不寒而栗。当他直起身子来时，脸颊已没有先前那样红润了。

安东："在塞罗城，可能有近200万人加入星星崇拜派，宗教将再次复兴。在一小时之内，星星崇拜派将前所未有地兴旺。"

赛里蒙："但是，我有一个疑问。星星崇拜派的《启示录》为何能够一个循环一个循环地传下来？最早在拉加斯又是怎么写下来的？我想，必定有一种免疫的方法。因为，如果大家都疯了，谁还能写这本书呢？”

安东：“是啊，年轻人。对此事，我们没有目击者的材料，但我们对所发生的一切有过一些推断，这些推断很可能是事实。你知道，有三种人，相对来说很少受黑暗和星星的影响。第一种人，那就是极少数没见到星星的人——他们是盲人。还有那些喝醉了酒的人——他们在日暮开始时刚醉倒，直至日暮结束才醒来。他们这些人不能算是真正的目击者，所以我们不能把他们算在内。还有就是6岁以下的小孩。对他们而言，世界是新奇的，因此，黑暗和星星不会把他们吓坏。在他们眼里，黑暗和星星只是这个令人眼花缭乱的世界上的又一种现象而已。这你明白吗？”

赛里蒙：“我想，我大概能明白。”

安东：“最后，就是那些头脑简单的人，他们不会垮掉。他们的神经极不敏感，对外界一切他们都麻木不仁。这种人，譬如说，像我们老一代的农民。是的，儿童的记忆也许不准，他们一会儿这么说，一会儿那么说，再加上半疯的、头脑简单的人混乱的、不连贯的叙述，这些构成了《启示录》的基本材料。”

赛里蒙：“你是不是说，星星崇拜派把《启示录》一个循环一个循环地传下来，所用的方法正为我们现在企图把万有引力的秘密传下去的方法一样？”

安东：“也许是吧，这并不重要。因为《启示录》无助于我们；尽管里面叙述的一切有事实依据，可也只是一大堆被歪曲了的事实。”

赛里蒙：“我还有另一个怪想法。假如某个宇宙只有一颗太阳，那么生活在那颗行星上的天文学家会看到什么？”

安东：“这确实是一个很有意思的哲学话题。问题是，这样的星球不可能有生命存在，因为没有足够的热量和阳光。如果星球自转，那一天之中就有半天是黑暗的，小学生也知道万物生长靠太阳，在这样的条件下，怎么可能产生生命，尤其是智慧生命！”

旁白：此时的天空已变成深紫红色，空气变得稠密了，暮色笼罩了整个房间，好像伸手可及似的。摇曳着的黄色火光在越来越浓的暮色中显得更为耀眼。空气中还弥漫着烟火味，并响着火把燃烧时发出的“哗哗啪啪”的声响。偶尔听到人们围着工作台轻轻走动的脚步声和人们为了保持镇静做深呼吸的声音——现在整个世界正进入阴影之中。在城市所在的方向，东边的地平线已消失在黑暗之中。从塞罗城到天文台的道路成了一条暗红色的线，两边是一排树木；在灰暗的光线下，已分辨不出一棵棵的树了，只能看到一片阴影。人们把目光转向天空，最后一点微弱的光芒消失了，漆黑的天幕上逐渐显现出了点点的星光，随着人们瞳孔的放大，星星越来越多，星光越来越亮。那不是我们地球上肉眼所看到的发出微光的3600颗星星——拉加斯处于一个巨大的星团的中心。3万个强大的太阳，撒下能烧灼灵魂的光芒；那冷漠的光芒比刮过这寒冷、可怕、凄凉世界令人战栗的寒风更让人觉得可怕。

旁白：赛里蒙摇摇晃晃地站起来。喉咙紧抽，不能呼吸，他全身肌肉都由于极度和难以抵御的恐惧而颤抖。他知道，他要疯了；可内心深处还有一点理智仍在呼喊，竭力想驱散无望的潮水般袭来的黑暗的恐惧。发疯很可怕，知道自己要发疯就更可怕——知道过一会儿之后，你的肉体仍将存在，然而，所有健全的理智都将死亡，都将被黑暗的疯狂所吞噬。这是黑暗——黑暗、寒冷和毁灭！明亮的宇宙之墙被粉碎了，那可怕的黑色的断壁残垣正在掉下来，向他挤来、压来，并把他淹没。他碰到一个人正在地上爬着，在他身上绊了一下。他双手摸着僵硬的脖子，一瘸一拐地朝发光的火把走去。在他发疯了的视觉中尽是火光。

赛里蒙："火！我需要火光。"

旁白：安东在什么地方哭泣，那呜咽声听上去十分可怕，就像是一个受了极度惊吓的孩子。

安东："星星——所有的星星——我们以前都不知道。我们以前什么也不知道。我们以前总认为，全宇宙中只有6个星星——这就是宇宙。这些星星以前我们从未见到过——黑暗也从未见到过。黑暗——黑暗——永远、永远的黑暗。从前，我们什么也不知道……"

旁白：有人去抓火把，火把倒下去熄灭了。就在那一瞬间，可怕而冷漠的寒星更逼近了。窗外的地平线上，在塞罗城那个方向，发出了猩红的光，光越来越亮，但那不是太阳的光。长夜又来临了。

有些科幻小说最好不要去解读，这就好像量子态，不去观察的时候，它是多样的，一旦观察，它的波函数就塌缩了，也就失去了神奇。阿西莫夫的这部作品就是这样的科幻小说，这不是我偷懒，而是这篇小说之所以广受喜爱的原因就在于每个人都可以从中找到自己的不同感受。这就是《日暮》的魅力。

反乌托邦小说的集大成者

奥威尔和他的《1984》

大概是2005年前后，我拿到了乔治·奥威尔的《1984》，这本书曾经被全世界的许多国家列为禁书。我读到的那一年，已经受到了《银河英雄传说》的启蒙教育，开始对什么是政治有了一些基础的认识，我有幸在这个最恰当的时机读到了《1984》这本书。

我们来看一下它的创作背景：1936年6月，著名的“西班牙内战”爆发，33岁的二流作家英国人乔治·奥威尔满怀着虔诚的革命理想主义，加入了历史上赫赫有名的国际纵队，参加了由西班牙共产党领导的共和军，在前线作战。他在前线一共战斗了6个月，直到被一颗子弹打穿了喉咙，才不得不回国养伤。就在这短短的半年中，他看到了国际纵队内部的权力斗争和清洗。当时他加入的组织叫统一工人党，但这个组织很快就被认定为托派组织，奥威尔夫妇被视为“狂热的托派分子”，当然受到严密的监控。他的妻子爱琳的房间受到搜查，他保存的一批资料也被抄走。更为可怕的是，在共和军内部，受伤的统工党党员仍然遭到逮捕，甚至连孩子和被截肢的人也不放过，奥威尔也遭到共和军的追杀，九死一生地逃了出来。这次经历让奥威尔对极权主义刻骨铭心，从死神手里逃出来的奥威尔完成了一次灵魂上的升级。他一回到英国，就写成了《向加泰罗尼亚致敬》一书。这本书无情地揭露了西班牙内战中的种种谎言，使他一举成名。此后，奥威尔就开始专门写作政治评论文章和政治题材小说。到了1944年，经历了西班牙内战和反法西斯战争的奥威尔完了他的一部里程碑式的作品——《动物庄园》（也译作《动物农场》）。这本小说名气非常大，它的篇幅很短，只能算是一个中篇，大人、小孩都可以读。在孩子读来，它就是一部很有意思的童话，描写了一个农场中，动物们起义，把农场主给赶跑后的故事。但是在一个思想启蒙后的成人读来，这部小说就是一部恐怖的政治寓言，它可以看作是《1984》的前传，《动物庄园》描写了极权是如何形成的，而《1984》则描写了极权形成后的世界。在这部小说中，奥威尔创造了一个在英语世界非常流行的说法，那就是“更平等”（More equal），小说中的原文是：“所有动物生来平等，但有些动物比其他动物更平等。”以后如果大家听到某人说“这里人人平等，但好像有些人比其他人更平等一些”，你们报以会心一笑，说明你们都知道这句话出自哪里。

任何一位作家，只要有一本《动物庄园》这样的著作，就足以在文学史上留名了，但对奥威尔来说，这只是他登顶的前奏。真正的传世之作是1948年写成、1949年出版的《1984》。这本书与20世纪20年代写成的《我们》和20世纪30年代写成的《美丽新世界》并称为“反乌托邦小说三大经典”。在这个类别中，《1984》绝对是金字塔的塔尖。1998年被列入20世纪百大英文小说（读者票选第6位，编辑小组评第13位）；2003年，《1984》在BBC的书籍票选活动大阅读中获得第8位；在2005年，它被美国时代杂志评为1923年至2005年最好的100本英文小说之一。

可能有些读者会感到疑惑，这是一本科幻小说吗？是的，确实是科幻小说，至少在大多数情况下，反乌托邦小说都被划为科幻类型，它属于社会学科幻类别，是对未来社会制度的科学幻想。这种科幻，不是刘慈欣和王晋康老师所说的那种核心科幻，但是作为一份科幻世界漫游指南，社会学科幻这个大类型是绕不过去的。我后面还会讲到获得“雨果奖”的《北京折叠》，也属于这个类型。但我始终不太喜欢反乌托邦这种说法，因为乌托邦在大家的印象中，就是指的“空想的理想社会”，但《1984》并不是一部反理想主义的作品，它是一部反极权主义的小说，奥威尔本人也是社会主义的支持者。奥威尔自己说过：“一九三六年以来，我所写的每一部严肃作品都是直接或间接反对极权主义，支持我所理解的民主的社会主义。”在继续深入剖析这部作品前，我还是有必要先给大家说一说《1984》的故事情节，可能有一些读者并未阅读过此书。

故事的时空背景设定为1984年，注意，小说写成的年份是1948年，这是奥威尔有意颠倒过来的设定。整个世界被三个超级大国所统治，它们分别是大洋国、欧亚国和东亚国，东亚国主要由中国和日本组成，这个国家的意识形态被一种称为“殊死崇拜”的思想所统治；欧亚国主要由俄罗斯和欧洲大陆组成，这个国家的意识形态叫作“布尔什维克主义”。在小说中，这两个超级大国仅仅是作为背景而存在，都是侧面介绍，没有正面描写。整部小说的故事都是发生在英国伦敦，它是大洋国领土的一部分，这个超级大国的领土包括英国、南北美洲大陆以及澳大利亚等，统治大洋国的意识形态叫作英社，即英国社会主义。其实三个超级大国的意识形态在实质上都是一样的，那就是极权主义。

大洋国的政府机构分成四个部门：真理部负责新闻、娱乐、教育、艺术，和平部负责防止战争，仁爱部负责维持法律和秩序，富裕部负责经济事务。然而，真实的情况却是，真理部负责说谎，仁爱部负责监视和酷刑，富裕部负责让人民挨饿。这是因为，党的口号是：战争即和平，自由即奴役，无知即力量。这三句口号被刷在所有政府机构的建筑物上，它们在党的宣传物品中无处不在。党的最高领导人被称为“老大哥”，虽然没有人见过他的真人，但他又无处不在，大洋国到处都是老大哥千篇一律的巨幅肖像，每一个人从一出生，听到的最多的一句话就是："老大哥在看着你。"

故事的主人公叫作温斯顿，是一名普通的党员，在真理部任职。他每天的工作就是篡改历史。例如，3月17日《泰晤士报》上说老大哥在前一天的讲话中预言南印度前线将平静无事。结果却是欧亚国最高统帅部在南印度发动了攻势。因此有必要改写老大哥的讲话，使他的预言与实际情况相符。再比如，老大哥有时候会在讲话中提到"非人"，需要更正。"非人"不是死人，而是不应该存在的人，他们在这个世上存在过的痕迹要全部、彻底地抹除。有时候，"非人"不一定死了，他们偶尔会像鬼魂一样出现在某次公开审判会上，而他们的供词会株连好几百人，然后他们再次销声匿迹。凡是需要更正的资料收齐核对以后，那一天的报纸就要重印，原来的报纸就要销毁，被扔到一个称为"忘怀洞"的带门大火炉中，而改正后的报纸存档。这种不断修改的工作不仅适用于报纸，也包括书籍、期刊、小册子、电影、录音带等一切具有政治意义的出版物。每天、每时、每刻都在不断地修改过去，这样，党的每一个语言都有文献证明是正确的。因为，党认为：谁控制了过去，谁就控制了未来；谁控制了现在，谁就控制了过去。全部历史都像一张不断刮干净重写的羊皮纸。温斯顿长年干着这项工作，技巧已经相当娴熟。他知道，很多时候只不过是用一个谎话来代替另一个谎话。比如，富裕部预测本季度的鞋子产量是1亿4500万双，但实际报上来的数字却是6200万双，温斯顿就把预测数字改写为5700万双，这样就可以声称超额完成。但6200万也好，5700万也好，其实有什么区别呢？实际情况很可能是一双鞋子也没有生产，或者根本就没有人知道到底生产了多少双，也没有人真正关心这个数字。只有一个事实：每个季度纸面上都是天文数字的鞋子，但大洋国里却有一半人打赤脚。尽管温斯顿喜欢改写历史所带来的智力挑战，但他也着迷于"真正的"过去，热切地试图了解那个被禁止的真实历史。他在日记中偷偷写道："向一个思想自由、人们各不相同、一个真理存在、做过的事不能被抹掉的时代致敬。”也就是说，温斯顿是一个思想犯，这在大洋国是重罪。温斯顿很清楚这一点，他继续写道：“思想罪不会带来死亡，思想罪本身就是死亡。”

在大洋国，有一张密不透风的监控大网，所有的人都在这张网中生活，这张监控网由这么几部分组成。首先是无处不在的一种被称为电屏的东西，从外表上看它是电视机，上面可以显示出各种党的宣传影像画面，但它同时具备监控探头的功能。这种电屏无处不在，大街上、办公室中、家里，凡是有人活动的地方，就有这玩意，而且它是无法关闭的，它不但指导着、命令着每一个人的生活，还严密监控着每个人的一举一动。然后是神出鬼没、无所不在的思想警察，他们都是便衣特工，身边的每一个普通人的真实身份都可能是思想警察，他们拥有很大的权力，他们可以让一个人人间蒸发，就像从来没有出生过一样。最后是每一个孩子都被党教导成忠诚的告密者，他们会密切监视父母的一举一动，党给每一个孩子洗脑，从小让他们穿上蓝短裤、灰衬衫，告诉他们这是少年侦察队的制服，孩子们从小就知道什么是叛徒、什么是思想犯，他们以偷听到父母的反动言论并向思想警察告发为荣。

温斯顿所供职的真理部还有一个重要的工作就是消灭词汇，创造新语言。党认为，语言是思想的载体，语言越复杂，思想也就越复杂，要改造思想，最根本的方法就是改造语言。例如：有了一个“好”字，就没有必要再创造一个反义词“坏”字，只要说“非好”就可以了。同理，也就没有必要再创造表现形容词的比较级、最高级的词汇，像“精彩”“出色”这样含混不清的词汇有什么意义呢？要表达比“好”更好一级，只需要有“加好”就够了，想再加强一点，只需要有“双加好”“倍加好”就可以了，因此，整个表示“好”的词汇其实只需要一个词、六种变体就足够了。新语言的全部目的就是为了缩小思想的范围，最后人们也就不可能再犯任何思想罪了，因为没有词汇可以表达更多的思想，所有的词、意义都受到严格的限制，一切附带的含义都被消灭，于是，词汇逐年减少，意识的范围也就逐年减小。语言完善之时，即革命完成之日。

温斯顿在真理部有一个女同事，叫裘莉娅，她带着一根红腰带，那是青少年反性同盟的标志，红腰带表示着严苛的禁欲和贞洁。温斯顿从内心深处憎恶这种思想，因为自己的妻子也是这种思想的追随者。然而，有一天，温斯顿却接到了裘莉娅塞过来的一张纸条，上面写着“我爱你”。温斯顿这才发现，原来裘莉娅跟自己一样，也是一个思想犯。他们开始暗中往来，秘密约会，他们相爱了，可是思想警察无处不在，他们自认为绝对安全的约会地—— 一个无产者的小铺子，其实铺子的主人就是一个思想警察，他们俩的所有行动都处在了严密的监视中。

鉴于温斯顿的党员身份，思想警察的头子奥勃良决定亲自诱捕他，并把他塑造为典型。奥勃良假扮成反党组织兄弟会的成员，秘密接触温斯顿。兄弟会在大洋国是一个传说，传说兄弟会的领导人果尔德施坦因早年是大洋国社会主义革命的领导者之一，后来背叛革命成为国家的象征敌人。传说中，兄弟会有一本秘密反革命小册子，它的正式书名是《寡头政治体系的理论和实践》，但是人人都把它叫作“那本书”。实际上，兄弟会和果尔德斯坦因到底是不是真实的存在，可能是大洋国永远的秘密，但是党需要它的存在，有了敌人才能进行正反面教育。奥勃良取得温斯顿信任的方式就是给了温斯顿“那本书”。这让温斯顿和裘莉娅都如获至宝，他们如饥似渴地在约会处阅读了起来：

> 在五十年代和六十年代的革命时期，社会像过去一样又重新划分为上等人、中等人、下等人三类，不过新的这类上等人同他的前辈不同，不是凭直觉行事，他们知道需要怎样来保卫他们的地位，他们早已认识到寡头政体的唯一可靠基础是集体主义。财富和特权如为共同所有则最容易保卫。在本世纪中叶出现的所谓“取消私有制”，实际上意味着把财产集中到比以

前更少得多的一批人手中，不同的只是：新主人是一个集团，而不是一批个人。从个人来说，党员没有任何财产，有的只是一些微不足道的个人随身财物，从集体来说，大洋国里什么都是属于党的财产，因为什么都归他控制，他有权按他认为合适的方式处理产品。其结果就是把经济不平等永久化了。这可以预见到，也是事先有意如此。

但是把等级社会永久化的问题，却比这深刻得多。统治集团只有在四种情况下才会丧失权力，或者是被外部力量所征服；或者是统治无能，群众起来造反；或者是让一个强大而不满的中等人集团出现；或者是自己丧失了统治的信心和意志。这四个原因并不单个起作用，在某种程度上总是同时存在。统治阶级如能防止这四个原因的产生就能永久当权，最终的决定性因素是统治阶级本身的精神状态。

大洋国的社会总结构，雄踞金字塔最高峰的是老大哥。他一贯正确，全才全能。一切成就、一切胜利、一切科学发明、一切知识、一切智慧、一切美德都来自他的领导和感召。在老大哥之下是核心党，党员限定在六百万人，占人口总数的百分之二。核心党下面是外围党，如果说核心党是国家的头脑，外围党就可以比作手。外围党下面是无声的群众，我们习惯称为“无产者”，占人口的85%。由谁掌握权力不重要，只要等级结构不变。我们时代的一切信念、习惯、趣味、感情、思想状态，其目的都是为了保持党的神秘性，防止有人看穿目前社会的真正本质。

“那本书”还没全部读完，思想警察已经包围了他们的住处，温斯顿和裘莉娅双双被捕。他们的下一站就是名字很美，但恐怕是天底下最恐怖的地方——仁爱部。接下来，就是一段很长时间，有系统有计划的审问和拷打，温斯顿也终于知道了奥勃良的真实身份，也知道了他看的那本书不是兄弟会的“那本书”，而是思想警察部的集体杰作，目的就是为了引蛇出洞。不过，普通的审讯、拷打，甚至电击都没有摧毁温斯顿的意志，虽然他招供了关于他和裘莉娅的一切，但是温斯顿没有停止爱她，没有在思想上背叛她。对这样的结果，党是不满意的，思想警察胜利的标志是要在思想上彻底驯服思想犯。于是，奥勃良终于使出了杀手锏，他们把温斯顿带到了传说中的101室，这是仁爱部最可怕的房间。世界上最可怕的东西因人而异，可能是活埋，可能是烧死，也可能是淹死，也可能是钉死等各种各样的死法。在某些情况下，最可怕的东西是一些微不足道的小东西，甚至不是致命的东西。

对温斯顿来说，这样东西就是老鼠，他对老鼠的恐惧是与生俱来的，是根植在内心深处的。一个铁笼子中装着一群饥饿的老鼠，他们在笼子中吱吱地叫着。当笼子的铁丝网碰到温斯顿的脸颊上时，他终于因恐惧而崩溃了，他开始疯狂地喊叫：“去咬裘莉亚！”思想警察胜利了，温斯顿被成功地洗脑，接受党的学说并热爱老大哥。

为了检验成果，思想警察短暂地释放了温斯顿，让他回到了社会。裘莉娅大概也经历了与他相似的经历，因为她们在社会中再次偶遇。

> 裘莉娅若无其事地说：“我出卖了你。”
>
> 温斯顿也说：“我出卖了你。”
>
> 他们互相憎恶地对看了一眼。
>
> 裘莉娅继续说：“有时候，他们用什么东西来威胁你，这东西你无法忍受，而且想都不能想。于是你就说，‘别这样对我，对别人去，对某某人去’。后来你也许可以伪装，这不过是一种计策，这么说是为了使他们停下来，真的意思并不是这样。但是这不对。当时你说的真是这个意思。你认为没有别的办法可以救你，因此你很愿意用这个办法来救自己。你真的愿

意这事发生在另外一个人身上。他受得了受不了，你根本不在乎。你关心的只是你自己。”

温斯顿附和说：“对，你关心的只是你自己。”

裘莉娅说：“在这以后，你对另外那个人的感情就不一样了。”

温斯顿说：“是的，不一样了。我们以后见吧。”

裘莉娅随口附和道：“好的，我们以后见吧。”

温斯顿成了一个嗜酒的闲散人员，他在酒吧中听着新闻，说大洋国在对欧亚国的战争中取得了决定性的胜利，这使他的思想彻底归顺，接受了党对社会和生活的描述。但党又把他带上了法庭，他站在被告席上，什么都招认，什么人都“咬”。等待已久的子弹穿透了他的脑袋，温斯顿觉得一切都很好，斗争已经结束了，他战胜了自己，他热爱老大哥。这是一个令人毛骨悚然的故事，尤其是到了小说的最后，会有一种窒息般的绝望感从书页中向你压迫过来。当我读完最后一个字时，我像惧怕毒蛇一样把书扔在一边，看着它漆黑的封皮就像看着一个恐怖的面具。

《1984》这本小说在英语世界中产生了极为广泛的影响，有很多词汇，都成了英语中的常见词汇，例如：Big brother（老大哥），Double think（双重思想），Thought police（思想警察），Thought crime（思想犯罪），还有101室、忘怀洞、2+2=5，等等，这些词汇都被用来指代极权主义，在英文里面还有一个形容词Orwellian，也就是“奥威尔式的”，用来表示乔治·奥威尔的著作特征及相关的联想，可见这部小说对整个西方世界造成的影响有多大。苹果公司在历史上曾经有一则著名的广告，是乔布斯亲自创意的，那是在1984年的1月24日，苹果公司发布了一款革命性的个人电脑产品，就是大名鼎鼎的Macintosh电脑，这是世界上第一款图形界面的电脑。乔布斯为这款产品精心策划的一则广告就定名为“1984”，60秒的广告取得了空前的成功，他就是以小说

《1984》为背景设计的，今天看来都相当震撼。

小说中所描述的令人恐怖至极的未来极权社会好在没有在我们的世界中发生，但是它始终具有现实的警示意义。

如果大家想看《1984》的电影的话，根据原著小说改编的同名电影分别在1956年和1984年上映过，但这两部电影口碑一般，我要向大家大力推荐另外两部贯彻《1984》精髓的电影，第一部就是2005年上映的《V字仇杀队》，主演是著名演员雨果·维文，就是《黑客帝国》中的史密斯，导演也正是《黑客帝国》的导演沃卓斯基姐妹，他们的组合是电影质量的保证。第二部是2002年上映的《撕裂的末日》，也叫作《重装任务》，这部电影差不多集合了《我们》《美丽新世界》《1984》这三部反乌托邦经典小说的故事背景设定，是这个类型电影中的巅峰之作。但这部电影的名气似乎不大，豆瓣评分远比《V字仇杀队》低，我个人非常为它鸣不平。

《1984》这部小说不长，不到20万字，但是，用“字字珠玑”来形容这部小说非常贴切，几乎是随便翻开一页，就能读到金句或者发人深省的文字。在喜马拉雅上不止一本全本有声书，建议大家有时间的话不妨全文阅读或者听一遍有声书，你一定会有收获，它比《银河英雄传说》可是有深度多了。

国内优秀的社会学科幻小说

《北京折叠》和《死亡考试》

2015年，刘慈欣的《三体》获得了“雨果奖”，在国内掀起了一股阅读《三体》的热潮，也让“雨果奖”这个原本没有几个中国人知道的美国文学奖项一下子变得人尽皆知，有些不明就里的读者还把“雨果奖”同“诺贝尔文学奖”混为一谈。紧接着到了2016年，《北京折叠》这部小说获得第74届“雨果奖”的消息传到国内后，又引发了媒体的热议，那么我们今天就从“雨果奖”开始讲起。

首先澄清一个最大的误解，这里说的雨果并不是法国大文豪，写《悲惨世界》的那个雨果。我曾经看到一些记者写的文章说，一听这奖的名字就知道这个奖主要关注文学性而不是科幻性，我一看就知道这个记者肯定搞错人了。实际上，“雨果奖”的雨果是雨果·根斯巴克（Hugo Gernsback，1884年8月16日—1967年8月19日），卢森堡裔美国发明家、作家、杂志出版商，他出版的刊物包括第一本科幻小说杂志。他对出版界的贡献巨大，有时与儒勒·凡尔纳（Jules Gabriel Verne）和赫伯特·乔治·威尔斯（Herbert George Wells）一起被称为“科幻小说之父”。1950年，雨果创立了科幻成就奖，但是民间一般都把它叫作“雨果奖”，到了1958年，官方干脆就更名为“雨果奖”了，而且评奖的作品从原来的科幻作品改为了科幻与奇幻作品，因此像《魔戒》《哈利波特》这样的魔幻作品也都是可以参与“雨果奖”角逐的，但可能是由于这个奖项的基因关系，也可能是由于评奖方式的关系，历年来获得提名的魔幻类作品确实也有一些，但是拿到最佳长篇小说奖的一部也没有，连《哈利波特》这样的名作，也只是获得了提名，没有得奖。

经过60多年的发展，现在的“雨果奖”已经有点儿像奥斯卡奖了，有10多个类别，但这些类别中有些并不是常年颁发的。其中比较重要的类别有最佳长篇小说（4万字以上），这就相当于是奥斯卡中的最佳影片，是含金量最高的一个奖项。然后就是最佳中长篇小说（17500 字到4万字）、最佳中短篇小说（7500字到17500字）、最佳短篇小说（7500字以下），还有最佳戏剧表现、最佳绘本、最佳杂志之类的奖项，总之林林总总一大堆，有些年份还会特别增设一些奖项，例如最佳系列小说、最佳新作家等，甚至还颁发过最佳爱好者奖，相当于给粉丝颁个奖。

那么，每年的“雨果奖”到底是怎么评出来的呢？我以2017年的评奖过程为例，大致是这样。凡是在2016年内出版的所有科幻和奇幻小说，但必须是英文的，都有资格获得提名。谁来提名？必须是世界科幻小说协会的会员才有资格提名，说是全球总共有2000多名会员，其实基本上都是美国人。每年的1月到3月是提名时间，根据票数，最终入围提名的作品一般是6部左右，2018年的4月4日，“雨果奖”的官方网站就发布了公告，根据2464张合法选票的计票结果，宣布了2017年的“雨果奖”最终提名作品，其中最佳长篇小说提名就有《三体3：死神永生》。接下去就是正式投票选出最终获奖作品。投票资格就比较有意思了。首先，2017年8月9日到13日，在芬兰的赫尔辛基举办了第75届世界科幻大会，这相当于是一次嘉年华活动，有论坛、展会、表演、游戏等等，围绕着科幻和魔幻的主题，形式丰富多样。每一位参加这次科幻大会的观众都会得到一张合法的选票，未成年人除外。怎么参加科幻大会呢？很简单，交钱买门票就可以了，均价大概是150美金左右。买了门票后，就可以投票，在活动开始前都有效。当然，所有世界科幻小说协会的2000多名会员也都会有一张正式选票，获得票数最多的一部作品获奖。不过，在“雨果奖”60多年的历史上曾经有过三次，两部长篇小说同时获奖。

2015年，《三体1》获得了“雨果奖”的最佳长篇小说奖；2016年《三体2》没有获得提名，《北京折叠》则获得最佳中长篇小说奖。《北京折叠》和《三体2》，一个是中长篇小说2.1万字，一个是长篇小说20多万字，所以说，它们角逐的根本不是同一个奖项，含金量也差得很大，不存在《北京折叠》战胜《三体2》这一说法。

除了“雨果奖”，世界科幻小说协会还有另外一个奖，叫作“星云奖”，这是完全由科幻小说协会的会员票选出来的。因此，“雨果奖”相当于是由读者评选出来的奖，而“星云奖”则是由同行评选出来的奖。历史上有很多作品同时获得这两个奖。

这里要给大家介绍两部国产科幻短篇——《北京折叠》和《死亡考试》，它们也都是属于社会学科幻类型的，与《1984》在大类上是同属于一个类别。我们先来谈《北京折叠》。

《北京折叠》一共2万多字，讲了这样一个故事：

随着科技的进步，机器逐步取代了人力，这使得大量的工人失业，人口过剩问题日益严峻。欧洲采取的对策是强行减少每人的工作时间，增加就业机会，可是这样做的后果是社会失去活力。于是，聪明的中国人，准确地说是北京政府，想出了一个绝妙的主意，那就是彻底减少一些人的生活时间，再给他们找到活儿干。怎么做到呢？

人们将整个北京市建设成了一个可以翻转和折叠的巨大垃圾桶盖子，每48小时翻转一次。不同社会阶层的人生活在相互隔离的不同空间。第一空间住着权贵统治者，有500万人口，位于大地的一面；大地另一面是拥有2500万中产白领的第二空间和拥有5000万底层劳动者的第三空间。三个空间的居民轮流享受阳光，一个循环是48小时，第一空间享受头一天早上6点到第二天早上6点的24小时，第二空间享受第二天早上6点到晚上10点的16个小时，第三空间享受晚上10点到下个早晨6点的8个小时。每到转换的时间，前一个空间的居民需要躺到床上接受催眠，属于前一个空间的建筑等设施折叠起来，下一个空间的建筑展开。

以上就是整个小说的基础架构，也是小说标题的由来。在这样的一个大背景下，作者为我们讲述了一个第三空间小人物的故事。

48岁的老刀是第三空间的一名垃圾工，每天做着分拣垃圾的工作，像他这样的垃圾工在第三空间有2000万人，这还是好不容易找到的工作。老刀没有结婚，几年前他从垃圾站门口捡来的一个女婴糖糖，现在到了该上幼儿园的年龄了。老刀急需一笔钱，因为糖糖表现出音乐方面的天赋，进一个好一点儿的幼儿园需要很多钱。无论付出什么代价，他都想送糖糖去一个能教音乐和跳舞的幼儿园。有一次偶然的机会，老刀混到了第二空间，遇到了一个叫作秦天的在读研究生，秦天愿意出20万雇佣老刀替他去第一空间送一封信，这可是非法的勾当，如果被抓住，是要被判刑的。20万对于秦天这样的一个在读研究生，差不多就是打工两个月的收入，而对于老刀，则是20个月的收入，那是一笔巨款。秦天要送的是一封情书，给一个叫作依言的女孩儿。他们俩是在第一空间的联合国一起实习的时候认识的，俩人相爱了，但是他们却不属于一个阶层，无法自由地交往。

为了女儿糖糖，老刀决定冒这个风险，接下了送信的差事。他向朋友打听到了偷偷溜进第一空间的办法，其实很简单，就是在某个城市折叠的特定处抓紧翻转的土地，随着大地一起翻过去。老刀就这样成功溜进了第一空间，见到了依言，但是女孩告诉老刀，她其实不是实习生，而是一个已婚少妇，丈夫是一个年龄比她大很多的官员，但是依言不想让秦天讨厌自己，她付给老刀10万元，请他告诉秦天暂时不能在一起，但自己喜欢秦天，并附上手写字条。虽然老刀心里觉得这事挺恶心的，但看在钱的份上，他还是答应了依言。谁知在回去的途中遇到了些小波折，先是被发现了，幸而得到了同样是来自第三空间，靠自己的努力挤进了第一空间的老葛的相助，他还冒充服务员混进了折叠城市五十年庆典的宴会上，偷听了一些高官的只言片语，但老刀文化水平有限，也听不太懂。他只是模模糊糊地感到，几个高官的决定，就会改变第三空间几千万人的生活。

老葛给老刀解释了三个空间的由来，这可能是整个小说中最重要的一段话：

> 人工成本往上涨，机器成本往下降，到一定时候就是机器便宜，生产力一改造，升级了，GDP上去了，失业也上去了。怎么办？政策保护？福利？越保护工厂越不雇人。你现在上城外看看，那几公里的厂区就没几个人。农场不也是吗？大农场一搞几千亩地，全设备耕种，根本要不了几个人。咱们当时怎么搞过欧美的，不就是这么规模化搞的吗？但问题是，地都腾出来了，人都省出来了，这些人干吗去呢？欧洲那边是强行减少每人工作时间，增加就业机会，可是这样没活力，你明白吗？最好的办法是彻底减少一些人的生活时间，再给他们找到活儿干。你明白了吧？就是塞到夜里。这样还有一个好处，就是每次通货膨胀几乎传不到底层去，印钞票、花钞票都是能贷款的人消化了，GDP涨了，底下的物价却不涨。人们根本不知道。

听了老葛的这番话，老刀模模糊糊明白了点儿。又经过了一番有惊无险的波折，老刀终于拖着一条受伤的腿回到了第三空间。正赶上公租房的收租负责人和住在他隔壁的女孩就取暖费发生了争执。老刀甩给收租人一张一万元的钞票，让收租人和女孩都看傻了。老刀虚弱地进了家门，看了看糖糖，又准备接着去上班了。

小说到此结束。就是这么一个故事，没有什么太多跌宕起伏的情节，也没有什么悬念包袱，作者很平静地讲述了一个有可能发生在未来的一件小事。

这篇小说最初是2012年发表在“水木清华”社区上，后来先后被国内几家主流的文学杂志选中刊登，然后就是《三体》的翻译者刘宇坤把这篇小说翻译成了英文，收录进他在美国出版的一本介绍中国当代科幻小说的书中，再后来她凭此就得了“雨果奖”。

按照作者郝景芳自己的说法，小说的创意来源是2011年夏天，在读研究生的她找了个高大上的实习单位——国际货币基金组织（IMF）。上班时她时不时透过巨大的玻璃幕墙望着仿佛闪着光的国贸地带，目睹精英与决策者们谈笑之间就可能影响许多人的命运；下了班回到“第三空间”——海淀清河，小区外随处可见摇摇欲坠的棚户、横七竖八的小摊，空洞灰暗的烂尾建筑张着嘴无声地呐喊。她感慨于这种阶层的分化，于是创作了《北京折叠》。她的获奖感言是这么说的：

> 在《北京折叠》这部小说中，我提出了未来的一种可能性，面对着自动化、技术进步、失业、经济停滞等各方面的问题。同时，我也提出了一种解决方案，有一些黑暗，显然并非最好的结果，但也并非最坏的：人们没有活活饿死，年轻人没有被大批送上战场，就像现实中经常发生的那样。我个人不希望我的小说成真，我真诚地希望未来会更加光明。

小说的文学性、思想性都不是我感兴趣的，我只想谈谈我对社科类型科幻的观点。我认为，所有以未来社会某一个横断面为基础背景的科幻小说，必须要做到逻辑上的自洽。这并不是指要符合物理定律，比如阿西莫夫的“基地”系列，一上来就有了个超光速飞行，这并不符合已知的物理法则，但是老爷子为了做到逻辑上的自洽，专门创造了一个“超空间”的概念。再比如刘慈欣在《三体》中的智子超光速通信也不符合已知的物理定律，但这是为了整个故事的逻辑自洽而服务的。我说的这个逻辑自洽，更通俗一点地讲就是小说家所构造的这个世界必须至少要听上去是合理的，是有可能存在的。

但是，《北京折叠》却没法让我觉得这是一个可以合理存在的世界，至少作者没有能自圆其说。第一，作者说《北京折叠》是为了解决过剩的人口问题，把他们塞到夜里，让他们每48个小时只清醒6个小时。这里我首先就要问了，为什么不用围墙？既然人们都是被催眠的，那么就与白天黑夜没关系。把整个城市翻转的成本可远远比到北京城外的某个地方圈一个垃圾处理场要高得多。我实在没有从小说的世界设定中找到折叠的合理性和必要性，也没有找到折叠比围墙更有优势的地方。

第二，在技术实现上实在是过于不靠谱了，简直已经理想到了魔幻的程度。上万平方公里的北京要整个翻转过来，得是什么样的轴承强度，又需要多么巨大的能量消耗！要知道，翻转一栋楼房需要的能量是很容易通过计算重力势能的变化计算出来的，我没有去真的估算一下，但是按照我的经验，翻转一次需要的能量恐怕要远远超过目前地球上人类一天消耗的能量总和。被翻转过去的建筑和土地如何克服重力保持稳定？小说中说物体都要用玻璃罩子罩住，以免摔落。真正困难的是，整栋建筑物如何维持稳定，土地如何维持稳定？难道所有的土层都用胶水粘上不成？建筑物又怎么头朝下地固定住？按小说中的暗示，翻转是在很短的时间内，大概最多也就是10多分钟的时间内完成的，因为小说在描述空间时间分配的时候，都把折叠的时间忽略不计了，如果按照这个计算一下翻转启动时所需要的加速度和翻转完成时所需要的减速度，再考虑到如此巨大的质量，我都不敢想象加速减速产生的巨大应力会造成什么样的后果。动量的巨大也难以想象，我甚至觉得这种技术要比建造接近光速的星际战舰还要困难。

第三，也是最荒诞的一点。按小说的描述，第一空间的精英们是醒24小时，睡24小时。或许生物钟的调节不构成根本障碍，但小说一句也没提。最大的问题是，中国的精英们和外国的精英们不需要沟通联络了吗？这个世界的经济怎么运作？政治怎么运作？跨国贸易怎么运作？北京是中国的政治中枢，国家的管理者们醒24小时，睡24小时，这个国家还能运作吗？尤其是小说还暗示了似乎只有北京城是折叠的，北京城以外的世界都是一如往昔的。小说中明确说了欧洲是不折叠的。大家沿着这个世界设定往下想一下，都不用怎么深想，你可以很快找到一大堆的难题。

有些人可能会觉得我是在吹毛求疵，他们只关注小说的思想性和文学性，这种科学问题显得很低档。但我坚持认为，作为科幻小说，一个逻辑上自洽的世界设定是必需的，否则这个故事就很容易出现各种各样的漏洞。比如说，小说中有一段描写上幼儿园怎么难的文字，说第三空间的人为了抢一个幼儿园的名额，要排40多小时的队伍，作者写的时候一不小心就忘了自己的世界设定，这很好理解，一个不自洽的世界设定，想要避免这种逻辑矛盾几乎是不可能的。小说也不可能扩充成一部长篇来写，篇幅越长，矛盾就会越多，很快就会出现解不开的逻辑死结。我在网上看到的某篇采访报道中说郝景芳的《北京折叠》只是一个长篇的一小部分，我不知道真假，但我真心劝郝景芳老师："这篇小说越短越好，继续写就是一个大坑，你肯定爬不出来。"

同样是国内的一位科幻作家，也同样是社会学科幻类型，却有一篇佳作在大陆被埋没了，我觉得很可惜，很有必要把它翻出来介绍给大家。

2008年，上海的一位科幻作家丁丁虫写了一个科幻短篇，起名为《死亡考试》，他先是投给了国内的几个科幻刊物，都遭到了退稿，作者就将这篇小说投给了台湾地区一年一度的"倪匡科幻奖"主办方，随后小说获得了2009年第九届“倪匡科幻奖”的首奖，也就是第一名。台湾地区的这个奖项为了表彰著名的华人科幻小说作家倪匡而设立，倪匡就是写“卫斯理系列”的那位作家。每次的评奖主持人就是台湾地区著名的科幻研究者、传播者、翻译者叶李华博士，他就是翻译阿西莫夫《银河帝国》全15册的译者，翻译功底非常好，科学素养非常高。

我之所以知道《死亡考试》这篇小说，是听了叶李华博士在一个谈科幻的电台节目中的隆重推荐，叶博士给予了其极高的评价。

在写作本书之前，我通过天艺老刘的介绍，在微信上采访了作者丁丁虫。他认为科幻的一大作用是描绘悲观的未来，以此避免人类真的走向那样的悲惨世界。所以它隐含两层意思：一是科幻想象的未来往往都是悲观的；二是写出这种悲观故事的人，其实都带着谨慎的乐观，期盼未来不会发展成那个样子。

我相信大家的胃口应该是被吊起来了，很想知道《死亡考试》到底讲了一个什么样的故事。那么我今天却要一反常态，不在书中透露故事情节，希望大家自己去阅读原文。整篇小说刚好1万字，读一遍也就是半个小时的事情。考虑到这篇小说并没有在大陆发表过，所以还不太容易找到，经过作者的授权，我把这篇小说的全文放到了我的微信公众号中，大家只要在我“科学有故事”的微信公号中回复关键词“死亡考试”四个字，就可以看到这篇小说的全文。

我认为《北京折叠》和《死亡考试》是可以做一番比较的，它们都是属于同一个类型的科幻小说，同样描述的是一种未来社会的可能形态，也都是关注小人物的生活。《北京折叠》一上来就给我们展现了一副非常宏大的视觉效果，巨大的城市在机器的轰鸣声中折叠，让我们脑海里不由地浮现出电影《盗梦空间》中的那些气势恢宏的场景。而《死亡考试》刚好相反，故事开始于一场两个老头之间的普通对话，社会结构的图景随着小说情节的推进徐徐展开。看似荒诞的事情却被作者编得有鼻子有眼，有一点儿像《1984》的感觉，那些听上去不可思议的事情，在扭曲的社会制度下，却一一变得合乎逻辑。我觉得《死亡考试》可以继续扩充成一篇长篇小说，用类似于《阿甘正传》的手法，描写一个小人物在合法死亡的路上遇到的各种心酸事、荒唐事，以此烘托出一个巨大但扭曲的社会制度，让读者在大笑中带着眼泪送别小人物的遗体。

总之，我认为社科类的科幻是科幻小说中的一个旁支，但又是最难写的一个旁支，它对作品的思想性有天然的要求，构建一个逻辑上自洽的不同于现在的未来社会制度是挺难的一件事情。所以这种类型的科幻小说总体来说是非常少的，但它又的确是科幻中一个无法忽视的类别。

我希望通过对《1984》以及这两个短篇的介绍，让你对科幻有一个更加全面的印象。

科幻广播剧《冷酷的方程式》

在科幻的黄金时代，曾经有一篇非常著名的短篇小说，尽管它的作者很不出名，以至于很多人都以为这个短篇小说是阿瑟·克拉克的作品，因为风格与克拉克非常接近。这个短篇小说叫作《冷酷的方程式》，作者的名字叫作汤姆·戈德温。刘慈欣对这篇小说印象非常深刻，在他的访谈和杂文中，他多次提到这篇小说。这篇小说为我们展示了一个无情、冰冷，但无比真实的宇宙，它告诉我们什么是自然法则。它是一次深刻的思想实验。

原著小说一共不到2万字，但诚恳地说，这篇小说的文笔和写作手法可能并不符合现代中国人的审美口味。并且我觉得原著小说在背景设定和逻辑上也存在着不小的问题，让我感觉很不自然。但这篇小说的核心创意却非常令人喜欢，甚至可以说非常令人震撼。所以，我把这篇小说彻底重新改写了一遍，核心思想不变，但除了文章标题和几个名称外，所有的故事情节和人物设定都做了重构。我依然采用了广播剧的形式来给大家演绎我重写的这篇《冷酷的方程式》。

不过考虑到有很多未成年人读我的书，我必须做一个严肃的提醒。

这出广播剧可能会包含令少年儿童感到害怕和不适的内容。我强烈建议家长自己先看一遍，然后再决定是否要给孩子看。这不是跟大家开玩笑，我是认真的。

曲亚飞：急救飞船驾驶员，35岁，性格沉稳、冷静

兰兰：12岁，曲亚飞的外甥女

王队长：地面飞控中心总指挥

曲琼：42岁，兰兰的母亲，曲亚飞的姐姐

达康书记：50岁，男性，北京市委书记

航天技术专家1

航天技术专家2

航天部法务司司长：45岁，男性，律师出身

高级人民法院院长：60岁，男性，沉稳内敛

旁白：公元2067年5月13日凌晨1点。（停顿，火箭起飞音效）星尘号太空急救飞船奉命紧急起飞，前往土卫二。这颗被称为恩克拉多斯的土星卫星在50年前被证实具备孕育生命的全部条件，于是，全世界各国的航天机构展开了竞赛，谁都希望能成为人类历史上首个找到外星生命的国家。20小时前，北京飞控中心收到了来自土卫二考察站的求救信号，六名考察队员全都出现了不明原因的发热症状，疑似病毒感染。飞控中心的专家们既兴奋又紧张，这很有可能是被外星微生物感染导致的。于是，星尘号载着一套最先进的医疗设备紧急起飞，驾驶星尘号的是35岁的航天员曲亚飞，考察队的队长曲琼就是他的姐姐。

曲亚飞：“北京，北京。这里是星尘号。聚变引擎顺利关闭，航速92。报告完毕。”

王队长：“北京收到。星尘号，请检查飞船推进时间，地面计算机显示，加速时间比预计时间增加了61秒。完毕。”

曲亚飞：“北京，星尘号航行日志显示，加速时间确实比预计用时多了61秒。正在全面复查。报告完毕。”

王队长：“收到。”

曲亚飞：“北京。复查结果无误。飞船加速时间超过预期，请求飞控中心指示。完毕。”

王队长（非常严厉地）：“亚飞，你是不是私带了什么物品上飞船？开什么国际玩笑！你以为还是飞歼四零呢？飞船的起飞质量超出了30千克。完毕。”

曲亚飞：“王队，我以自己的生命向您保证，我没有，也不可能拿自己的生命开玩笑。完毕。”

王队长（严肃地）：“星尘号，请立即检查全船，找出那多出来的30千克。完毕。”

曲亚飞：“是。星尘号收到。”

旁白：飞船发射前，会根据航线坐标、飞船本身的质量、驾驶员和货物的质量，决定每艘急救飞船的航程所需燃料的精确额。计算必须精确到以克为单位，装载量略高于需求量，以应对一些不可控的意外情况。核聚变引擎虽然大大提高了推重比，但依然需要携带远大于飞船本身质量的燃料。这种计算一旦失误，导致的后果将是灾难性的。曲亚飞对这一点非常清楚，他正在用各种方式对飞船进行着扫描检查。当屏幕上的显示模式切换到热成像时，曲亚飞一眼就看到了货仓中的一个人形红斑——一名偷渡者！曲亚飞倒吸了一口凉气。他立即起身，松开安全带，一只手在助力管上一撑，娴熟地向货仓漂了过去。

（船舱门开启的声音）

曲亚飞（严厉）：“不管你是什么人，扶着助力管，慢慢出来。我手上有武器，随时可以开枪。”

曲亚飞（严厉）：“再说一遍，慢慢出来，把双手放在让我能看见的地方。”

兰兰（笑着）：“好吧，我出来了，从来没有见你这么凶过。”

（一阵窸窸窣窣声后）

兰兰（胆怯地）：“舅舅。”

曲亚飞（惊呼）：“兰兰！你怎么跑来了！”

兰兰（天真地）：“我要去看妈妈！我听到你们的谈话了，我很担心妈妈，我要去看她。”

曲亚飞（悲愤地）：“哦，天哪，你是怎么上来的？”

兰兰：“我跟飞控中心的保安们都很熟啊，趁他们不注意，我就偷偷地溜上来了。”

曲亚飞（气急败坏）：“应该把这些保安都枪毙！”

兰兰（疑惑）：“为什么啊？舅舅，你今天怎么那么凶？我来陪你不好吗？你平时不是可喜欢和我在一起的吗？”

曲亚飞（都快哭出来了）：“兰兰，有些事情你不懂啊，你可是闯大祸了。”

曲亚飞（喃喃自语）：“希望有办法，一定会有办法的，我得立即联络北京。”

（一连串的点击屏幕按钮发出的滴滴声，后面的对话，要有比之前飞船和地面对话更明显的迟滞感。无线电声和原声频繁切换，用以模拟电影镜头的切换感。）

曲亚飞：“北京，北京，我是星尘号。收到请回答。”

王队长：“北京收到。”

曲亚飞：“30千克的额外质量已经找到，是……是兰兰。完毕。”

王队长（惊呼）：“（无线电声）你说什么！”

王队长：（原声）“兰兰在飞船上！”（水杯碰翻、落地、摔碎的声音）

曲亚飞：“是的，王队，请您一定要想想办法。我求求您了。完毕。”

王队长：“我立即召开紧急会议，请示上级领导，请等待指示，保持冷静。完毕。”

旁白：此时的王队长和曲亚飞心中冒出的都是《航天法》修正案第21条那冰冷的文字：船长在履行宇航中安全保卫职责时，行使下列权力：对发现的偷渡者，应根据本法第7条进行安全评估并有权当场决定将偷渡者立刻遗弃至太空。这条修正案是2057年底通过的，又被称为“杨振宁条款”。那一年发生了航天史上著名的“杨振宁号”悲剧：一名偷渡者成功登上了飞往火星的“杨振宁号”补给船，在飞行途中被船员发现，船长不忍将其抛出舱外，最终导致飞船减速燃料不足，降落速度过快，坠毁在火星表面，9名船员连同偷渡者全部遇难。火星考察站也因为缺乏药品的补给，2名队员染病身亡。

兰兰：“舅舅，你不喜欢我来陪你吗？我能跟妈妈通讯吗？”

曲亚飞：“我喜欢，但不是在这里。兰兰，舅舅会尽可能地联系上妈妈。”

（女声音效：您有未读的语音消息，是否立即收听）

曲亚飞：“是你妈妈从恩克拉多斯发来的消息。”

兰兰：“啊，妈妈知道我在这里了？”

曲亚飞：“当然不是，你妈妈距离我们有10个天文单位呢。这个消息是一个多小时前发出的。”

（几声滴滴声，表示曲亚飞点击读取语音消息）

曲琼（虚弱地）：“亚飞，我知道你现在正在赶来的路上。这边的情况不是太好，病情的发展比我们预计的要迅速。已经有2名队员出现了脱水和呼吸困难的症状。我们会坚持。亚飞，你知道我最放心不下的是谁？兰兰没有爸爸，万一我出现什么意外，兰兰就只能托付给你了。”

兰兰：“妈妈，我在这里，我来看你了，你肯定会没事的。”

曲亚飞：“兰兰，这不是电话，妈妈听不见。你别急，我们给妈妈回一个消息。”

（一连串的点击屏幕按钮发出的滴滴声）

曲亚飞：“北京，北京，这里是星尘号。收到请回答。”

王队长：“北京收到。”

曲亚飞：“王队，我收到来自土卫二的消息了，想必北京也了解那边的危急情况了。现在，兰兰想给她妈妈发消息。我希望能得到批准，现在这样的情况，她们说话的机会……王队，你肯定明白我的意思。”

（王队长的深呼吸声）

王队长：“我批准你的请求。”

（一连串的点击屏幕按钮发出的滴滴声）

曲亚飞：“兰兰，你现在可以给妈妈留言了。”

兰兰：“妈妈，我是兰兰，我现在正和舅舅在一起呢，我们很快就会飞到你那里了。你一定要坚持住啊，我可想你啦。”

曲亚飞：“姐，你听我说，兰兰今天偷偷溜上了飞船，安保人员竟然没有发现。现在北京正在紧急开会商量对策。星尘号已经达到预定巡航速度，预计64小时17分后泊入土星轨道。请一定要坚持住。现在的情况有多复杂，你一定能理解，跟兰兰说几句话吧。”

旁白：曲亚飞将语音消息发送了出去，这个令人绝望的消息以光速向土星飞去，最快也要在1小时15分钟后才能被他的姐姐、兰兰的妈妈曲琼听到。而曲琼的回信又要经历1个小时多一点儿才能被星尘号收到，这是全宇宙的法律，谁也无法破坏这冰冷、坚硬的自然法则。曲亚飞心里很清楚，现在的这种和平、宁静维持不了多久，他的心中不知道已经盘算过多少种方案，可是没有一种方案能摆脱眼下的两难困境。他带着兰兰在飞船的各处参观着，假装是一次普通的度假旅行。（背景配上兰兰天真烂漫的笑声）此时此刻，北京的视频会议正在紧张地召开着。与会的除了此次救援任务的地面总指挥王队长、航天技术专家，还有航天部法务司的司长、北京市高级人民法院的院长、北京市的市委书记以及若干位资深的人大代表等。

王队长："事情的前因后果我刚才已经做了详细的汇报，我再次总结一下，希望各位领导和院长能充分明白我们现在的两难处境。第一，这次救援飞行是一次单程任务，为了尽快抵达目的地，星尘号并没有携带返航的燃料，而且只携带了极少量的食物。第二，如果星尘号的质量不变，目前剩余的燃料已经不足以减速降落在土卫二上，强行迫降只会导致10年前的'杨振宁号'悲剧重演。第三，恩克拉多斯考察站上的情况也非常危急，如果医疗设备不能及时抵达，我们很可能失去全部六名考察队员。"

北京市委书记："真的不能把飞船上的一些无关物品抛掉以减少30千克的质量吗？"

专家1："达康书记，为了能获得最高的巡航速度，这次航行任务我们已经把质量精确计算到了以克为单位，能够卸除的载荷在起飞前就已经全部卸除，即便是把所有的食物和水，以及航天员的衣服和兰兰的衣服全部抛掉，质量还是大出太多了。"

专家2：“各位领导，事情发生以后，我们飞控中心的技术团队没有一个人的脑子是闲着的，如果在技术上能解决这次危机，王队也不会请求法务司长召开这个紧急会议了。”

航天部法务司长：“现在我们面临的就是洞穴奇案，读书的时候以为这种事情只会发生在教科书中，没想到真的发生了。这是死一个还是全部死的问题。根据《航天法》修正案第21条的规定，我们只能命令航天员将偷渡者抛出舱外。”

北京市委书记：“说得倒是轻松。你知道偷渡者（‘偷渡者’三个字加重语气）是谁吗？她是航天员曲亚飞的亲外甥女，土卫二考察队队长的女儿。一个12岁天真烂漫的少女，她只是因为好奇、好玩、思念妈妈，偷偷溜进了飞船，她还是个花季少女啊……”（被打断）

王队长：“达康书记，我是看着兰兰长大的，兰兰的妈妈和亚飞都是我最好的朋友，可以说，我比你们在座的任何一位都痛苦。如果这种事情发生在地球上，哪怕是在茫茫的大海上，我想我们都能找到解决方案。可是，现在他们是在距离地球1亿多千米的太空中。在那儿，主宰飞船命运的只有冷酷的方程式，不论是一位少女还是一台发动机，在这个方程式中都只不过是一个质量参数m。兰兰触犯的不是地球人定下的第21条，而是大自然定下的物理定律。数学公式就摆在那里，人人都可以计算出结果，谁也无法改变它的结果。”

法院院长：“看来，真的是没有办法了。在我的职业生涯中，这恐怕是最艰难的一次判决。我以为我早就可以将个人情感和法律工作分离，其实没有人能真正做到。有生以来，我第一次对自己选择了这个职业感到沮丧。（停顿，缓缓地）我批准你们依据《航天法》修正案第21条，执行一切必要的措施。”

（一小段音乐过场）

旁白：在深邃、漆黑的太空中，星尘号就像一粒漂浮的尘埃，尽管以2%的光速飞行着，可是在无数星光和巨大的银河旋臂的映衬下，它就像是静止不动的。此时的星尘号，刚刚掠过巨大的木星，如果以木星作为背景，木星的大红斑就像一只巨眼，而星尘号则像是巨眼的瞳仁。飞向土星的航程刚刚过半，距离土星还有将近30小时的航程。兰兰漂浮在飞船中，甜甜地睡着了，她完全不知道在过去的30多个小时中，有多少人为了她的命运忙碌着。曲亚飞看着兰兰长长的睫毛，轻轻煽动的鼻翼，他愿意为了眼前的这个少女献出自己的生命。可是，有更多的生命在等待着他去拯救。一个小时前，北京的指令到达星尘号，附带着高级法院的执行通知书。虽然曲亚飞已经无数次想到了这个可怕的结果，他的心中依然保留着一丝希望，现在，希望化为了泡影。曲亚飞无声地哭泣着，一滴滴晶莹的泪水漂了起来，像无数的钻石反射着星光。

（女声音效：您有未读的语音消息，是否立即收听）

旁白：电脑全息屏幕上跳动着来自王队长和曲琼的消息包。曲亚飞带上了耳机。

（触摸屏幕的滴滴声）

王队长："亚飞，请相信我们，真的已经尽力了，这30多个小时中，飞控中心的技术团队没有一个人休息，领导和首长们也都在陪着我们寻找方法。我知道，你宁愿牺牲自己也不愿意伤害兰兰，我何尝不是这样。如果能一命换一命的话，我会毫不犹豫地牺牲我自己。但是，我们没有权利用牺牲自己的方式剥夺另外六名考察队员的生命。请你相信，兰兰的妈妈会原谅你的。"

（触摸屏幕的滴滴声）

曲琼："亲爱的兰兰，我是妈妈。舅舅告诉我你偷偷上了星尘号，真是让我大吃一惊！不过很快我就不感到惊讶了，因为你就是这样一个总是喜欢给妈妈制造惊喜的孩子。记得你小时候刚学会折纸花那会儿，你费了好多功夫偷偷地折了好多五颜六色的纸花，在我生日那天拿出来送给我，给了我一个大大的惊喜。上学后你慢慢学会了写字，那年春节我放假回家，一到家你就送给我一张自制的贺卡，上面写着‘标准好妈妈’。我是多么喜悦而又惭愧啊，平时忙于训练而很少回家，很少照顾你，哪里够得上一个好妈妈呢？兰兰，妈妈是多么感恩，感恩这个宇宙创造了人类，让我得以作为一个智慧生物来感受这个宇宙的神奇；我更感恩有你做我的女儿，让我获得成为母亲的幸福，让我感受这种人世间最无私、最亲密的情感。不过请你记住，我们来自宇宙，也终有一天要回归宇宙，不管这一天在何时来临，我们都不用害怕，因为我们都是宇宙的孩子。兰兰，你是我的骄傲。妈妈吻你。”（提示：曲琼此时在病危中，因此声音是虚弱中强装欢颜）

（触摸屏幕的滴滴声）

旁白：还有一条来自曲琼的文字消息，标题是“亚飞亲启”，后面还有一个括号中写了一个“密”字，曲亚飞知道姐姐是一个特别细心的人，她是怕这封写给自己的信让兰兰看到。

曲琼：（带回声，与普通语音消息区别，画面镜头在曲亚飞这里）“亚飞，过去的这20多个小时，对我来讲，就好像过完了一生。（原声，画面镜头切换到曲琼录音现场，重复前一句）亚飞，过去的这20多个小时，对我来讲，就好像过完了一生。在等待你和北京回信的过程中，我把自己与兰兰一起度过的每一秒钟都从头到尾回忆了一遍。我恨我自己为什么陪伴兰兰的时间如此短暂，你知道我多想再抱一抱兰兰，亲一亲兰兰，为了她，我愿意死一百次。亚飞，我不会怪你的，我相信兰兰一定会化作一颗美丽的星星，永远飘荡在你我热爱的太空中。她的父亲也是为了航天事业牺牲的，她的血管中流淌着航天人的血，在太空中长眠是我们航天人最大的幸福。你一定要记住，你不是在伤害兰兰，你是在拯救七个人的生命和耗费一代航天人心血的成果，我相信兰兰也一定能理解的，你姐夫的在天之灵也会理解的。我只有一个请求，请不要让她走得痛苦。”（提示：曲琼此时在病危中，其实已经悲痛欲绝，可还要努力保持克制）

旁白：此时的曲亚飞已是泪流满面，他多么希望自己能够放声大哭，让全世界都听到他的哭声，可是，他又生怕吵醒兰兰。他看了一下宇航钟，离减速还剩下28小时31分钟，他与兰兰还剩下28小时的相处时间。他必须珍惜这最后的一天。

兰兰：“舅舅，我梦到妈妈了。咦，你眼睛怎么红红的？哇，好多钻石啊，真漂亮。”

曲亚飞：“舅舅眼睛痒，揉得过头了。这些小水滴是舅舅特地洒出来给你看的，你看，在失重状态下，每颗水珠都会在表面张力的作用下变成一个浑圆的小水球，有趣吗？”

兰兰：“真好玩。”（吹气的声音，兰兰在用嘴对着水球吹）

曲亚飞：“舅舅带你去看银河，好吗？”

兰兰：“哇，在太空中看银河，那一定美极了。”

曲亚飞：“看到了吗？这就是我们的银河，顺着舅舅手指的方向，就是银河系的中心。我们的太阳系其实是在银河系的一个旋臂上，已经快接近银河系的边缘了。整个银河系有2000多亿个像太阳这样的恒星，几乎每一颗恒星周围都有许多行星环绕着转，我们已经发现了几万颗跟地球差不多条件的行星呢！”

兰兰：“那里有外星人吗？”

曲亚飞：“我相信一定有的，只是他们离我们非常非常遥远……”（声音减弱，消失，音乐声渐响）

（音乐持续10来秒，弱下去，但不要消失）

旁白：距离减速只剩下最后不到一小时了，巨大的土星带着美丽的光环占据了星尘号的整个观察窗，那薄如蝉翼，由无数个同心圆组成的星环散发出柔和的光芒，令人迷醉。此时的星尘号就好像钉在一副巨画上的小小图钉，逐渐地缩小。曲亚飞看着沉睡中的兰兰，强迫自己在脑袋中想象着奄奄一息，焦急等待自己的航天员们。他用一只手轻轻托着兰兰的头，另一只手张大虎口，用大拇指和食指慢慢摸到了欢快跳动着的颈动脉，细心寻找着颈动脉窦，那是可以让兰兰最没有痛苦的位置。曲亚飞闭上了双眼，一点一点地按压下去，兰兰那晶莹剔透的皮肤就好像是易碎的瓷娃娃。指尖上的跳动先是越来越明显，过了一会儿，慢慢地弱了下去，兰兰的呼吸也慢慢地弱了下去，她依旧睡得香甜，最后，一切都平静了下来。（略微停顿）曲亚飞抱着兰兰柔软温暖的身体，漂到了减压舱门口。

（舱门开启的声音）（舱门关闭的声音）

曲亚飞：“兰兰，你会化作星尘，永远活在我们的心中。”

（舱门开启的声音，喷气的声音）

旁白：在巨大的土星光环下面，兰兰的身体漂浮在飞船的舷窗边，鲜血从兰兰的口鼻中喷出，像一朵朵盛开的鲜花。冷酷的方程式终于又回归平衡。（引擎喷火的声音）星尘号的减速引擎启动了，强烈的火焰光芒照亮了曲亚飞满是泪痕的脸庞，他终于可以放声大哭了。地球上，无数的烛光为兰兰点亮。

（全剧完）

这次广播剧无论从剧本创作还是配音演员还是后期制作，都是我做到现在，最满意的一出广播剧。首先要特别感谢一个人，她就是兰兰和兰兰母亲的扮演者——张鹂张老师，她是中国传媒大学播音系的老师，一位电影学的女博士，她不仅在这出广播剧中一人分饰了女主角和女配角，还对这出剧的后期制作提供了非常多的指导和帮助。张老师的声音非常好听，她也在喜马拉雅上开了一个电台，大家可以搜索“高维看世界”来找到，高维就是更高一个维度的意思。另外就是要感谢五月同学了，他一个人完成了这出广播剧的所有后期合成工作，为了一个摔杯子的音效，他可是真的自费摔碎了好几个杯子，也是拼了，希望大家能为他送出几个赞。当然，还要感谢我们的老朋友哈哈笑老师、旭宗老师、杰克老师，另外给达康书记配音的也是一位喜马拉雅上的有声书主播，ID是箫客行。我的老听众钢琴魔术师，就是北京的执业律师张楠在这部戏里面客串了航天部法务司长。还有一些其他群众演员我就不一一道谢了。你们每一个人都出色地完成了这部戏中的角色。

在剧本的创作上，我花了很大的力气，也得到了不少的外援。比如在描写《航天法》修正案第21条的时候，为了使得文字能最大限度地逼真模拟法律条文，我特地请教了执业律师张楠，他帮助我依照我国的民航法中的航空安全保卫条例作为蓝本，字斟句酌地完成了虚构的第21条。再比如，为了描写曲亚飞用最没有痛苦的方式结束兰兰的生命，我特地请教了子懿医生，他帮助我完成了谋杀兰兰的全过程，他说这是他这辈子第一次利用自己的专业知识帮人谋杀。再比如，我在写兰兰母亲给兰兰的那个语音消息时，写了几个版本都不能满意，很是苦恼，因为那一段很重要，是全剧的高潮，感情一定要真挚到位。于是我找到了我老婆，给她讲剧本，我让她把自己设想成曲琼，把女儿设想成兰兰，先入戏，然后再用自己的真情去写这段文字，经过了一夜的折磨，第二天她终于写出了令我满意的文字。不过这也把她在精神上折磨得够呛，我感到非常对不住，在此表示感谢。还有我在写高级法院院长的台词的时候，有一句话是“有生以来，我第一次对自己选择了这个职业感到”，这个“感到”后面的词我想了很久，一开始用“后悔”，觉得不妥，过头了，然后用“难过”，力度又不够，还想了“心痛、遗憾、胸闷、纠结”等词，都不满意，最后才找到了“沮丧”这个恰到好处的词。像这样的例子，还有不少。在这些细节上的打磨，都让我自己觉得越来越像一个职业的文字工作者了。任何事情，一旦成为职业以后，就跟业余玩票要有所区别了，必须要有一种专业精神，就像余世维老师曾经说的：“什么是职业，就是你看上去就是干那一行的样子。”

走进弗诺·文奇的科幻世界

《天渊》（上）

在谈赛博朋克的时候，我讲了弗诺·文奇的《真名实姓》，这部写于1981年的科幻小说让弗诺·文奇一举成名，他也没有让科幻迷们失望，又接二连三地创作出了多部史诗级的科幻巨著，对于其他科幻作家来说，一生之中只要能获得一次“雨果奖”就够吹牛一辈子的了，但是对于弗诺·文奇来说，拿“雨果奖”就跟探囊取物一般，几乎就是写一部拿一个奖杯的节奏，这让其他科幻作家都害怕和他在同一年出版作品。我今天就再次带大家走进弗诺·文奇的科幻世界。

弗诺·文奇生于1944年，今年也就70多岁，还在继续创作。在退休之前，他是美国圣迭戈州立大学的计算机科学教授，在他2002年退休开始全职写作之前，他一直都是利用业余时间在创作，因此产量并不高，但是质量很高。能够公开查到的资料显示，他截止到现在总共也就是写了包括《真名实姓》在内的5个中篇小说和6个小说，但这些作品的获奖比例之高是其他职业作家都望尘莫及的。

1992年他的第一部长篇小说《深渊上的火》出版，大约有60多万字。他的想象力令人印象深刻，他构建出的异星世界令人叹为观止。文奇一出手的第一部长篇就获得了1992年的星云奖提名，第二年摘得“雨果奖”最佳长篇的桂冠，同时还获得了卢卡斯最佳科幻小说奖提名和约翰·坎贝尔纪念奖的提名。文奇在这部小说中一开篇就告诉所有读者，这部小说只是他“深渊”三部曲中的一部，他还有一个前传和后传等着大家，厉害的作家就是这么自信，要知道他一部小说的字数就可以顶别人的三部，创作工程浩大。在《深渊上的火》这部作品中，文奇创造了一个奇特的世界设定，整个银河系被分为了三个界区：第一个界区称为爬行界，在这个区域内任何物体的运动速度无法超过光速，是我们所熟知的那个宇宙，在这个界区中，智慧生物的智能水平与我们人类是处在同一个数量级上的。第二个界区被称为“飞跃界”，在这个界区中，可进行超光速飞行和通讯，通讯的费用高昂，并且通常需要行星大小的收发站阵列。反重力装置、脑机交互界面等多种先进技术也可以在飞跃界实现。第三个界区被称为“超限界”，是一种叫作“天人”（Powers）的超级智能的居住地。在超限界中，对纳米技术没有任何限制，飞行速度比飞跃界再快几个数量级。这三个界区是可以互通的，但是更高一个界区的设备到了下一级界区就无法正常工作，会变得效率低下，因为受到了光速的限制。这个设定当然无法找到任何科学的依据，不过文奇至少做到了逻辑上的自洽，小说中的情节严格恪守着他自己的世界设定。文奇的写作计划是要给每一个界区创作一篇长篇科幻小说，第一个故事《深渊上的火》就是为飞跃界写的。大概说的是这样一个故事：

位于飞跃界的斯特劳姆文明圈派探险队到超限界分析一个史前数据库，无意中激活了数据库中的远古超级智能体“瘟疫”。探险队在毁灭之前设法将对智能体的“反制措施”装入运输船离开。运输船坠毁在飞跃界的一个外星球上，那里生活着一种叫作爪族的低级文明，幸存的人类儿童落入不同派别的爪族之手。包括瘟疫、天人等在内的各方势力有意或无意地追杀或营救运输船，就此展开了宇宙规模级别的博弈和战争。同时，爪族的不同支派在人类的协助下发展科技，激烈斗争。最终，“反制措施”被激活，银河系大部分陷入爬行界，瘟疫和爪族中的邪恶势力灭亡。人类幸存者在爪族行星上与爪族和谐共处。

虽然我承认文奇的想象力极为丰富，这部小说有点儿像星球大战，幻想出了丰富多彩的外星生物、外星世界，一大堆匪夷所思的各种飞行器、智能设备等等，但我不太喜欢这种天马行空的题材，其与真正的科学离得太远。喜欢星球大战这种题材的读者可以去阅读，你会看得很过瘾，如果是喜欢深究科学原理的读者了解一下也就够了，没必要花大把的时间去看60多万字的原著。

在《深渊上的火》出版后，又过了7年，到了1999年，弗诺·文奇完成了《深渊上的火》的前传《天渊》，同样是一部60多万字的大部头作品，这次文奇回归了经典科幻的怀抱，故事相当于是《深渊上的火》的前传，但是并没有太多紧密的联系，仅仅在背景设定上有一些微弱的联系。这部小说里面把那些天马行空的飞行器和已经分不清是魔幻还是科幻的天人、瘟疫这种超级智能体都统统拿掉了，也没有了超光速飞行、超光速通信等没有现实科学依据的东西。这部小说在豆瓣上的评分也是弗诺·文奇所有小说中评分最高的，达到了8.9分，可见科幻并非是越幻越好，科技也不是看上去越炫越好。从这部小说获得的荣誉来看，也证明了读者们的选择是正确的。《天渊》不仅获得2000年的“雨果奖”，还获得了1999年星云奖提名，2000年普罗米修斯奖最佳自由主义者科幻小说，2000年约翰·坎贝尔纪念奖，2000年阿瑟·克拉克奖提名，2000年卢卡斯奖提名。不过我们也可以看出，美国的科幻文学奖项真是多，但“雨果奖”最佳长篇的含金量是毋庸置疑的。这也是我今天要给大家重点介绍的科幻小说。先按下不表，我们继续谈弗诺·文奇的其他小说。

写完《天渊》之后不久，弗诺·文奇就退休了，成了一名全职的作家，于是产量有所提高，不过出乎大家的意料，他没有继续“深渊”系列的第三部，而是先后写出了《为和平而战》（豆瓣评分7.9分），讲的是“时间禁锢”技术发明出来以后，世界格局翻天覆地的变化；《实时放逐》（豆瓣评分8.5分），讲的是5000万年后从停滞的时间中走出来的人类所面临的艰难选择，国内也都有出版。它们都获得了“雨果奖”的提名，但是前一部败给了《神经漫游者》，后一部则败给了《安德的游戏》。到了2006年，弗诺·文奇突然回归老本行，写了一部以未来计算机虚拟现实和增强现实技术为题材的科幻小说《彩虹尽头》。这部小说不长，只有20万字左右，故事情节写得很绕，应该算是一部高科技惊险悬疑小说，有点儿像丹·布朗的风格，不过诚恳地说，仅从故事情节的精彩程度来说，弗诺·文奇和丹·布朗没法比。但是《彩虹尽头》又拿下了2007年的“雨果奖”最佳长篇，弗诺·文奇用他深厚的计算机科学功底弥补了他讲故事的不足，这是一篇真正的“硬科幻”作品，虽然已经过去了十几年，但《彩虹尽头》中创造的虚拟世界似乎正在我们面前徐徐展开，弗诺·文奇简直像一个精准的预言家。《彩虹尽头》是一本近未来科幻小说，栩栩如生地描述了未来的虚拟现实和增强现实技术会如何深刻地影响我们的生活，小说中描写的大量人机交互的细节甚至完全可以当作IT公司研发人员的设计参考。

我举几个这部小说中读到的印象比较深刻的例子，请大家别忘了这是十几年前的小说。一片小小的隐形眼镜就是一个高科技的显示终端，它可以让你直接在眼睛中看到服务器上传过来的图像，它也是一个高清摄像头，可以捕捉你眼睛看到的一切。就是这么一个硬件上的革命性产品会为我们的生活带来什么样的变化，大家想一下。如果我们可以扔掉手机的显示屏，直接在眼睛中看到画面，那么游戏公司会设计出什么样的游戏呢？这时候，你眼睛里面就无法区分出真实还是虚拟了，虚拟现实和增强现实融为一体，生活中的一个真实场景瞬间可以变成一个游戏中的童话世界，普通的楼房可以被装点成魔幻城堡，你也可以穿戴上各种匪夷所思的虚拟衣服，把自己装扮成各种童话中的人物，当然，前提是对方也要带上这种镜片。你和远方的亲人可以在同一个咖啡馆中聚会，就跟真的一模一样。当然，如果你厌倦了自己的人类形象，你完全可以用兔子罗杰的形象示人。上面这些或许你都不难想到，但是文奇想的比我们都多，他在小说中创造了“视点”这个词汇，用以描述一个我们从来不曾拥有过的视觉能力，我们的眼睛能够看到的东西再也不是一个单一的画面了，视觉的主体也不再是自己，甚至可以不是一个人。每个人都可以根据自己的权限，切换自己的视点，你可以把自己的视点切换成你的孩子，这样你看到的东西就是你孩子眼睛里面看到的东西。你也可以把自己的视点切换成卫星上的高清摄像头，这样你就能从几千千米的地球上空俯瞰大地。你也可以把自己的视点同时接入多个摄像头，那么你就能看到多个视角合成出来的神奇影像，你可以透视人体，同时从里面和外面看一个物体。总之，在小说中弗诺·文奇为我们展现了太多视点的神奇应用，有很多想法都会让你觉得脑洞大开，但又完全合情合理，技术上也都可以实现。这时候人们的输入方式也发生了很大的变化，我们不再用键盘和鼠标来输入数据，而是大量地借助手势输入，比如我们要给人发送一个消息，只需要在手上做一个特定的动作，那么就会有一个与之对应的消息发送出去。假如这一天真的到来，你可能会在地铁上看到很多手舞足蹈、在空中点来点去的人，就好像过去的人无法想象现在满大街都是耳朵上连了一个耳机线在那里“自言自语”的人一样。搜索引擎和维基百科将和你的身体融为一体，任何有形的知识都可以在瞬间出现在眼前，你来到任何一个博物馆、旅游点、名胜古迹，眼前可以随时出现各种数据参数、历史资料、典故，甚至你可以随时看到一栋建筑的过去，可以以时间为坐标，观看一个地点的时间演化，我们以另一种方式驾驭了时间，仿佛真正走进了四维时空，我们的眼睛看到的不仅仅是空间，还有时间。

以上这些，都是小说《彩虹尽头》为我们打开的近未来世界，这个世界我们每一个人都有可能等到。

到了2013年，千呼万唤的“深渊”系列的第三部终于出来了，也是

《深渊上的火》的后传，这部小说起名为《天空的孩子》，但很可惜，弗诺·文奇遭遇到了一次滑铁卢式的失败，小说出来后，由于读者对小说的期望太高，文奇在故事情节和科幻上都没能有所突破，于是恶评如潮，一时间廉颇老矣的声音铺满了书评。豆瓣评分只有7.6分，创下了文奇小说的最低分。我也是因为看到了这些书评，以至于我这样的一个老文奇粉丝至今也没有拿起《天空的孩子》。

接下去我就要给大家详细讲讲《天渊》的故事，来细品一下当代获奖比例最高的科幻大师的风采。

《天渊》的故事发生在距今大约8000多年后，人类已经进入到了太空殖民时代，太空舰队的航速已经能达到亚光速的水平，人类活动的范围达到了400光年左右的大小，建立了许多殖民星球，演化出了许多不同的种族，由于距离的遥远，不同人类种族之间互相了解得很少。在距离地球大约几百光年外，具体的距离小说没有明确交代，人类发现了一颗很奇特的恒星。在对这颗恒星持续1000多年的观察中，人类发现，这颗恒星居然每隔250年会有一次像电灯泡开关一样的奇特周期，在这250年中，有215年是寂灭期，黑得完全彻底。而另外的35年就像一颗正常的恒星，看不出有啥奇怪的地方。于是这颗恒星就被形象地命名为“开关星”，这种现象已经无法用人类掌握的理论来解释了。更加有意思的是，居然还有一颗与地球差不多大小的行星绕着开关星公转，并且处在开关星的宜居带上，这颗行星被称为阿拉克尼。也就是说，在那35年的正常时期，阿拉克尼的环境会与地球差不多，但是在215年的开关星寂灭期，那里无疑会冷得接近绝对零度。进一步观察后，人类又有了更加惊人的发现，开关星在历史上很可能发生过一次大爆炸，可问题是，如果发生过大爆炸，怎么还会有一个孤零零的行星世界？它是怎么保存下来的？这成了一个谜。

人类世界对开关星的关注随着一个重大事件的发生被推向了高潮，从阿拉克尼上竟然传递出了无线电信号，这是一种原始的电报滴答声，但足以表明那里进化出了智慧生命。从信号的节律中，人类推测出这种生物很可能是一种多足动物，于是开关星系中的生物就被称为“蜘蛛人”。但是，在开关星系这样一种周期性剧烈变化的环境中，是不太可能自然演化出高等智慧生命的。所有这一切，似乎只有一个合理的解释。那就是开关星是“人造”的，是被某个更高等的智慧文明制造出来的，而蜘蛛人则是这种高等智慧生物留下的后裔或者试验品，而这种高等智慧文明的技术发达程度远远高于地球人，他们可是能制造一颗恒星啊。于是阿拉克尼一下子就成了淘金的热土，那里很可能会有高等智慧文明留下来的极有价值的宝藏。

怀着寻宝的目的，两支隶属于不同人类种族的舰队几乎同时向开关星出发，一支舰队称为清河人，其实按照作者的意思，这个词应该翻译为郑和人，因为作者在英文版中明确解释了这个词来源于中国的郑和，但我们遵从中文译本的翻译，后面仍然称为清河人，这是一支热衷贸易的人类种族；而另一支舰队则是神秘的易莫金人，他们是一种专制和独裁的体制，热衷于心灵控制。经过上百年的慢慢航程，清河人和易莫金人几乎是前后脚抵达阿拉克尼。此时的开关星正处在这一轮寂灭期的最后阶段，很快就要被重新点燃。清河人和易莫金人达成了协议，派出了一支联合考察队登陆阿拉克尼，其实这两支舰队都是各怀鬼胎，严密提防着对方，各自都把对方视为敌人。此时的阿拉克尼是一个完全黑暗、寒冷的异星世界，生活在该行星上的蜘蛛人都进入到了冬眠之中，他们在250年中有215年是躲在渊薮中冬眠。在暗黑期，整个行星表面铺了一层厚达10米的由大气冷凝成的冰，走在上面就像走在雪地上。但在某些高地上，蜘蛛人的小城镇完整暴露在地表上。考察队的目的是尽可能多地了解蜘蛛人的文化，最好能学会他们的语言文字，以便在蜘蛛人世界复苏后与他们交流。就在登陆艇返回母舰的时候，易莫金人向清河人发动了突袭，导弹射向清河舰队的旗舰范·纽文号，在阿拉克尼星球的上空炸出耀眼夺目的火球。但是人类却万万没有想到，蜘蛛人中有一个由科学家领头的小队却提前苏醒了过来，恰好目睹了这一幕。这又是怎么回事呢？

原来，舍坎纳是一个蜘蛛人中的年轻科学家，他一心想亲眼目睹只有传说但谁也没有见过的暗黑期的世界。他说服军方给自己提供资助，理由是可以在暗黑期趁着敌人正在沉睡，给他们致命的打击。他发明了一套类似于宇航服一样的维生装置，能够利用某种微生物产生热量，来达到在黑暗期苏醒，并在冰封世界中活动的目的。舍坎纳带领的一个小队成功提前苏醒，目睹了人类两支舰队在天上火拼的一幕，当然，他们并不知道那些神秘的飞星、明亮的火球到底是什么，但是奇异的天象却深深印在了舍坎纳的脑中。

易莫金人对清河人的突袭并没有取得彻底成功，清河人虽然一开始损失极为惨重，但这是一个久经沙场的种族，他们迅速反应过来，实施了反击，虽然没有取得最后的胜利，但也给易莫金人的舰队以重创，这场战斗最后的结果就是两败俱伤。两只舰队剩余的资源全部加起来也无法继续完成星际远航，易莫金人的首领软硬兼施，说服了残余的清河人为了生存而合作。于是两艘舰队的人员和物资全部合并到一处，易莫金人的首领成了实际控制者。他们把舰队开到了阿拉克尼和开关星之间的引力平衡点，也就是第一拉格朗日点，在那里利用舰队剩余的资源和一颗小行星建造了一个基地，潜伏了下来。他们的目的是静静地等待蜘蛛人的科技发展，等待着蜘蛛人文明进入信息时代和宇航时代，这样他们就可以借助蜘蛛人的工业力量来生产制造重新起航所需的资源，这种等待很可能需要几十年甚至上百年，虽然漫长，但至少是有希望的等待。

考虑到未来或者是征服蜘蛛人，或者是与蜘蛛人合作，人类必须了解蜘蛛人的各种文化风俗，学会他们的语言。易莫金人还需要保持对清河人的统治，防止对方的反抗。易莫金人有一项技术可以同时达到这两个目的，这个技术被称为“聚能”，这也是这篇小说中受到好评最多的一个科学幻想的点子。什么是聚能？这是易莫金人当初在母星上研究对抗一种称为“蚀脑菌”的病毒而发展出来的技术，顾名思义，这种病毒会入侵人的大脑，在大脑中寄生。易莫金人在研究这种病毒的过程中，偶然发现这种病毒可以被改造为一种极为特殊的生化武器。受到这种生化武器感染的人会进入到一种“聚能”状态，他们会高度痴迷于自己感兴趣的一项工作，就好像一个天天泡在网吧中打游戏的孩子，除了杀掉最后的BOSS通关，对周围的一切事务都不感兴趣。特里克西娅就是这样一个被聚能的清河人，她原先是一个美丽年轻的姑娘，也是很多清河人暗恋的对象，包括一个叫伊泽尔的青年，他是现在清河人残存的人中被易莫金人选中的头领，也可以称为傀儡。特里克西娅被聚能的研究方向是破译蜘蛛人的语言，她每天都沉浸在这项工作中，虽然她知道自己是谁，在什么地方，也都记得过去的人和事，但是除了工作，她对任何事情都不再感兴趣，与她交谈，只有谈论破译语言的话题，才能勾起她的兴趣，否则她就会有一搭没一搭的很不耐烦。易莫金人把清河人残余的人中最优秀的人都改造成了聚能人，让他们负责不同的研究领域，比如破译语言，了解蜘蛛人的文化，在基地中种植农作物，等等。

在残余的清河人中，有一个底层的船员，一个叫范·特林尼的老头。在众人印象中，他就是一个成天夸夸其谈的草包老头，没什么本事，甚至招人讨厌。像这样的人当然不会引起易莫金人的注意，易莫金人也不会把这样的人弄成聚能状态。然而这却是易莫金人犯下的最致命错误。所有人都不知道，范·特林尼其实就是8个多世纪以来人类社会中最富有传奇色彩的人，他就是在8个世纪前缔造了清河舰队的人，清河舰队的旗舰正是用这个人的名字命名，他的名字就是范·纽文。8个多世纪以来，他大部分时间都在冬眠，因为某些机缘巧合，他来到了这支清河人的舰队，并且把自己巧妙地隐藏了下来，所谓“小隐隐于山，大隐隐于市”，用一个草包底层船员的形象隐蔽自己是最高明的隐蔽方式。他不但瞒过了所有自己人，也瞒过了易莫金人，现在整个清河舰队濒于覆灭，易莫金人统治了清河人，范·纽文注视着这一切，悄悄开始密谋反抗行动。

在阿拉克尼，经过了215年的沉睡，随着开关星的重新点燃，蜘蛛人的世界也从沉睡中苏醒过来。按照蜘蛛人的纪年方式，这已经是第60个次代，也就是有史以来开关星第60次重新点亮。蜘蛛人文明开始从工业时代向信息时代快速发展，而舍坎纳就是蜘蛛人科学家中的佼佼者，他为了这个伟大的时代而激动着，热情洋溢地投入到了科学工作中，这个新时代高科技发明的三分之二有舍坎纳的贡献。在上一个次代，蜘蛛人已经发明了收音机、飞机、电话和录音机，现在，科学家们又发现了原子能，舍坎纳坚信，上一次的冬眠是蜘蛛人最后一次冬眠，当这个次代结束的时候，蜘蛛人就能发明出原子能小太阳，暗黑期再也不用冬眠。舍坎纳有四个儿子，他们都是在光明初期出生的，是所谓的“早产儿”，统治阿拉克尼的宗教思想叫作拜黑教，按照这个宗教的教义，蜘蛛人应该在光明末期，也就是黑暗降临前几年才能生孩子，因为小孩子要经历一次黑暗的洗礼，才能获得灵魂，否则早产儿都是缺乏灵魂的人。舍坎纳是个科学家，他当然不信宗教的这一套说法，他用自己的行动来向世人证明早产儿也是健康正常的蜘蛛人，但这需要顶住来自世俗道德的巨大压力。舍坎纳不仅仅热衷于科学发明，还是一个热衷于科普的人，他在阿拉克尼的一家商业电台中开设了一个叫作“少年科学讲座”的科普节目，深受蜘蛛人世界的喜爱，通过这个节目，舍坎纳向阿拉克尼的孩子们传播着科学知识和科学思想。

这个叫作“少年科学讲座”的节目也成为悄悄潜伏在拉克朗日点的人类所重点关注的节目，通过这个节目，不但能很好地学习蜘蛛人的语言，还能掌握蜘蛛人的科技进展。同时欣赏这个节目也成了在飞船上苦苦等待着蜘蛛人科技发展的船员们的最佳娱乐活动。每到节目开播的时候，就会有聚能翻译员用同声传译的方式惟妙惟肖地扮演电波中传来的声音，而特里克西娅是所有翻译员中做得最好的。人类的所有幸存者被分成四个班次，每个班次的人轮流值班，也就是说，所有人都是睡3年，醒1年，但是执行重要工作的聚能人除外，他们必须分秒必争，翻译人员就是属于这些最重要的工作人员。所以，20年过去了，特里克西娅老了20岁后，伊泽尔只不过老了5岁。

时间正在一年一年地过去，蜘蛛人的科技正在飞速地发展着，他们梦想着有一天能摆脱重复了60个轮回的冬眠宿命。悄悄潜伏在太空轨道上的人类则一边注视着蜘蛛人的科学进步，一边学习着蜘蛛人的语言文化，易莫金人的头领幻想着自己君临阿拉克尼的一天，传奇的范·纽文则在耐心地等待全面反击的一天，他心思缜密，计划周全，每一个小计划都像是一小步，步子虽然不大，但都坚实地向着目标前进。几十年的风平浪静终会有总爆发的一天。

走进弗诺·文奇的科幻世界

《天渊》（下）

传奇人物范·纽文在秘密地组建反抗力量，破坏易莫金人的统治体系。而另一条主线就是在阿拉克尼星球上的蜘蛛人，他们正在从工业时代向信息时代、宇航时代进化，速度非常快。文奇花费了大量的笔墨在这两条主线上，情节显得稍稍有一些拖沓。直到两条主线交汇合并，小说一下子变得非常刺激好看。

在阿拉克尼星球上，主要分为了两大势力集团，一个是舍坎纳所在的协和国，另一个叫金德雷国，这两个国家处在战争状态已经有好多个次代了。易莫金人头领的计划是设法挑起这两个大国之间的核战争，在他们双方打得两败俱伤的时候，君临天下，一举统治整个阿拉克尼星。蜘蛛人世界的发展似乎都在人类的预料中，他们顺利研发出了核导弹，并且两个国家都部署了大量的导弹，形成了对峙。而那起由金德雷国实施的绑架事件也使两个国家的矛盾进一步加深。舍坎纳的一家在蜘蛛人世界中扮演着极其重要的角色，舍坎纳本身是传奇科学家，舍坎纳的妻子则是协和国的将军，而他们的孩子也逐步成长为科学家、军事领导人，这对剧情的推动都起到了非常重要的作用。故事的一个关键性情节转折点来自蜘蛛人的一项重大发现，他们从阿拉克尼的地下开采出了一种矿物，而这种矿物经过分离和提纯之后，竟然是一种反重力物质。这无论是对于蜘蛛人还是人类来说，都是无价之宝，人类在得到这个消息后大为兴奋，这再一次说明阿拉克尼星绝不是一颗普通自然形成的星球，反重力物质已经超出了人类已知的科学知识，这种东西不可能是天然形成的，只能是属于某个更高级文明的黑科技。而这种反重力物质在阿拉克尼星球上储量非常丰富，可以说，整颗星球都是一个巨大的宝藏，这种物质的无限应用前景也足以让每一个人感到兴奋。

时间终于走到了这个次代光明期的最后期，开关星的光芒正在一天一天地消失，蜘蛛人在阿拉克尼星上建立起了巨大的地下城市，利用原子能获得热量，并且开始利用反重力物质建设太空站。潜伏在太空轨道上的易莫金人认为时机已经成熟，可以发动侵略战争了，他们侵入了金德雷国的军事网络，取得了全部几万枚导弹的控制权，易莫金人要在阿拉克尼星球上实施一场空前的大屠杀，先消灭一半的蜘蛛人，再实行武装夺权。而此时的范·纽文和他建立起来的包括伊泽尔在内的秘密反抗小组也准备发起总攻，夺取人类太空基地的控制权，干掉易莫金人的首领。金德雷国的导弹被易莫金人成功引发，以每秒钟数十枚的高频度向协和国飞去，同时易莫金人派出了几艘大型的登陆艇，组织了上千名聚能人战士，向阿拉克尼星球进发。就在这千钧一发之际，范·纽文也发起了总攻，人类的太空基地也是打成一片。就在一片混乱之际，整部小说最关键性的反转剧情出现了。还记得我前面一再提及的那个美丽女孩，最好的聚能翻译员特里克西娅吗？她突然背叛了人类，成了协和国，更准确地说，是蜘蛛人舍坎纳在人类中的卧底，她和协和国合作，彻底挫败了易莫金人的屠杀和侵略计划，所有的导弹要么被拦截，要么自爆，只有少数几颗打到了协和国的领土上。而易莫金人派出的登陆艇也被特里克西娅控制，在协和国军队的配合下，上千名聚能战士或死或被俘，人类对蜘蛛人的战争彻底失败。原来，传奇的舍坎纳其实在上一个暗黑期看到天空中的飞星和火球的时候，就已经意识到了外星人的存在，在20多年前，他就已经和特里克西娅建立了秘密的联系，而特里克西娅之所以能成为最优秀的聚能翻译员，一方面是她的天赋，更重要的是她入戏太深，她甚至在潜意识中已经把自己当作蜘蛛人的一份子，在舍坎纳的诱导下，自愿成为蜘蛛人的卧底，玩起了无间道的游戏。

范·纽文领导的反抗组织也取得了成功，经过一番厮杀，他们成功地干掉了易莫金人的头领，夺取了人类太空基地的控制权，军事政变成功。范·纽文再次成为人类的首领。而范·纽文的策略与易莫金人的策略完全不同，他缔造的清河文明是一个根植着交易思想的种族，说白了就是一群商人，商人的最大优点就是什么都可以拿到桌面上谈判，什么都可以交换。范·纽文派出了伊泽尔前往阿拉克尼星，与蜘蛛人进行和谈。人类的筹码是领先于蜘蛛人的科学技术，而蜘蛛人的筹码则是他们的资源和完整的工业体系，这就形成了交易的基础。最终，人类和蜘蛛人达成了交易，和谈成功，所有的聚能人俘虏都被释放，他们的聚能状态也被成功地解除，恢复了正常人的心智。人类和蜘蛛人携手共同开发反重力物质资源，建设太空舰队共同远航，去寻找缔造了开关星系的超级智慧文明。这就完成了《天渊》和《深渊上的火》两部作品在逻辑关系上的递进，因为《深渊上的火》描写的就是银河系中飞跃界和那些超级智慧文明的故事。

不过，小说却在最后给读者埋了一个坑。蜘蛛人的传奇科学家舍坎纳所乘坐的直升机神秘地失踪了，活不见人死不见尸，这个坑一直就没再填上，也不知道文奇是怎么想的。关于特里克西娅，结局有点意思，需要特别说明一下，她只接受被部分解除聚能状态，拒绝被彻底解除聚能，因为她觉得自己只有在聚能态下，才能把自己当作蜘蛛人的一分子，她不愿意完全脱离与蜘蛛人的精神共鸣，这让始终爱着她的伊泽尔伤心不已。说白了，特里克西娅在20多年扮演蜘蛛人的生活中，已经从思想上成为蜘蛛人，不再愿意成为人类了，这个小插曲倒是让我想起了阿凡达的故事。

第一次阅读《天渊》，我留下了很深的印象。首先，作者会在两种叙事角度上来回地切换，一会儿以人类的视角去看神奇的蜘蛛人，一会儿又以蜘蛛人的视角去看“神秘”的人类，这两种文明对于另外一方来说，都是外星人，都充满了神秘与神奇。文奇所描绘的外星文明，以及两个文明之间的接触不是那种天马行空、无边界的幻想，有些科幻作家在描写外星文明时会让人觉得没有边际，他们抱着一种反正是未知的文明，无论怎么描写都可以说得通的写作态度。但是在文奇的笔下，会让人感到这个宇宙的规律是相通的，不论是自然规律还是社会规律，都是有相通之处的，这个宇宙不存在彻底的神秘主义，这反而让人感觉更真实。我也相信，如果人类有一天真的能与地外文明接触，他们的行为处事也一定是可以被人类理解的。

在文奇的笔下，蜘蛛人的世界被细致地刻画到每一根毛发，这是文奇最大的强项，他能幻想出一整套严密自洽的外星生物和社会结构。在他的第一部小说《深渊上的火》中，我们看到的是一个叫作爪族的外星人世界，爪族的最大特点就是共生体结构，每一个爪族“人”都是由五六只像狗一样可以各自独立行动的共生体组成的，这些共生体只有凑近在一起才能形成智力，分离得越远智力越低，直到成为白痴。每一只共生体都可以被别人捕获，成为人家的一只共生体。这种设定非常富有想象力。而在这本《天渊》中，我们看到的是蜘蛛人的世界，他们的生理特征、生活习性、社会结构、伦理道德等书中都有具体的交代。比如，蜘蛛人的生育过程是女方怀孕，一次生下好些孩子。这些孩子移到父亲的背毛里继续生长。这个阶段的孩子称为贴背婆儿。当孩子长到会四处活动时会长出婴儿眼。这种眼睛只有两只，能转动，但很近视。再长大些，婴儿眼褪去，长出成人的眼睛，婴儿阶段到此结束。这些栩栩如生的刻画都能够让我们感受到文奇对外星世界的正面强攻，刚好与大师阿瑟·克拉克形成了鲜明对比，克拉克笔下的外星文明都是虚写，突出了它们的未知性。刘慈欣继承的是克拉克的衣钵，对外星生物基本不做具象的描写。文奇的小说在这方面是独树一帜的，这也是他小说最大的看点。有一个非常有趣的阅读体验，在小说的前90%部分，也就是人类和蜘蛛人两条平行线没有交集的时候，作者描写蜘蛛人这条线时，非常自然、生动，就好像是一个外星作家在描写自己文明社会的生活，没有半点突兀，哪怕是那些由于生理特征不同导致的奇特习俗也都显得那么自然、正常，没有任何一惊一乍的刻意渲染。但是当两条线交集以后，这种感觉会突然来一个90度的大转弯，用人类的视角去看蜘蛛人的时候，瞬间就有了外星生物的狰狞感。比如，他从人类的视角是这样描写蜘蛛人的：

> 成年蜘蛛人的高度大约能到人类的大腿。跟人类不同，这些怪物缠着一条条料子，像带纽扣的横幅。许多怪物身边还挂着很大的背篓。他们的动作倒挺快，一抽一抽的，难看得要命。大刀一样的前腿在身前这里劈一下，那里砍一下。这儿的怪物还真不少，除了颜色古怪的衣服，身体的甲壳全是黑色。他们的脑袋上亮闪闪的，好像缀着扁平的宝石，这就是蜘蛛人的眼睛。至于嘴，那些翻译员总算挑了个好词：胃。带尖牙的小洞，很深，周围的一圈小爪子就是所谓的进食肢，好像随时随地都在蠕动。

所有读到这里的读者，原本脑子中幻想的蜘蛛人形象会立即被颠覆。而作者从蜘蛛人的视角来描写人类也有同样的效果，在蜘蛛人眼里看来，人类同样是怪物。所以，文奇让我佩服的地方就是他似乎能一人分饰人类作家和外星人作家两种角色，以至于到了小说的最后，读者都分不清到底哪一方是外星人了。或许这是作家在向我们展示宇宙大同的思想，我只是随便一说，实际上，过度解读一部小说作品，非要总结出一个文章所谓的中心思想，虚构作者的价值观，都是我最不喜欢的一种说书方式。我只想把小说最客观的面貌呈现在读者面前，替你们读小说，节省时间，至于从小说中解读出什么深意，应该是读者自己的事情。

接下来，让我再从科学的视角来谈谈这篇小说中的一些创意点。

小说中的开关星是一颗会发生周期性亮度变化的恒星，这个幻想并不是毫无根据的瞎想，这种亮度会发生周期性变化的恒星在天文学上有一个名词，叫作“变星”，这是天文学发展历史上非常重要的一个发现。第一个准确测定出一颗恒星变光周期的是身残志坚的英国青年古德里克，这个可怜但值得尊敬的孩子只活了22年，他是个聋哑人，却有一双超常的肉眼，年仅18岁的他仅凭一双肉眼，不借助任何望远镜和其他仪器，就测定了被称为魔星的英仙座β星（中文名是大陵五）的亮度变化周期为2天20小时49分8秒，准确得让人咂舌。不过这并不是一颗真正的变星，因为它是由一亮一暗两颗互相围绕着转的恒星组成的双星系统，并不是恒星真正发生了光度变化。古德里克在1784年发现了一颗真正的变星，也就是著名的仙王座δ星，这颗星星的中文名称是造父一，所以，变星就被统称为造父变星。随着造父变星的不断发现，人类发现造父变星的光变周期与恒星的绝对亮度之间存在着确定的数学关系，因此造父变星就成为天文测距中最好的标准烛光之一，只要在某个河外星系中找到一颗造父变星，测定它的光变周期，就能得知它的绝对亮度，然后就能根据视亮度与距离的平方成反比的规律，算出这颗恒星到地球的距离，也就知道了这个河外星系到地球的距离，准确度非常高。在恒星的不同演化阶段，都会发生光变现象，现代的天文学家已经建立出了较为完善的恒星模型来模拟这种光变。有些恒星的光变幅度是非常惊人的，比如著名的海山二，它在1820年到1843年的这23年间，亮度变化达到了将近10倍，从全天肉眼可见最暗的四等星变化到全天第二亮的恒星，仅次于距离我们8.6光年的天狼星，这被认为是海山二即将爆炸成为一颗超新星的前兆。我想，弗诺·文奇应该是受到了造父变星的启发，设计出了开关星这样的极端情形，干脆让整个恒星彻底熄灭。

我们再来看小说中一个广受好评的科幻创意，也就是聚能，这是整篇小说出现次数最多的一个词，也是小说的基础架构。我猜这个创意的来源可能是一种非常可怕的疾病——非洲人类锥虫病，俗称为昏睡病，这是一种人脑寄生虫引发的疾病。人感染了这种寄生虫后，就会逐渐变得嗜睡，常常一睡就是一个礼拜，但并不是完全睡过去，中间会起来吃饭、上厕所，也有意识，你跟他说话，他也能回答你，只是处在一种精神恍惚中，就好像你半夜迷迷糊糊起来上厕所，别人跟你说话你也能回答，但是第二天就完全不记得。这种状态持续几个月，最后直至病亡，死亡率非常高，是非洲地区很多国家的第一或第二大死因，超过了艾滋病的死亡率。这个病曾经一度在非洲肆虐，到了20世纪60年代，在世界卫生组织的努力下，得到了有效的控制，整个非洲大陆的病例报告不到5000例。但这之后世卫组织放松了警惕，到1970年，这种病再次开始在非洲若干地区流行，各方力量紧急加强防治力度，才遏制住了蔓延的势头。但是到现在，这种寄生虫依然没有被彻底消灭，在世界卫生组织的网站上，我查到2015年报告的病例仍有2805例，世界卫生组织的目标是在2020年彻底消灭这种寄生虫，就跟人类消灭天花病毒一样。在小说中，作者说聚能是易莫金人在研究对抗一种蚀脑菌的时候发展出来的一项生化技术，在现实世界中，人类也是利用筛选强化某种天然的病毒或者寄生虫来制造生化武器。聚能状态实际上就是一个人对某项事务的专注度提高到一个极限状态。现代脑科学研究对人的专注度问题也越来越感兴趣，研究出来了各种提高专注度的训练方法，当然，目前还处在鱼龙混杂、真假难辨的时期。不过，研究表明专注度确实是人的一种会被消耗的资源，也可以通过刻意练习来增加，就好像可以通过无氧运动来促进肌肉的生长一样，我确实在很多本还比较靠谱的书中都看到过这些研究，比如万维钢的《万万没想到》这本书。而且，人在专注和不专注的时候，解决问题的能力表现出非常显著的差异。一个人到底有没有可能借助外部的力量，比如说药物或者物理刺激，来达到一种聚能的状态，从而大幅度提高工作效率。我认为是有可能的，只是副作用大小的问题。

最后来谈反重力物质。这是一个经常可以在科幻小说中遇到的元素，据我所知，最早提到反重力物质的科幻小说是乔治·威尔斯的《月球上最早的人类》，那么它是否具备科学性呢？要讲清楚这个问题，我们必须要谈人类对重力的认识，重力其实就是两个有质量的物体之间产生的万有引力，因而重力的实质就是引力，反重力物质相当于是一种可以屏蔽引力的物质。牛顿认为引力也是物质与物质之间的一种相互作用力，因此在他的这种理论框架下，屏蔽引力当然是可能的。牛顿死后又过去了100多年，在法拉第、麦克斯韦等科学家们的努力下，电磁场被发现了，当时的科学家又认为引力应该与电磁力的成因差不多，而电磁场是可以被屏蔽的，所以引力当然也是能够被屏蔽的，这在科学界也没有什么争议。1901年，威尔斯创作《月球上最早的人类》时，就处在这样一个时代，所以对他来说这就是非常硬的科幻，反重力物质在当时的理论体系中是理所当然可以存在的。然而给了科幻小说家重重一击的是爱因斯坦，1916年他发表了广义相对论，指出引力的成因与电磁力大大不同，引力的实质并不是物体与物体之间的相互作用，而是有质量的物体会导致时空弯曲，引力只不过是物体在弯曲时空中沿最短路径运动的假象而已。换句话说，爱因斯坦认为引力根本就不是牛顿所定义的那种传统意义上的力，不能用经典的对待电磁力的观点去对待引力。爱因斯坦认为引力场是不可能被屏蔽的，因为弯曲的时空是一种空间的几何性质，它无法被改变，屏蔽引力这个命题是广义相对论中不合逻辑的推论。还有科学家指出，反重力物质违反了热力学第一定律，也就是能量守恒定律，如果这样的物质能存在，那么就能设计出永动机。方法很简单，首先我们在太空中把一个轮子放到一个环形的物体中，那么这个轮子的所有面都会受到均匀一致的引力，此时，只要在一个轮子的一侧贴这么一块物质上去，那么这个轮子就永远处在不平衡的状态，受到引力的一侧就会持续向对面跌落，因而这个轮子就能一直旋转还能对外做功，这就违反了热力学第一定律。

但尽管如此，科学界在20世纪很长的一段时期内，依然热衷于研究反重力物质。其中最出名的就是1948年美国的商业大亨巴布森，他是一个像巴菲特一样的成功投资家，他创立了引力研究基金会，专门研究可以阻隔引力的方法。他还设置了高额的奖金来鼓励在这方面做出贡献的科学家。这个基金会到今天还存在，不过它的资助方向已经从阻隔引力转变为了对引力的理解和研究。但是迄今为止，该基金会在研究阻隔引力方面没有取得任何成果。倒是奥地利裔的英国物理学家赫尔曼·邦迪在1957年指出了一个可能的研究方向，这位物理学家有着较为深厚的广义相对论功底，他指出，如果存在负质量的物质，那么就有可能实现反重力。并且他还证明了，这种负质量并不违反广义相对论方程。他解释说，两个质量一样，但一正一负的物体，如果放在一起的话，将会自己沿着二者连线产生加速，负质量一直追着正质量。因为负质量拥有负动能，这两个物体的总能量仍然是零。沿着这个思路，到了1988年，另一位叫作佛瓦德的科学家发表了一篇论文，提出了利用负质量物质制造推进系统，实现反重力引擎。佛瓦德指出，自己产生加速度现象的原因是负惯性质量，不需要二者之间的引力。但最大的问题是，负质量物质并没有得到任何实验的支持，它还是仅仅停留在纯数学推导的阶段。这种境地有点像时间旅行，也是停留在数学推导阶段，但是诸多的逻辑悖论依然无法解决。

刚才说的这两位科学家都属于理论派。还有一些实验派的科学家走另一条路子，他们先不去管理论上是否有可能，他们只管用实验的方法来尝试制造反重力装置。这其中比较出名的有托马斯·汤森·布朗，他声称将高压电加在高电容率的材料上后，就有一种未知力量会产生反重力效应，他还就此制造了一台反重力器。这个装置其实利用的是物理上并未得到公认的别费尔德–布朗效应，大多数物理学家并不认可这种效应，因此准确地说它只是一个现象的名称，美国著名的《流言终结者》节目还专门做过一期节目指出这种效应并没有改变引力。

1992年，俄罗斯研究员尤金·博德克勒洛夫声称发现了快速旋转的超导体降低了引力效应。很多研究人员试图重复博德克勒洛夫的实验，但是都没有成功。

1998年，一份美国南卡罗来纳大学技术转移办公室的文件被泄露出来，这份文件显示该大学正在研发一种“重力发生装置”，学校还打算为这个装置申请专利。但是这事后来也不了了之。

1999年，阿拉巴马大学亨茨维尔分校的物理学家李宁，是一位中美混血的女物理学家，李宁和她的团队在《大众机械》上声称她们已经构思好了一个可以产生她所谓的“AC引力”的蓝图。然而还没有更进一步的证据证明这个蓝图的可行性。

德国的戈德科学基金会重力研究所在2004年发布了一个百万欧元的悬赏令，全世界任何单位或者个人只要能够设计出可重复的反重力实验，就将获得这个100万欧元的奖金。10多年过去了，这个奖当然至今无人问津。

最后的结论就是，迄今为止，反重力物质并没有任何可靠的科学理论和实验基础，但作为科幻的元素倒也无可厚非。

（大结局）今天的中国最缺什么样的科幻？

科幻这种文学类型从1818年诞生到现在，已经200多年了，传入中国也有100多年的历史了。在这200多年中，科幻经历了起起伏伏的发展。在美国，科幻小说黄金时代的光芒已经渐渐褪去，但科幻电影的光芒却日渐明亮，2016年全球总票房榜上，最卖座的前10部影片有一半是科幻电影。而在中国，似乎又迎来了科幻的第三次热潮。

科幻是一种特殊类型的文学，因为在所有的文学类型中，恐怕只有科幻文学可以脱离"一切文学都是人学"的金科玉律，在主流文学中，所有的故事讲到最后都是为了描写人，没有哪种门类的小说可以不以人为主角，哪怕是以动物或者鬼怪为主角的幻想小说，归根到底，神鬼也不过就是人的化身而已。但是科幻小说却不同，它的主角可以不是人，而是宇宙或者自然规律本身。最典型的莫过于阿瑟·克拉克的小说，我给大家讲过《2001太空漫游》，在这部小说中，人只是一个符号化的存在，真正的主角是神秘莫测的黑石板和未知的宇宙空间。在阿瑟·克拉克的另一部小说《与拉玛相会》中，则把科幻小说的这种非人性推向了另一个高度。这篇小说描写的是一艘外星无人飞船掠过太阳系，人类对它进行短暂接触考察的过程。这篇小说完全是在描写宇宙和物理规律，因为阿瑟·克拉克运用宇宙普适的物理规律为我们创造了一个完全不同的世界，它与魔幻小说的区别在于，这种完全不同的世界是有可能真实存在的，因此它会给人带来深度的理性上的阅读享受。这篇小说比《2001太空漫游》又推进了一步，在《2001太空漫游》中，至少人还是推动故事情节进展不可或缺的，但是在《与拉玛相会》中，如果把人换成无人探测器，整个故事也基本无损。

科幻文学所能展现出的宏大，也是任何其他类型的文学所无法比拟的。阿西莫夫的名篇《最后的问题》，短短一万字，描写了整个宇宙跨越数千亿年的历史，对宇宙的生死问题做出了终极思考，刘慈欣在《三体3》中也给出了自己的终极思考。在我写的《星空的琴弦》一书中，有一个读者留言写道："回程的路上，老爸开着车。我坐车后排望着车窗外的夜色听完了这个故事，听到最后有种想哭的感动。故事结束后也一直神游天外，久久不能回到现实世界。"我想，这种感觉，科幻迷都不会陌生，这是阅读任何一种主流文学都很难产生的体验。

在网络播讲时，评论最多的是《冷酷的方程式》，如果你用看主流文学的眼光去看这部小说，那你一定会围绕人性来评论，会去探讨死一个活七个更合理，还是要么全死要么全活更合理，会想方设法寻找故事情节中的漏洞，给兰兰寻找生存下去的机会。但作为这篇小说的作者，我却想告诉大家，我真正想通过这篇小说传递给读者的是自然规律本身。如果听完这出广播剧，质量、加速、减速，这些在真实的太空飞行中至关重要的事情给你留下了极为深刻的印象，那么我的目的就达成了一半。另一半的目的是希望少数的科幻迷能将曲亚飞的困境继续向极端推演，如果飞船后面的地球不存在了，飞船搭载的是人类文明的全部，如果救了兰兰，就可能毁掉整个人类文明，这时候，你还会认为同归于尽、保留人性是值得的吗？这些是科幻小说带给我们的思想实验，它让我们在这个忙碌浮躁的社会中有机会想一些空灵的事情。

“想象一下，一艘巨大的宇宙飞船，在漆黑寂静的太空中飞向一个遥远的目标，它要用两千年时间加速，保持巡航速度三千年，再用两千年减速。飞船上一代又一代的人出生又死去，地球已经成了上古时代虚无缥缈的梦幻，飞船上考古学家们从飞船沧海桑田的历史遗迹中已经找不到可以证实它存在的证据；那遥远的目的地也成了流传几千年的神话，成了一个宗教的幻影。一代又一代，人们搞不清自己从哪里来；一代又一代，人们不知道自己要到哪里去。大部分人认为，飞船就是一个过去和将来都永远存在的永恒世界，只有不多的智者坚信目的地的存在，日日夜夜地遥望着飞船前方那无限深远的宇宙深渊。”（以上文字引自刘慈欣：《SF教——论科幻小说对宇宙的描写》）这才是最接近真实的太空远航，而像《星球大战》那样的太空飞行几乎是不可能的。从这样的真实中你能感受到什么？你能体会到太空难以想象的大吗？科幻最难的并不是想象力，最难的是表达力，用有限的语言去描述科学带给我们的心灵震撼。科学本身就已经足够富有想象力了，还有什么能比宇宙大爆炸更有想象力？甚至真实的科学都已经超出了人类的抽象能力，黑洞中心是一个没有大小的点，而黑洞所有的质量都集中在这个点上，你能想象得出吗？可是，科学的美禁锢在数学方程式中，而科幻则是让普通人感受科学之美的途径之一。

我在思考的一个问题是：今天的中国，最需要什么样的科幻呢？在给出我的观点之前，我们先来听一下国内科幻界的大咖们是怎么说的。

首先是著名的科幻评论家，也是著名的科学史学家，上海交通大学的江晓原教授，他的观点非常明确和尖锐，他在《江晓原科幻电影指南》一书的导言中提出了看科幻电影的7条理由：1. 想象科学技术的发展；2. 了解科学技术的负面价值；3. 建立对科学家群体的警惕意识；4. 思考科学技术极度发展的荒诞后果；5. 展望科学技术无限应用之下的伦理困境；6. 围观科幻独有故事情境中对人性的严刑逼供；7. 欣赏人类脱离现实羁绊所能想象出来的奇异景观。这其中的第2条到第6条被江晓原教授统称为“反思科学”，这是他认为的科幻作品的灵魂，只有具备了这5条中的1条，这部作品才具备思想性。而科幻对未来科技的描绘是科幻作品中最低层次的东西。

不过，大刘的观点与江晓原教授的观点刚好是针锋相对的。刘慈欣在《从大海见一滴水》这篇文章中写道：在中国，科学在大众中还是一支旷野上的小烛苗，一阵不大的风都能将它吹灭。……而让科学精神在大众中生根发芽是一项伟大的事业，科幻不应对这项事业造成损害。科学是科幻的母亲，我们真愿意成为她的敌人吗？如果不是从负面描写科学，不把她描写得可怖可怕就不能吸引读者，那就让我们把手中的笔停下来吧，没有什么了不起的，还有许多别的有趣的事可做。

就江晓原和刘慈欣针锋相对的观点，我就很想听听学院派的专家是怎么看的。通过天艺老刘的引荐，我有幸采访了科幻研究学院派的代表人物吴岩教授，他是北京师范大学文学院教授、中国科普作家协会副理事长，研究科幻文学几十年，可能是国内唯一的一位在大学里面开设科幻文学专业的教授。首先，吴岩教授认为，江晓原教授的观点来源于他对外国科幻电影的统计研究，江教授在《我们准备好了吗？》一书中，对443部国外优秀的科幻电影进行统计，发现没有一部作品属于讴歌科学的。但吴岩教授认为，接受统计学对文学作品属性的研究必须谨慎。因为在很多情况下，文学作品构造复杂。理工科的思维方式不一定能达到简化和提取性质的目的。在吴岩教授看来，一部小说或者电影包含着众多元素：词语、风格、气氛、主题、人物、场景等等，它们相互制约，有时候也相互平衡。例如，1895年，在相对论出现之前，威尔斯就在他的小说《时间机器》中展示了四度空间的奇妙存在，这种展示，带着洋洋自得对科学进行赞颂。但随后，当我们跟着主人公进入80万年后的英国，我们从震惊转向失望。科技和社会发展给未来人带去的，是巨大的灾难。故事中的主人公还特别带着我们到达了地球上生物灭迹的时代：海岸上空无一物，只有浪涛拍击海岸。然而，小说家没有在这个位置上结束作品，而是续写了时间旅行者返回现实的一段。当人们看到来自未来的那两朵已经枯萎的小花时，一种对人性和未来存在希望的感觉会油然而生。这种从扬到贬再从贬到扬的多次起伏几乎是所有优秀科幻作品的常态。这就是刘慈欣跟江晓原两位的观点都可以成立的原因所在。吴教授的结论是，文学作品无法用非文学的方式来贴标签，所谓的讴歌，所谓的反思、批判，都不是文学和艺术的标签，这些都只不过是评论家强加于作家的东西，但作家自己是不会认可这些东西的。

我又采访了我之前提到过很多次的，给了本书很多帮助的天艺老刘，他是资深的科幻评论者，经常采用的笔名是吕哲，在他看来，中国科幻的未来一定程度上仍然在于核心科幻的创作是否能有足够多的继承者。他说：“当代西方（主要是美国）基本上已经从理论和实践的两个层面跟科学划清了界限，这不是说欧美的科幻小说中已经没有了科学，而是说科学技术的发展尤其是尖端科学的进展已经不能引起科幻作家的兴趣或者说他们根本不关心这些，甚至很多打着科幻旗号的作品内核却是反科学的。无论这些创作如何被文学理论家们带上合理化的光环，都无法否定这样的事实：离开了科学的科幻将变得苍白无力。今天中国科幻创作面临着同样的问题，新一代的科幻创作者本身就生长在科技时代，科学的神奇感已经并不强烈，由于人生阅历的不同，他们中也很少有人对核心科幻产生认同，对其大多是采取敬而远之的态度，而尽情在自己的小天地里自娱自乐，我们当然无意于干涉作者的创作自由，历史也已经证明这是极其愚蠢的做法，但是在当下中国，放弃核心科幻无异于自杀，但核心科幻的创作的困难性也是显著的，首先是对科学的信仰，其次是精妙的文学构思和写作技巧，这需要不断的磨炼和耐得住寂寞的修为，不是任何人都能胜任的。但是‘梅花香自苦寒来’，我们相信新一代的中国科幻大师已经在路上，中国成为世界科幻大国指日可待。”说实话，老刘的话挺对我的胃口，而且率性直言，不打太极。

我的下一个采访对象是一位非常资深的科幻作家郑军老师，他是中国科幻界的前辈人物，与大刘是一个辈分的人，我知道他是因为网上一篇有爆料内幕性质的文章《告诉你一个真实的〈科幻世界〉》，作者就是郑军，有兴趣的读者也可以去搜索一下。郑军老师已经发表的科幻、科普作品累积已经超过800万字了。我最近正在读他的新作《万古长夜重生之界》，名字很像是玄幻小说，其实不是，它是标准的科幻小说，我才刚刚读了一个开头。这本书的开篇引言中写道："谨以此书，献给志同道合的朋友，不知道你在哪里，不知道你们有多少，但我坚信，星星之火，必然燎原。"仅仅看完这本书几百字的前言，我就知道，我就是郑军老师所说的志同道合的人。给大家读一下前言的最后一段："希望大家读完下面这部史诗，能够重温那个百年前就被证明的结论——世无科学，万古长夜！直到那些声称它已经过时的言论都埋入历史，它也不会过时。这是一部反科学的邪教与科学人争夺世界的壮丽诗篇。"这本书在QQ阅读上首发，纸质实体书还未出版，推荐大家阅读。

郑军老师是这样回答我的：科幻发展到今天，已经是个很大的门类，里面包罗万象。作为一种文学艺术，又以自由创作为基础，所以我觉得不存在统一的科幻的使命，每个作者会在创作时自己把握这个事情。我自己写科幻，是要写出科学人这个群体的信仰、价值观和生活方式。中国有理工科学历的人七千多万，全球两到三亿，已经发展为一个庞大的群体。这些人在用自己的眼光看世界，用自己的方式参与社会。一种全新的文化，甚至社会结构将从科学人中诞生。我是把这个宏大的社会转变当成写作的母题。

我的最后一个采访对象是未来事务管理局的局长姬少亭，她的网名是小姬AI，知道这个名字的人最多。小姬曾是果壳网的联合创始人，也是一位科幻作者。她创办的这个名字很有趣的管理局就是专门从事科幻文化推广业务的，大刘还曾经为她专门写过一篇童话作为生日礼物送给她。小姬认为，科幻最大的魅力在于新图景和新观念的冲击，能够达到这一层面的科幻往往提供奇观和新的世界观。她最想要看到的科幻是能够颠覆世界观的科幻，比如《黑客帝国》、日本动画导演今敏的《红辣椒》、克拉克的"太空漫游"

系列、《二体》、韩松的《红色海洋》等，它们分别在电影和小说这两种不同的载体中实现了这一科幻的终极目标。她说：“我永远记得刚刚看完《三体3》的那个傍晚，我抬起头，穿过窗户望向远方，高楼和灯光昭示着人类的文明，但这一切都在刚刚的宇宙毁灭中灰飞烟灭了，周围的一切都变成分离的粒子，虚空起来。”这是其他类型文学或者说影视题材不能达到的层面，也是科幻具有长久生命力的迷人之处。“想象不存在的事物，是人区别于地球上其他生物的根本。”这句话引自《人类简史》一书。小姬认为写科幻最大的障碍或者说挑战在于认知的疆域，这不仅包括科学，还包含艺术、社会认知、人的个人情感经历等等。后来看到今敏写的书里也提到，人的创作是被自己认识的疆域所局限的。想要有奇观或者颠覆，就需要突破自我。

以上这些观点当然不能代表业界大咖们的全部观点，但至少能让大家感受到科幻作为一种非常特殊的类型文学的独特魅力，它是多姿多彩的，它还远没有发展到尽头。今天的中国，最需要的是什么样的科幻呢？有些人可能会觉得这完全是一个伪命题。创作是一个人的自由，你不可能管得了人家写什么。再说，百花齐放、百家争鸣是最好的，为什么要去强加一个人为的期望呢？但我不认为这是一个伪命题。的确，创作是一个人的自由，但是往往有什么样的土壤就会长出什么样的花朵，有什么样的花朵就会结出什么样的果实。我们无法干预，也不应该去干预任何一个人的创作自由，但是我们可以通过自己的创作来影响读者的阅读口味，提高他们的欣赏水平，这就是我谓之的土壤。当然，依然会有人强烈反对，他们会说：“你凭什么要去影响他人的价值观，你的这套科学主义的价值观难道就一定是好的吗？”对此，我必须给出斩钉截铁的回答：“是的，我的人生理想就是传播探索、怀疑、实证、理性的科学精神，正如你信仰的是没有绝对正确的三观，我信仰的是我认为正确的三观，这都是一种信仰，大家为了各自的信仰，公平一战，有何不可！”不管你认为对不对，我都已经在为自己的人生理想努力奋斗着。不喜欢可以用脚投票，或者也可以和我一样开个节目、写本书传播你的三观。我尊重不同的选择，但也同时捍卫自己的选择。

那么回到我前面的问题，今天的中国最需要什么的科幻小说，我承认，现代西方科幻中的大量作品都是对科学的丑化和妖魔化的，但这并不是我们也要这么做的理由。科学本身就诞生于西方，在西方有300多年的历史，它的普及和被大众的理解程度也远远高于中国，因此，西方人对科学进行反思我是可以理解的。但这种倾向实际上也受到了西方科学界和科幻评论界的一致谴责。过去我们做过的大量科普工作基本上都侧重于普及一个个分散的知识点，我们总是在回答孩子们的十万个为什么，却忘了告诉他们什么是科学，什么是科学精神。以至于中国的某些教授也会认为阴阳五行是中国古代科学。

传播科学精神是一项伟大的事业，中国老一辈的科幻人——叶永烈、郑文光、童恩正，以及还活跃在创作舞台上的王晋康、刘慈欣等，都曾满怀希望让科幻成为这项伟大事业的一部分，现在看来，他们的希望正在被各种所谓的后现代和各种所谓的反思一点一点摧毁。科幻不应该对这项事业造成损害。

尤其是在中国，科幻的读者群还是以青少年为主。孩子们对宇宙充满好奇，对未来满怀希望，他们正处在世界观形成的时刻，我们应当向他们展示光明的未来，展示科学的强大力量。而不是给他们描绘一个阴暗扭曲的未来世界，让他们去反思科学的负面性。只有让孩子们热爱科学，才能在他们之中诞生未来的科学家，科学家群体永远是一支推动人类文明进步的最重要的生力军。我真心希望国内的科幻作家们能为中国的青少年们多创作出一些传播科学精神的好作品，各种以科幻文化为创业方向的机构应该将眼光投向青少年这块中国科幻最肥沃的土壤。有什么样的土壤就会长出什么样的花朵，有什么样的花朵就会结出什么样的果实。